MW00380170

1

PASSAPORTE PARA PORTUGUÊS

Livro do Aluno

Níveis A1/A2

Robert Kuzka / José Pascoal

EMPRESA PROMOTORA
DA LÍNGUA PORTUGUESA

LIDEL

Lidel – edições técnicas, lda

EMPRESA PROMOTORA
DA LÍNGUA PORTUGUESA

A **Lidel** adquiriu este estatuto através da assinatura de um protocolo com o **Camões – Instituto da Cooperação e da Língua**, que visa destacar um conjunto de entidades que contribuem para a promoção internacional da língua portuguesa.

EDIÇÃO E DISTRIBUIÇÃO

Lidel – Edições Técnicas, Lda
Rua D. Estefânia, 183, r/c Dto – 1049-057 Lisboa
Tel: +351 213 511 448
lidel@lidel.pt
Projetos de edição: editoriais@lidel.pt
www.lidel.pt

LIVRARIA

Av. Praia da Vitória, 14 A – 1000-247 Lisboa
Tel: +351 213 541 418
livraria@lidel.pt

Copyright © 2014, Lidel – Edições Técnicas, Lda.
ISBN edição impressa: 978-989-752-378-6
1.ª edição impressa: setembro 2014
2.ª edição com áudio *online*: junho 2018
Reimpressão de junho 2022

Conceção de *layout* e paginação: Pedro Santos
Impressão e acabamento: Cafilesa – Soluções Gráficas, Lda. – Venda do Pinheiro
Depósito legal: 442524/18

Capa: Tiago Veras
Imagem da capa: © Tiago Veras

Ilustrações: Tiago Veras
Imagens: www.istockphoto.com; www.fotolia.com; Robert Kuzka

Faixas Áudio
Vozes: Aleksander Nunes, Ana Conceição Vieira, Anna Plucińska, Bárbara Lourenço, Da-In Kim, Débora Gonçalves, Edward Taylor, Emanuel Lima, Gabriel Monterrosa Métairon, José Alves, José Pascoal, Konstantin Sennikov, Laura Nunes, Nadia Bentahar, Paulo Espírito Santo, Rafael Oliveira e Robert Kuzka
Execução Técnica: Emanuel Lima – Audiovisuais, Lda.
℗&© 2014 - Lidel
Ⓛ SPA
Todos os direitos reservados

Todos os nossos livros passam por um rigoroso controlo de qualidade, no entanto, aconselhamos a consulta periódica do nosso *site* (www.lidel.pt) para fazer o *download* de eventuais correções.

Não nos responsabilizamos por desatualizações das hiperligações presentes nesta obra, que foram verificadas à data de publicação da mesma.

Os nomes comerciais referenciados neste livro têm patente registada.

SEJA ORIGINAL!
DIGA NÃO À CÓPIA
RESPEITE OS DIREITOS DE AUTOR

Reservados todos os direitos. Esta publicação não pode ser reproduzida, nem transmitida, no todo ou em parte, por qualquer processo eletrónico, mecânico, fotocópia, digitalização, gravação, sistema de armazenamento e disponibilização de informação, sítio *Web*, blogue ou outros, sem prévia autorização escrita da Editora, exceto o permitido pelo CDADC, em termos de cópia privada pela AGECOP – Associação para a Gestão da Cópia Privada, através do pagamento das respetivas taxas.

INTRODUÇÃO

Passaporte para Português é um manual de Português Língua Estrangeira destinado a adultos e adolescentes que querem iniciar ou desenvolver a competência de comunicação em português. Composto por Livro do Aluno, Caderno de Exercícios e Livro do Professor, *Passaporte para Português* pretende ser uma ferramenta que prepara os alunos para comunicarem numa variedade de contextos do quotidiano associados não só aos limites socioculturais do mundo lusófono mas também fora deles, usando o português como uma língua global. Este manual é um passaporte em dois sentidos. É um passaporte que dá acesso à língua portuguesa, que, por sua vez, é entendida como passaporte para o mundo: uma língua que o aluno aprende não apenas por interesse próprio, mas, sobretudo, porque precisa de um veículo de comunicação multifacetada e intercultural para a sua vida pessoal, escolar, profissional ou cultural.

O Livro do Aluno contém os materiais necessários à execução de todas as fases das aulas: desde o pré-ensino, no qual se introduzem o vocabulário e as estruturas novas, à leitura e audição de textos dialogados, à compreensão na leitura e à produção e interação orais. É de destacar o espaço dedicado à pronúncia. Com esta secção, o professor torna o exercício da fonética uma atividade valiosa e importante de cada aula. Cada uma das dez sequências de quatro unidades, que compõem o Livro do Aluno, termina com um visto: a lista de verificação das competências adquiridas, que permitem prosseguir para a sequência seguinte.

O Caderno de Exercícios, elaborado para uso do aluno principalmente fora do contexto da sala de aula, fomenta a autoaprendizagem e a autonomia do aluno. Contém as soluções para todos os exercícios e um glossário em quatro línguas: inglês, espanhol, russo e mandarim. A escolha destas línguas decorre de dois critérios: por um lado, as necessidades atuais do público aprendente do Português como Língua Estrangeira e, por outro, porque cada uma destas línguas é língua materna, língua segunda ou primeira língua estrangeira da maioria dos alunos de português.

O Livro do Professor, além de propor os procedimentos a executar na sala de aula, pode ser entendido igualmente como um curso de formação em ensino, uma ferramenta que pode ser útil para quem não tem preparação pedagógica para o ensino de línguas, apesar de poder ter alguma experiência.

Tivemos a preocupação de criar um manual que tornasse a aventura de ensinar e de aprender o português uma experiência agradável, lúdica e enriquecedora para o professor e para o aluno. Preocupámo-nos igualmente em dotar o método de todos os elementos necessários à sua articulação coerente com os pressupostos que estiveram na sua conceção: o Quadro Europeu Comum de Referência para as Línguas do Conselho da Europa (QECR) e as descrições para o português, não perdendo de vista que se trata de um método para os níveis A1 e A2. Todos os elementos do manual são cruciais para construir a competência de comunicação que permitirá aos alunos aceder ao nível seguinte: o nível de independência.

Os Autores

VOCABULÁRIO	PRONÚNCIA	GRAMÁTICA
Números 0-20 / Dias da semana	Vogais / Sílabas / Acento / Letra **o**	**Ser** e **chamar-se** (Presente do Indicativo singular) / Pronomes pessoais (singular) / Artigo definido (singular) / **Como** e **quem**
Números 21-100 / Países / Cidades	Acento / Letra **s**	**Ser** (Presente do Indicativo plural) / **Ficar** / Pronomes pessoais (plural) / Artigo definido (plural) / Preposições **de** e **em** e as suas contrações com artigo definido / Frases negativas / **Onde**
Números 101-1000 / Nacionalidades / Línguas	Vogais nasais / Acento / Letra **s** / Pares mínimos [ɐ̃w] e [ɐ̃]	Género e número das nacionalidades / Verbos regulares em **-ar** (Presente do Indicativo) / **Estar** (Presente do Indicativo) / Diferenças entre **ser** e **estar**
Objetos da sala de aula / Cores	Entoação nas frases afirmativas e interrogativas / Som [i]	Demonstrativos invariáveis **isto**, **isso** e **aquilo** / Artigo indefinido (singular) / Género e número dos nomes e das cores / Preposição **de** para posse / Ordem das palavras / **O que**
Bebidas		
Objetos pessoais / Locais	Ditongo [ɐj] / Letra **r** / Dígrafo **rr** / Frases com **é que**	**Ter** (Presente do Indicativo) / Expressão expletiva **é que** / Possessivos (singular) / Advérbios de lugar **aqui**, **aí** e **ali**
Profissões e atividades / Alfabeto / Dados pessoais	Som [ẽ] / Dígrafo **ss** / Letra **s**	Ordinais 1-10 / Género das profissões / Ordem das palavras / **Qual** e **quanto**
Adjetivos	Letra **z** / Dígrafo **ch** / Som [ʃ] / Pares mínimos [a], [ɐ̃w] e [aw]	**Gostar** / Contrações de **de** e **em** com advérbios de lugar e demonstrativos invariáveis / Adjetivos (género e número) / **Porque**
Locais de trabalho / Palavras para descrever o trabalho	Acento / Letra **h** / Sons [n] e [ɲ]	Contrações de **de** e **em** com artigo indefinido / Quantificadores **muito** e **pouco** / Preposição **por**
Passagem da fronteira		
Família e pessoas próximas	Sons [l] e [ʎ] / Acento / Pares mínimos [o] e [ɔ]	Possessivos (plural) / Demonstrativos variáveis
Aparência física / Estados fisiológicos / Gostos e hábitos	Letra **x** / Sibilantes / Formas verbais / Ligações vocálicas	**Ler** e **ver** (Presente do Indicativo) / Diferenças entre **ser** e **estar** / **Qual**
Gostos e tempos livres	Letra **g**	**Ir** (Presente do Indicativo) / Preposição **a** / Contração de **a** com artigo definido
Gostos e hábitos	Letra **c** / Letras **b** e **v**	Interrogativas de confirmação / Advérbios de lugar **cá** e **lá**
Produtos à venda num café ou pastelaria portuguesa		
Tempo, horas e meses / Dias festivos	Sons [l] e [r] / Letra **j** / Letra **ç** / Sons [s] e [z]	**Fazer** (Presente do Indicativo) / Expressão **daqui a** / Preposições usadas com as horas, meses, datas, anos e dias festivos / **Quando**
Rotinas diárias e semanais / Partes do dia	Sons [a] e [ɐ]	Verbos reflexos / Preposições de tempo e de movimento
Alimentos / Hábitos e rotinas	Ligações consonânticas / Ditongos [ẽj] e [ɐj] / Som [ɨ]	Verbos regulares em **-er** (Presente do Indicativo) / **Dormir** (Presente do Indicativo) / Advérbios de frequência / **Todo** e **algum** / Advérbio **mal**
Pratos portugueses / Preparação de comida / Adjetivos / Tipos de restaurantes	Ditongos [õj] e [oj] / **Qua**, **que** e **qui**	**Pôr**, **saber**, **poder** e **querer** (Presente do Indicativo) / Preposições de lugar

VOCABULÁRIO	PRONÚNCIA	GRAMÁTICA
Sabores / Jantar num restaurante		
Pequeno-almoço / Embalagens / Compras de comida	Acento / Grupos vocálicos **ea** e **ia**	Contração de **de**, **em** e **a** com demonstrativos variáveis / O uso de **haver** e **estar** / Artigo indefinido (plural)
Adjetivos / Lugares	Sons [ʎ] e [lj] / Ligações consonânticas	Comparativo e superlativo dos adjetivos e advérbios / **Conhecer** e **preferir** (Presente do Indicativo)
Verbos relacionados com dinheiro / Passatempos e atividades	Acento / Sons [ɲ] e [ni] / Ditongo [ɐj]	**Ter de** e **precisar** / Pronomes indefinidos invariáveis / Uso do verbo **saber**
Chamadas e mensagens telefónicas	Letra **u** / Ligações consonânticas / **Gua**	Verbos regulares em **-ir** / **Estar a** + Infinitivo / Uso de **tão** e **tanto**
Conversa ao telefone		
Viagens e deslocações / Meios de transporte	Sons [aɫ] e [ẽw] / **Gui** / Pares mínimos	**Ir** + Infinitivo / **Vir** (Presente do Indicativo) / **Perder** (Presente do Indicativo) / **Outro** / Contrações de **por** com artigo definido / Preposições com meios de transporte
Tipos de habitação / Divisões da casa / Mobiliário	Letra **â** / Letra **e** / Sons [aɫ] e [aw]	**Dizer** e **subir** (Presente do Indicativo) / Verbos em **-air** (Presente do Indicativo) / **Nenhum** / Diferenças entre **ser** e **estar**
Organização de eventos / Utensílios de cozinha	Pares mínimos [a] e [ã] / Sons [ɐ] e [ɨ] nas formas do Imperativo	Imperativo informal regular / Verbos em **-ear** (Presente do Indicativo)
Lugares de interesse turístico na cidade / Acessos, horários e bilheteira	Sons [i] e [ĩ]	**Trazer** (Presente do Indicativo) / Preposição + pronome pessoal
Estação de comboios		
Serviços de utilidade pública / Orientação na cidade	Vogais duplas **ee** e **oo** / Som [e] / Sons [ɐ] e [ɨ] nas formas do Imperativo	**Pedir** e **seguir** (Presente do Indicativo) / Imperativo formal dos verbos regulares e de **ir**
Experiências e atividades turísticas / Receitas culinárias	Sons [e] e [ɛ]	**Descobrir**, **servir**, **sentir-se** e **conseguir** (Presente do Indicativo e Imperativo) / Locuções conjuncionais
Tarefas domésticas / Práticas culturais de vários povos	Sons [e] e [ɛ] / Letras **b** e **p**	**Dever** e **dar** / Imperativo irregular / Complemento indireto e direto / Advérbios
Adjetivos de carácter / Estações do ano / Tempo meteorológico / Clima / Pontos cardeais	Acento / Ditongos [ew] e [ɛw] / Som [õ]	Superlativo absoluto
Estadia num hotel		
Momentos marcantes da vida	Acento / Ditongo [ɐj] / Formas verbais	Verbos regulares em **-ar** (Pretérito Perfeito Simples do Indicativo) / **Ser** (Pretérito Perfeito Simples do Indicativo) / Formação de advérbios em **-mente** / Uso de **acabar de**

VOCABULÁRIO	PRONÚNCIA	GRAMÁTICA
Tempos livres	Acento / Ditongos [ew] e [iw] / Formas verbais	Verbos regulares em -er e -ir (Pretérito Perfeito Simples do Indicativo) / Ir (Pretérito Perfeito Simples do Indicativo) / Uso de costumar / Andar (a) + Infinitivo/adjetivo
Experiências / Atividades de tempos livres	Conjunto consonântico sm / Letras v e f	Estar, ter, fazer e ver (Pretérito Perfeito Simples do Indicativo) / Advérbios de tempo usados com o P.P.S. / Mesmo (uso e formas)
Prendas / Adjetivos	Letras t e d / Pronome lhe(s) / Pares mínimos [ɨ], [i] e [e]	Dar (Pretérito Perfeito Simples do Indicativo) / Uso de pouco e um pouco / Pronome pessoal complemento indireto lhe(s)
Adjetivos / Compras de roupa		
Lojas / Compras / Vestuário	Sons [k] e [g]	Vestir e despir (Presente do Indicativo e Pretérito Perfeito Simples do Indicativo) / Uso de lá como negação / Pronomes pessoais complemento indireto me/te/nos/vos
Partes do corpo / Problemas de saúde / Alimentação saudável	Letra ô / Som [ê] / Formas verbais	Doer (Presente do Indicativo e Pretérito Perfeito Simples do Indicativo) / Dizer, vir, pôr, trazer e querer (Pretérito Perfeito Simples do Indicativo) / Há quanto tempo e desde quando
Relacionamentos / Sentimentos / Avisos públicos	Pronome o/a/os/as / Dígrafo ou / Som [o]	Pronome pessoal complemento direto o/a/os/as / Frases interrogativas
Hotéis / Viagens	Sons [o] e [ɔ]	Saber, poder e haver (Pretérito Perfeito Simples do Indicativo) / Pronomes pessoais complemento direto me/te/nos/vos / Ser + adjetivo + infinitivo
Medicamentos		
A vida no campo	Acento / Ditongos [oj] e [ɔj]	Pretérito Imperfeito do Indicativo
Estados emocionais	Sons [r] e [ʀ] / Sons [ʃ] e [ʒ]	Rir e sorrir / Pretérito Imperfeito do Indicativo vs. P.P.S.
Dados biográficos / Música	Pronomes / Conjunto consonântico sc / Sons [ʃ] e [s]	Partícula se / Formas -no/-na/-nos/-nas do pronome -o/-a/-os/-as
Transporte aéreo / Aeroportos / Viagens	Pronomes / Terminação -gem / Entoação	Formas -lo/-la/-los/-las do pronome -o/-a/-os/-as / Omissão dos artigos
Viagem de avião		

COMUNICAÇÃO	VOCABULÁRIO	PRONÚNCIA	GRAMÁTICA
cumprimentar, identificar pessoas, apresentar-se, despedir-se	números 0-20, dias da semana	vogais, sílabas, acento, letra **o**	**ser** e **chamar-se**, pronomes pessoais, artigo definido, **como** e **quem**

OLÁ! SOU O PEDRO.

A. Leia os diálogos e olhe para as imagens. Qual é o diálogo formal? E o informal?

IMPORTANTE!
Chamo-me Paulo.
Sou o Paulo.

Olá, Joana! Tudo bem?

Tudo bem, obrigada.

Bom dia! Como está?

Bem, obrigado. E a senhora?

1

2

A1))* **B.** Ouça e leia os diálogos. A seguir, faça a correspondência com as imagens.

1
A: Olá! Como te chamas?
B: Chamo-me Joana. E tu?
A: Sou o Tiago.

2
A: Quem é ele?
B: Quem? Ele? É o Jorge.

3
A: Boa tarde, Dr. Amaral. É o Ricardo.
B: Muito prazer, Dr. Amaral.
C: Muito prazer, Ricardo.

4
A: Desculpe, é o Rui Nunes?
B: Como?
A: O senhor é o Rui Nunes?
B: Sim, sou eu.
A: Bem-vindo a Lisboa!

A

B

C

D

>> VÁ À GRAMÁTICA NA PÁGINA 26 E FAÇA OS EXERCÍCIOS A, B, C E D.

* Ficheiros áudio disponíveis em www.lidel.pt, até o livro se esgotar ou ser publicada nova edição atualizada ou com alterações

C. Olhe para as fotografias. Pergunte quem é e responda.

Quem é (ele)?

É o Cristiano Ronaldo.

ou

Não sei.

IMPORTANTE!

Muito gosto! = Muito prazer!

IMPORTANTE!

Obrigado! Bem-vindo!   Obrigada! Bem-vinda!

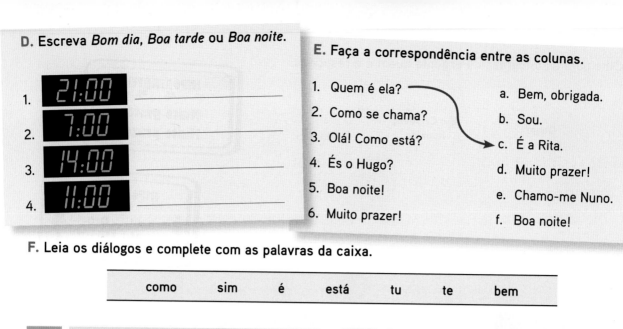

D. Escreva *Bom dia, Boa tarde* ou *Boa noite.*

1. 21:00 _____
2. 7:00 _____
3. 14:00 _____
4. 11:00 _____

E. Faça a correspondência entre as colunas.

1. Quem é ela?   a. Bem, obrigada.
2. Como se chama?   b. Sou.
3. Olá! Como está?   c. É a Rita.
4. És o Hugo?   d. Muito prazer!
5. Boa noite!   e. Chamo-me Nuno.
6. Muito prazer!   f. Boa noite!

F. Leia os diálogos e complete com as palavras da caixa.

como	sim	é	está	tu	te	bem

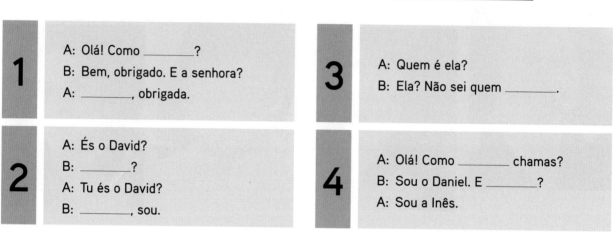

1
A: Olá! Como _____?
B: Bem, obrigado. E a senhora?
A: _____, obrigada.

3
A: Quem é ela?
B: Ela? Não sei quem _____.

2
A: És o David?
B: _____?
A: Tu és o David?
B: _____, sou.

4
A: Olá! Como _____ chamas?
B: Sou o Daniel. E _____?
A: Sou a Inês.

NÚMEROS (0-20)

A2))) **G.** Ouça e repita os números.

0 zero	**6** seis	**12** doze	**18** dezoito
1 um	**7** sete	**13** treze	**19** dezanove
2 dois	**8** oito	**14** catorze	**20** vinte
3 três	**9** nove	**15** quinze	
4 quatro	**10** dez	**16** dezasseis	
5 cinco	**11** onze	**17** dezassete	

H. Leia os números de telefone.

1. 21 654 21 48
2. 91 302 86 09
3. 22 415 71 33
4. 93 912 44 94
5. 21 130 25 86
6. 21 475 81 42

DIAS DA SEMANA

A3))) **I.** Ouça os nomes dos dias da semana e escreva os números de acordo com a ordem de audição.

segunda-feira	terça-feira	quarta-feira	quinta-feira	sexta-feira	sábado	domingo
☐	☐	1	☐	☐	☐	☐

ATÉ AMANHÃ!

A4 🔊 J. Ouça e leia as despedidas.

Adeus! Boa noite!

Até à próxima!

Até já!

Até amanhã!

Até logo!

K. Ponha as expressões por ordem de acordo com o tempo que falta desde agora até ao próximo encontro.

☐ Até logo! ☐ Até quinta! ☐ Até amanhã! 1 Até já! ☐ Até terça! ☐ Até sábado!

PRONÚNCIA

A5 🔊 A. Ouça e repita as vogais do português.

a [a]	a [ɐ]	e [ɛ]	e [e]	e [i]
i [i]	o [ɔ]	o [o]	u [u]	

B. Escreva as palavras da caixa nas colunas respetivas da tabela.

domingo já sete dezanove
Inglaterra dez logo próxima

1 sílaba	2 sílabas	3 sílabas	4 sílabas
bem	como	segunda	obrigado

A5 🔊 C. Ouça as palavras e sublinhe as sílabas acentuadas.

tarde domingo como segunda
você sábado amanhã próxima

A5 🔊 D. Ouça as palavras. Sublinhe todas as letras a vermelho pronunciadas como [u].

como muito tudo domingo logo

E. Leia as palavras. Sublinhe todas as letras a vermelho pronunciadas como [u].

quatro oito noite sábado cinco

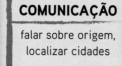

UNIDADE 2 — SOU DE LISBOA

COMUNICAÇÃO
falar sobre origem,
localizar cidades

VOCABULÁRIO
números 21-100,
países,
cidades

PRONÚNCIA
acento,
letra **s**

GRAMÁTICA
ser e **ficar**,
pronomes pessoais,
artigo definido,
preposições **de** e **em**,
onde

PAÍSES

A. Escreva o nome do seu país em português. _____

> Desenhe
> o seu país aqui.

B. Faça a correspondência entre os mapas e os nomes dos países.

☐ Portugal
☐ (a) Espanha
☐ (a) Itália
☐ (a) França
☐ (a) Inglaterra
☐ a Suécia
☐ a Alemanha
☐ a Polónia
☐ a Rússia
☐ a Ucrânia
☐ a Grécia
☐ os Estados Unidos
☐ o Brasil
☐ o México
☐ Marrocos
☐ Angola
☐ a China
☐ o Japão
☐ a Índia

 1
 2
 3

 4
 5
 6
 7

 8
 9
 10
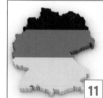 11

 12
 13
 14
 15

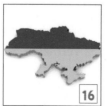 16
 17
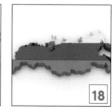 18
 19

➤➤➤ VÁ À GRAMÁTICA NA PÁGINA 27 E FAÇA O EXERCÍCIO A.

DE ONDE É?

A6 🔊 **C.** De onde é esta música? Ouça e complete com as palavras da caixa.

de Portugal / da Rússia / de Marrocos / da Grécia / ~~do Brasil~~

1. É do Brasil. 2. É _____ 3. É _____ 4. É _____ 5. É _____

D. De onde são estes pratos? Complete com os nomes dos países.

1. sashimi É do Japão.
2. pierogi É _____
3. guacamole É _____
4. paella É _____
5. spaghetti É _____

▶▶▶ VÁ À GRAMÁTICA NA PÁGINA 27 E FAÇA O EXERCÍCIO B.

E. Faça perguntas sobre os objetos que vê nas fotografias.

De onde é isto?

É do Japão.

A7))) **F.** Ouça e leia os diálogos. A seguir, faça a correspondência com as imagens.

1 A: De onde são eles?
B: São do Brasil.

2 A: Vocês são de Inglaterra?
B: Não. Somos da Alemanha.

3 A: De onde é?
B: Sou da Grécia.

A ☐

B ☐

C ☐

▶▶▶ VÁ À GRAMÁTICA NA PÁGINA 27 E FAÇA OS EXERCÍCIOS C E D.

ONDE FICA LISBOA?

G. Leia as frases. São verdadeiras ou falsas? Assinale.

1. Atenas é na Grécia. ☒ V ☐ F
2. Milão é em Espanha. ☑ V ☐ F
3. Deli é no México. ☑ V ☐ F

4. Miami é nos Estados Unidos. ☑ V ☐ F
5. Varsóvia é na Ucrânia. ☑ V ☐ F
6. Estocolmo é na Suécia. ☑ V ☐ F

▶▶▶ VÁ À GRAMÁTICA NA PÁGINA 27 E FAÇA O EXERCÍCIO E.

H. Onde são estas cidades?

1. Madrid   é em Espanha.
2. Pequim   _____
3. O Rio de Janeiro _____

4. Casablanca _____
5. O Porto _____
6. Nova Iorque _____

I. Reescreva as frases substituindo o verbo *ser* por *ficar*.

1. Moscovo é na Rússia.   *Moscovo fica na Rússia.*
2. Berlim é na Alemanha. _____
3. Onde é Lisboa? _____
4. Onde é Sevilha? _____

J. Use os nomes das cidades do quadro para fazer perguntas ao seu colega.

Veneza	Colónia	São Paulo	Roma	Barcelona	Granada	Londres	Boston	Cantão	Paris

Onde fica Veneza?

Em Itália.

IMPORTANTE!
★ ★ ★ ★
vinte e três
oitenta e sete

NÚMEROS (21-100)

A8 🔊 **K.** Ouça e repita os números.

21	vinte e um
30	trinta
40	quarenta
50	cinquenta
60	sessenta
70	setenta
80	oitenta
90	noventa
100	cem

L. Faça as contas e escreva a soma por extenso.

1. $23 + 52 = 75$ vinte e três mais cinquenta e dois são setenta e cinco

2. $31 + 67 = $ _____ _____
_____

3. $44 + 45 = $ _____ _____
_____

4. $17 + 54 = $ _____ _____
_____

5. $68 + 26 = $ _____ _____
_____

PRONÚNCIA

A9 🔊 **A.** Ouça as palavras e sublinhe a sílaba acentuada.

unidos Marrocos Londres Atenas
Portugal Brasil espanhol

A9 🔊 **B.** Ouça e repita as palavras que começam com *es-*.

estás está Espanha estados

A9 🔊 **C.** Ouça as palavras. Sublinhe todas as letras a vermelho pronunciadas como [ʃ].

seis dois desculpe sábado três

A9 🔊 **D.** Leia as palavras. Sublinhe todas as letras a vermelho pronunciadas como [ʃ]. A seguir, ouça para confirmar.

isto estados Atenas sete Varsóvia

3

COMUNICAÇÃO
perguntar sobre nacionalidades e línguas, localizar pessoas

VOCABULÁRIO
números 101-1000, nacionalidades, línguas

PRONÚNCIA
vogais nasais, acento, letra **s**, pares mínimos

GRAMÁTICA
nacionalidades (género e número), verbos em **-ar**, **estar**, **ser** *vs.* **estar**

ÉS PORTUGUÊS?

A. Escreva a nacionalidade ao lado do nome do país.

espanhol italiano francês alemão ~~português~~ polaco russo ucraniano indiano
marroquino chinês japonês americano mexicano brasileiro inglês sueco angolano

Portugal *português*

Itália _____

Estados Unidos _____

França _____

Polónia _____

México _____

Inglaterra _____

Rússia _____

Brasil _____

China _____

Ucrânia _____

Alemanha _____

Japão _____

Marrocos _____

Espanha _____

Suécia _____

Angola _____

Índia _____

A10))) **B.** Ouça e complete as frases.

1.
Bom dia! Chamo-me Nireesha Reddy e sou
_____.

2.
Olá, tudo bem?
Sou o Serhiy e sou
_____.

3.
Olá! Eu sou a Maria da Glória e ele é o Rodrigo. Somos _____.

▶▶▶ VÁ À GRAMÁTICA NA PÁGINA 28 E FAÇA O EXERCÍCIO A.

C. Olhe para as fotografias das pessoas na página 11 e faça perguntas ao seu colega.

Ela é francesa?

É, é.

ou

Não, não é. É italiana.

IMPORTANTE!

Falo um pouco de italiano.

FALAS PORTUGUÊS?

A11)) **D. Que língua é esta? Ouça e escreva.**

1. É japonês.

2. _____

3. _____

4. _____

▶▶▶ VÁ À GRAMÁTICA NA PÁGINA 28 E FAÇA O EXERCÍCIO B.

E. Que línguas fala? Leia a lista e sublinhe.

alemão	árabe	chinês	espanhol
francês	grego	inglês	italiano
russo	hindi	polaco	sueco
japonês	português	ucraniano	

outras: _____

F. Responda às perguntas.

1. Que língua falam os americanos?

   Os americanos falam inglês.

2. Que língua falam os marroquinos?

   _____

3. Que língua falam os brasileiros?

   _____

4. Que língua falam os mexicanos?

   _____

A12)) **G. Ouça e complete os diálogos com as palavras da caixa.**

também	só	pouco	bem

1.
A: Que línguas falas?
B: Falo árabe, francês
   e um _____ [1]
   de português.

2.
A: Que línguas fala?
B: _____ [2] falo
   português.

3.
A: Falas italiano?
B: Sim, falo italiano
   muito _____ [3].

4.
A: Ela fala alemão?
B: Sim, fala alemão e
   inglês. E _____ [4]
   fala russo.

▶▶▶ VÁ ÀS ATIVIDADES DE COMUNICAÇÃO NA PÁGINA 226 (A) OU 236 (B) E FAÇA O EXERCÍCIO 1.

H. Complete as perguntas com a forma do verbo *morar*. A seguir, olhe para as moradas e responda.

1. Onde mora o Ryan?

2. Onde _____ o Uwe e a Anke?

3. A Ulrika _____ no Japão?

4. O Piotr e a Ewa _____ em Itália?

Ryan Williams 289 N 4th St. Milwaukee, WI 53203 EUA	Uwe und Anke Schüßler Blücherstr. 56 20097 Hamburg Alemanha	Ulrika Enström Kyrkogatan 12 751 25 Uppsala Suécia	Piotr i Ewa Szymczyk ul. Akacjowa 14 12-253 Koszalin Polónia

ONDE ESTÁS AGORA?

I. Faça a pergunta ao seu colega.

J. Olhe para a fotografia abaixo. Onde está a Francesca?

VÁ À **GRAMÁTICA** NA PÁGINA 28 E FAÇA OS EXERCÍCIOS **C** E **D**.

K. Olhe para as bandeiras, as moradas e os postais e complete as frases.

1. A Ana é de Portugal, mas mora em Espanha. Agora está na China.		Ana Rodrigues Calle Boca de Oro, 10 01902 Huelva Espanha	
2. A Zoi é _____, mas _____. Agora _____.		Zoi Sotiriou Av. Juárez, 453 44100 Guadalajara Jalisco México	
3. A Yui é _____, mas _____. Agora _____.		Yui Higashi Via Broletto 30 2807 - Milano Itália	
4. A Luba é _____, mas _____. Agora _____.		Luba Makarova Rua 17 de Setembro, 8 2379 Luanda Angola	

NÚMEROS (101-1000)

IMPORTANTE!
duzentos e trinta e quatro

IMPORTANTE!
100 - cem
101 - cento e um

A13))) **L. Ouça e repita os números.**

101	cento e um	600	seiscentos
200	duzentos	700	setecentos
300	trezentos	800	oitocentos
400	quatrocentos	900	novecentos
500	quinhentos	1000	mil

A14))) **M. Assinale o número que ouve.**

1.	775	(675)
2.	1020	1200
3.	522	422
4.	962	972
5.	141	241
6.	389	398

PRONÚNCIA

A15))) **A. Ouça e repita as vogais orais e as nasais.**

a – ã/am/an   e – em/en   i – im/in
o – õ/om/on   u – um/un

A15))) **B. Ouça as palavras e sublinhe a sílaba acentuada.**

português   inglês   francês
chinês   japonês   vocês
Japão   avião   irmão   alemão

A15))) **C. Ouça a diferença entre as palavras.**

[ẽw]	[ẽ]
alemão irmão	alemã irmã
são	sã

A15))) **D. Vai ouvir três palavras da tabela acima. Que palavras são? Escreva-as.**

1. _____   2. _____   3. _____

A15))) **E. Ouça e repita as palavras com a letra s.**

chinesa   francesa   japonesa   inglesa

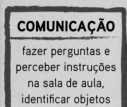

COMUNICAÇÃO

fazer perguntas e
perceber instruções
na sala de aula,
identificar objetos
e cores

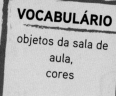

VOCABULÁRIO

objetos da sala de
aula,
cores

PRONÚNCIA

entoação nas frases
afirmativas
e interrogativas,
som [i]

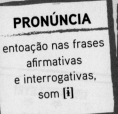

GRAMÁTICA

isto/isso/aquilo,
artigo indefinido,
género e número dos
nomes e das cores,
o que

A SALA DE AULA

A. Olhe para a imagem. Assinale na caixa abaixo os nomes dos objetos que estão na imagem.

dicionário mesa cadeira (porta) quadro secretária janela parede relógio livro computador jornal mapa

 VÁ À GRAMÁTICA NA PÁGINA 29 E FAÇA OS EXERCÍCIOS A E B.

IMPORTANTE!
o **dia**
o **mapa**

A16))) **B.** Ouça e leia os diálogos. Complete com as palavras da caixa.

isso   aquilo   isto

1
A: O que é _____?
B: É um dicionário
chinês-português.

2
A: _____ é uma
mesa?
B: Não, é uma secretária.

3
A: Como se diz
_____ em
português?
B: Relógio.

C. Faça a correspondência entre os diálogos do exercício anterior e as imagens abaixo.

A

B

C

D. Olhe para as imagens e complete com *isto*, *isso* ou *aquilo*.

1

2

3

E. Faça perguntas ao seu colega.

Como se diz isto/isso/ /aquilo em português?

Livro.

DE QUE COR É?

A17))) **F.** Ouça e leia as cores.

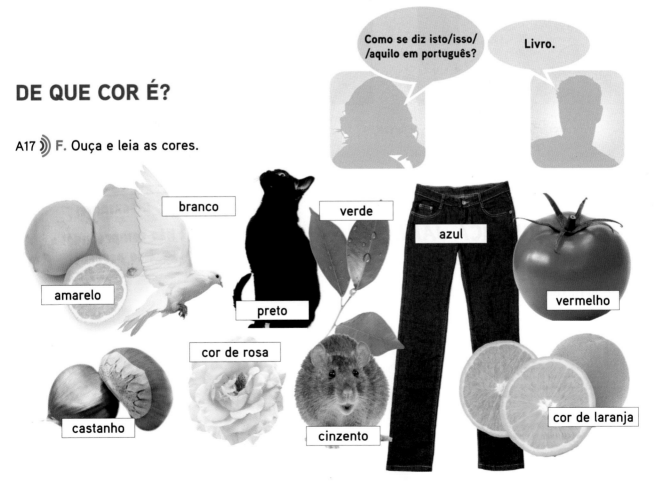

branco

verde

azul

amarelo

vermelho

preto

cor de rosa

castanho

cinzento

cor de laranja

VÁ À GRAMÁTICA NA PÁGINA 29 E FAÇA OS EXERCÍCIOS C, D E E.

G. Olhe para as bandeiras abaixo e faça perguntas ao seu colega.

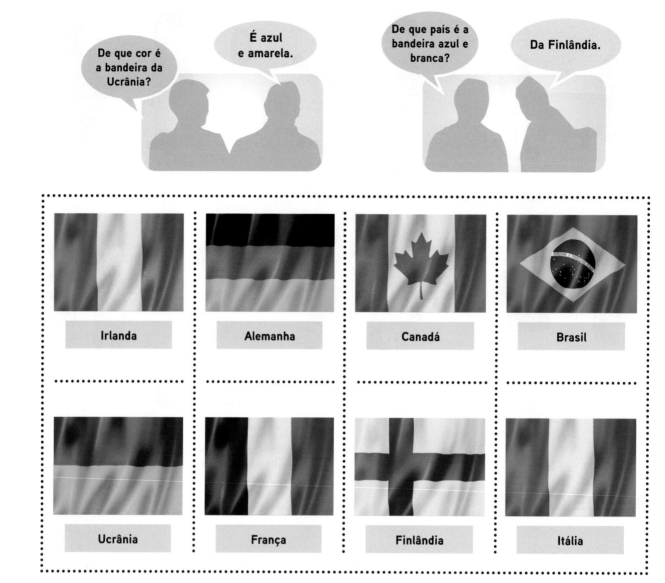

O QUE SIGNIFICA *JANELA?*

IMPORTANTE!
Não compreendo! =
Não percebo!

A18)) **H.** Ouça e complete as frases que os alunos dizem na sala de aula.

1 Como se diz *window* _____ português?

2 Não _____ lembro.

3 _____ percebo.

4 O _____ significa *janela*?

5 Pode escrever no _____?

6 _____ se escreve *telemóvel*?

7 _____ repetir?

8 Qual _____ a página?

9 Não _____.

A19 🔊 **I.** Ouça e leia as frases que o professor diz na sala de aula. Escreva os números de acordo com a ordem de audição.

☐ Falem em português.	
☐ Ouçam e repitam.	
☐ Olhem para as imagens.	

☐ Falem em português.   ☐ Leiam o texto.   ☐ Abram os livros na página 9.

☐ Ouçam e repitam.   ☐ Não escrevam.   ☐ Fechem os livros.

☐ Olhem para as imagens.   [1] Trabalhem em pares.   ☐ Respondam às perguntas.

J. Olhe para as imagens. Faça a correspondência com três frases do exercício anterior.

A ☐   B ☐   C ☐

PRONÚNCIA

A20 🔊 **A.** Ouça e repita as frases afirmativas *(+)* e interrogativas *(?)*.

1. Ela é portuguesa *(+)*
2. Ela é portuguesa *(?)*
3. Isto é uma secretária *(+)*
4. Isto é uma secretária *(?)*

A20 🔊 **B.** Ouça as frases. Assinale as afirmativas com + e as interrogativas com ?.

1. Ele é de Londres (   )
2. Isso é um relógio (   )
3. Eles falam francês (   )
4. Elas moram em Roma (   )

C. Leia as palavras e sublinhe as sílabas acentuadas.

grego	tarde	verde	parede	mesa

A20 🔊 **D.** Ouça as palavras. Repare na pronúncia da letra *e* nas sílabas não acentuadas como [ɨ].

grego	tarde	verde	parede	mesa

A20 🔊 **E.** Leia as palavras e sublinhe todas as letras *e* pronunciadas como [ɨ]. Ouça para confirmar.

noite   apelido   Alemanha   caneta

treze   sete   telefone   nome   percebo

GRAMÁTICA

UNIDADE 1

Presente do Indicativo do verbo *chamar-se* (singular)

	chamar-se
eu	chamo-**me**
tu	chamas-**te**
você / ele / ela / o senhor / a senhora	chama-**se**

- O pronome reflexo (*me, te, se*) vem <u>antes</u> do verbo depois da palavra interrogativa:
Como se chama?

- Normalmente, não se usa o pronome pessoal (*eu, tu,* etc.).

- A 2.ª pessoa é <u>informal</u>:
Como te chamas?

- A 3.ª pessoa é, normalmente, <u>formal</u>:
Como se chama?

Presente do Indicativo do verbo *ser* (singular)

	ser
eu	sou
tu	és
você / ele / ela / o senhor / a senhora	é

Artigo definido (singular)

masculino	*feminino*
o	a

Em português, usa-se frequentemente o artigo definido antes dos nomes próprios:
o Filipe, a Joana

A. Complete as frases com a forma correta do verbo *chamar-se*.

1. Ele chama-se Eduardo Sousa.
2. _____ Jorge. *(eu)*
3. O senhor _____ Nuno Pires?
4. _____ Raquel? *(tu)*
5. Ela _____ Mafalda Raposo.

B. Complete as frases com *me, te* ou *se* antes ou depois do verbo.

1. Ela _____ chama-se Maria Lopes.
2. Como _____ chamas _____?
3. _____ chamo _____ Joaquim.
4. Como _____ chama _____?
5. _____ chama _____ Teresa Alves?

C. Complete as frases com a forma correta do verbo *ser*.

1. Sou o Pedro. *(eu)*
2. _____ a Anabela? *(você)*
3. _____ a Teresa? *(tu)*
4. Quem _____ ele?
5. Ela _____ a Cristina.
6. E tu, quem _____?

D. Complete com o artigo definido.

1. Sou o João.
2. É _____ Clara.
3. És _____ Anabela?
4. É _____ Francisco?
5. Sou _____ Inês.
6. Sou _____ Pedro.

Artigo definido (plural)

masculino	feminino
os	as

- O artigo é <u>obrigatório</u> antes dos nomes da maioria dos países. É <u>opcional</u> antes de: *Espanha, Itália, França e Inglaterra.*
- Nomes de países sem artigo: *Portugal, Marrocos, Angola, Moçambique, Cuba, Israel.*
- Os nomes das cidades não têm artigo. Algumas exceções: *o Rio de Janeiro, o Porto.*

Preposição *de*

A preposição de indica origem:
Ele é <u>de</u> Lisboa.

de + o = do	de + os = dos
de + a = da	de + as = das

Frases negativas

(eu) sou → *(eu) não sou*
(tu) és → *(tu) não és,* etc.

Pronomes pessoais e Presente do Indicativo do verbo *ser* (plural)

singular	plural
eu	nós
tu	vocês
você	vocês / as senhoras / os senhores
o senhor	os senhores
a senhora	as senhoras
ele	eles
ela	elas

	ser
nós	somos
vocês / eles / elas / os senhores / as senhoras	são

Preposição *em*

A preposição *em* indica localização:
Lisboa é <u>em</u> Portugal.

em + o = no	em + os = nos
em + a = na	em + as = nas

Quando falamos da localização geográfica usamos os verbos *ser* ou *ficar.*

A. Complete com o artigo *o, a, os* ou *as* onde necessário.

1. *a* Alemanha
2. _____ Japão
3. _____ China
4. _____ México
5. _____ Brasil
6. _____ Portugal
7. _____ Filipinas
8. _____ Estados Unidos

B. Complete com *de, do, da, dos* ou *das.*

1. A Wilma é *da* Suécia.
2. Ele é _____ Brasil.
3. És _____ Estados Unidos?
4. Sou _____ Portugal.
5. A Samantha é _____ Filipinas.

C. Escreva as frases na negativa.

1. Ela é da China. *Ela não é da China.*
2. Sou do Japão. _____
3. A Anita é da Suécia. _____
4. És do Brasil. _____

D. Complete com o pronome e o verbo no plural.

1. **Ela é** de Espanha. *Elas são* de Espanha.
2. **Eu sou** de Portugal. _____ de Portugal.
3. **Tu és** de Itália? _____ de Itália?
4. **Você é** da China? _____ da China?
5. **Ele é** do México. _____ do México.

E. Complete com *em, no, na, nos* ou *nas.*

1. Munique é *na* Alemanha.
2. Sintra é _____ Portugal.
3. Chicago é _____ Estados Unidos.
4. Manila é _____ Filipinas.
5. Guadalajara é _____ México.

Género e número das nacionalidades

masculino singular	feminino singular
inglês	inglesa
italiano	italiana
espanhol	espanhola
alemão	alemã
belga	belga

masculino plural	feminino plural
ingleses	inglesas
italianos	italianas
espanhóis	espanholas
alemães	alemãs
belgas	belgas

Presente do Indicativo dos verbos regulares da 1.ª conjugação (-ar)

	falar
eu	falo
tu	falas
você / ele / ela	fala
nós	falamos
vocês / eles / elas	falam

Os verbos *ficar* e *morar* conjugam-se como *falar*.

Presente do Indicativo do verbo *estar*

	estar
eu	estou
tu	estás
você / ele / ela	está
nós	estamos
vocês / eles / elas	estão

Ser e Estar

• O verbo *estar* indica localização ou estado temporário.

• O verbo *ser* indica localização ou estado permanente.

A. Complete as frases.

1. O Hiroto é japonês.
   A Misaki é japonesa.
   O Hiroto e a Misaki são japoneses.
2. O Maxim é _____.
   A Olga é _____.
   O Maxim e a Olga são russos.
3. O Ioannis é grego.
   A Maria é _____.
   O Ioannis e a Maria são _____.
4. O Jules é _____.
   A Louise é _____.
   O Jules e a Louise são franceses.
5. O Lucas é _____.
   A Elsa é sueca.
   O Lucas e a Elsa são _____.

B. Complete com a forma correta do verbo *falar*.

1. Falo francês. *(eu)*
2. Ele não _____ chinês.
3. Não _____ italiano. *(nós)*
4. Vocês _____ alemão?
5. _____ espanhol? *(tu)*

C. Complete com a forma correta do verbo *estar*.

1. A Joana não está em Portugal.
2. Como _____? *(tu)*
3. Onde _____? *(vocês)*
4. _____ em Londres. *(nós)*
5. Não _____ muito bem. *(eu)*

D. Complete com a forma correta do verbo *ser* ou *estar*.

1. Onde está o John?
2. Hamburgo _____ na Alemanha.
3. A Ana e o Ricardo _____ em Roma.
4. O Christos e a Anna _____ gregos.
5. Eu _____ bem.

Artigo indefinido e género dos nomes

masculino	feminino
um	uma

- Os nomes masculinos acabam, normalmente, em -o, -l, -s, -ão, -r, -e, -z ou -m. Alguns nomes masculinos acabam também em -a.
- Os nomes femininos acabam, normalmente, em -a, -ão, -r, -e, -z ou -m.

Número dos nomes

singular	plural	singular	plural
mesa	mesas	jornal	jornais
livro	livros	viagem	viagens
parede	paredes	cão	cães
computador	computadores	avião	aviões
rapaz	rapazes	mão	mãos
país	países	lápis	lápis

o livro (sing.) → os livros (pl.)

um livro (sing.) → livros (pl.)

Demonstrativos invariáveis

isto	isso	aquilo

- *Isto* - para o que está perto do falante.
- *Isso* - para o que está perto do ouvinte.
- *Aquilo* - para o que está longe do falante e do ouvinte.

Cores

masculino singular	feminino singular	masculino plural	feminino plural
branco	branca	brancos	brancas
verde		verdes	
azul		azuis	
cor de rosa			

Preposições e adjetivos

- Usamos a preposição *de* para indicar posse: *É o dicionário do João.*
- Os adjetivos (cores, nacionalidades) vêm <u>depois</u> do nome: *A bandeira azul e branca é da Grécia.*

Uso dos artigos

- Usamos *um/uma* quando falamos sobre algo indefinido ou pela primeira vez.
- Usamos *o/a* quando falamos sobre algo definido ou algo que já conhecemos.

A. Complete com *um* ou *uma*.

1. uma janela
2. _____ dicionário
3. _____ mapa
4. _____ parede
5. _____ relógio
6. _____ jornal
7. _____ mesa
8. _____ computador

B. Escreva no plural.

1. o computador   os computadores
2. um relógio   _____
3. a parede   _____
4. um jornal   _____
5. o país   _____
6. um quadro   _____
7. a cadeira   _____

C. Complete com as cores na forma correta.

1. As cadeiras são verdes.
2. A porta é _____.
3. Os livros são _____.
4. A parede é _____.
5. As mesas são _____.
6. Os relógios são _____.

D. Complete com *de*, *da* ou *do*.

1. É um quadro de Van Gogh.
2. O computador _____ Rui é um Toshiba.
3. A secretária castanha é _____ Raquel.
4. O relógio _____ Ana é branco.
5. A cadeira _____ Pedro é castanha.
6. É um mapa _____ Portugal.

E. Complete com *o*, *a*, *um* ou *uma*.

1. O jornal português é do João.
2. Aquilo é _____ dicionário?
3. _____ mesa da Raquel não é preta.
4. Isto é _____ parede?
5. _____ livro é vermelho.

NO AVIÃO

A. Faça a correspondência.

_____

- [ ] cerveja
- [ ] água
- [ ] limão
- [ ] vinho
- [ ] açúcar
- [ ] sumo
- [1] chá
- [ ] café

A21))) **B.** A Sílvia é brasileira e está no avião para Lisboa. Ouça o diálogo.
O que é que a Sílvia bebe?

A21))) **C.** Leia o diálogo e complete com as palavras que faltam. A seguir, ouça para confirmar.

Comissário: _____[1] ou café?

Sílvia: Café, por favor. Sem _____[2].

Comissário: Aqui está.

Sílvia: Obrigada.

Comissário: Mais alguma coisa?

Sílvia: Sim, uma _____[3]. Com limão.

Comissário: Com _____[4]?

Sílvia: Não, sem gás.

Comissário: Faz favor.

Sílvia: Muito obrigada.

D. Pratique este diálogo com o seu colega.

A. Corrija as frases como nos exemplos.

1. Eles ~~mora~~ em França.   *moram*
2. Como se diz isto/português?   *em*
3. O que são isto? _____
4. Como se chamas? _____
5. Madrid está em Espanha. _____
6. Ele mora na Lisboa. _____
7. Agora somos em França. _____
8. Isto é livro. _____
9. Onde está Teresa? _____
10. Eles são alemãs. _____

B. Escreva a palavra que falta.

1. Como *te* chamas?
2. Até _____ próxima!
3. Sou _____ Teresa.
4. Quem _____ elas?
5. De _____ são vocês?
6. Washington é _____ Estados Unidos.
7. O Francisco mora _____ Porto.
8. Isso é _____ secretária.
9. A cadeira castanha é _____ Susana.
10. Falo um pouco _____ italiano.

C. Complete as perguntas com os interrogativos da caixa.

o que / onde / quem / ~~como~~ / que

1. *Como* te chamas?
2. _____ é ela?
3. _____ línguas falam?
4. _____ é aquilo?
5. _____ fica Hamburgo?

D. Complete as perguntas.

1. De _____? Verde.
2. Onde _____? Em França.
3. O que _____? Um dicionário.
4. Como _____? Francisco.

E. Assinale a palavra que não pertence ao grupo.

1. ela   (nós)   eu   você
2. fala   mora   mesa   fica
3. russo   inglês   alemã   espanhol
4. Suécia   Lisboa   Japão   México
5. livro   azul   branco   verde
6. porta   língua   cadeira   janela

A22))) F. Ouça as perguntas e sublinhe a resposta correta.

1. a. Alexandre.   b. Margarida.
2. a. Boa noite.   b. Bem, obrigada.
3. a. Sim, sou.   b. Um pouco.
4. a. É amarelo.   b. É da Ana.
5. a. No Japão.   b. Do Japão.

A23))) G. Ouça as frases. Sublinhe as palavras que ouve.

1. a. isso   b. isto
2. a. três   b. treze
3. a. dois   b. dez
4. a. sessenta   b. setenta
5. a. espanhóis   b. espanholas

A24))) H. Ouça os textos e escolha a opção correta.

1. O Miguel
   a. fala francês muito bem.
   b. fala um pouco de francês.
   c. não fala francês.

2. O Daniel
   a. é inglês.
   b. é americano.
   c. é alemão.

3. O computador do Miguel
   a. é um Toshiba.
   b. é um Asus.
   c. é um Mac.

I. Assinale a palavra que tem o som diferente.

1. mesa   inglês   isto
2. livro   porta   jornal
3. onde   segunda   zero

J. Leia o diálogo. A seguir, leia as frases abaixo. São verdadeiras ou falsas? Assinale.

Ana: Olá! Tu és o Luís, o brasileiro?
Felipe: Não, não. Eu sou o Felipe. E não sou brasileiro.
Ana: És português?
Felipe: Também não.
Ana: Não? De onde és?
Felipe: Sou do México, de Guadalajara.
Ana: Do México? Falas muito bem português.
Felipe: Obrigado. Tu também.
Ana: Mas eu sou portuguesa.
Felipe: E espanhol, falas?
Ana: Sim, falo bem espanhol. Também falo sueco.
Felipe: Sueco?!
Ana: Sim. Sou portuguesa, mas moro na Suécia.
Felipe: Boa! Já agora, como te chamas?
Ana: Sou a Ana.
Felipe: Muito prazer, Ana.
Ana: Muito prazer, Felipe.

1. O Felipe é mexicano.   V F
2. O Felipe fala um pouco de português.   V F
3. A Ana é sueca.   V F
4. A Ana e o Felipe falam em espanhol.   V F

VISTO PARA AS UNIDADES 5-8

O PORTADOR DESTE MANUAL JÁ SABE:

- CUMPRIMENTAR E IDENTIFICAR PESSOAS
- APRESENTAR-SE E DESPEDIR-SE
- DIZER DE ONDE É E ONDE MORA
- DIZER QUE LÍNGUAS FALA
- IDENTIFICAR OBJETOS E CORES
- PERCEBER INSTRUÇÕES NA SALA DE AULA

E TEM DIREITO A PROSSEGUIR PARA AS UNIDADES 5-8

PASSAPORTE PARA PORTUGUÊS<<<<<<<<<<<<<<<<<<<
NÍVEIS A1/A2<<<<<<<<<<<<<<<<<<<<<<<<<<<<<

UNIDADE 5 — TENHO CARTA DE CONDUÇÃO

COMUNICAÇÃO	VOCABULÁRIO	PRONÚNCIA	GRAMÁTICA
pedir objetos, localizar objetos e pessoas, expressar posse	objetos pessoais, locais	ditongo [ɐ̃j], letra **r**, dígrafo **rr**, frases com **é que**	**ter**, expressão **é que**, possessivos, **aqui/aí/ali**

TEM UMA CANETA?

A. Faça a correspondência entre as palavras e as fotografias.

☐ telemóvel ☐ carta de condução ☐ carteira ☐ cigarros ☐ garrafa de água ☐ caneta

☐ chaves ☐ mala ☐ lápis ☐ óculos de sol ☐ dinheiro ☐ passaporte

A25 🔊 **B.** Ouça e leia os diálogos. A seguir, faça a correspondência com as imagens.

1
A: Desculpe, tem uma caneta?
B: Sim, tenho. Faz favor.
A: Obrigada.

2
A: Ó Ana, tu tens dinheiro?
B: Não, não tenho.
A: Eu também não!

3
A: O senhor tem carta de condução?
B: Não, não tenho.
A: E passaporte ou B.I.?
B: Tenho, sim.

 A ☐

 B ☐

 C ☐

▶▶▶ VÁ À **GRAMÁTICA** NA PÁGINA 48 E FAÇA OS EXERCÍCIOS A E B.

C. Faça perguntas ao seu colega. Use as palavras da caixa.

um lápis / uma caneta / cigarros / chaves / óculos de sol / moedas / dinheiro

ou

Tens uma caneta?

Sim, tenho.

Não, não tenho.

IMPORTANTE!
dinheiro
moedas   notas

ONDE ESTÁ A MINHA CARTEIRA?

A26 🔊 **D.** Ouça as entrevistas de três senhoras. Quem é que tem um problema?

A26 🔊 **E.** Ouça mais uma vez as entrevistas e complete o quadro abaixo.

Quem tem...	Rita	Sara	Ana	*Você*	Quem tem...	Rita	Sara	Ana	*Você*
...telemóvel?	✓	✓	✓		...garrafa de água?				
...chaves?					...cigarros?				
...carteira?					...passaporte?				
...caneta?					...carta de condução?				
...lápis?					...moedas?				
...óculos de sol?									

F. E você? O que é que tem na sua mala, mochila ou pasta? Assinale com ✓ na última coluna do quadro.

▶▶▶ VÁ À GRAMÁTICA NA PÁGINA 48 E FAÇA OS EXERCÍCIOS C E D.

G. Faça a correspondência entre as frases e as fotografias.

☐ Ele está no carro.   ☐ Ele está na escola.

☐ Ele está em casa.   ☐ Ele está no escritório.

☐ Ele está na rua.

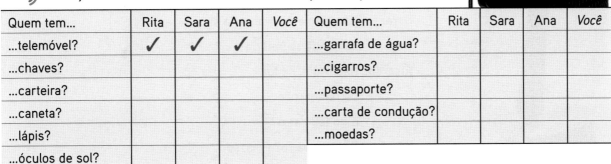

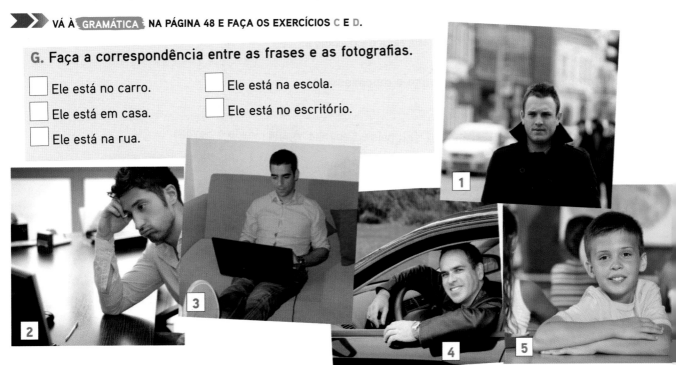

A27))) **H.** Ouça o diálogo e leia as frases abaixo. São verdadeiras ou falsas? Assinale.

1. A Sara não está em casa. ☐ V ☐ F
2. O Ricardo está no carro. ☐ V ☐ F

A27))) **I.** Leia e ouça o diálogo mais uma vez. Complete as frases.
Sabe o que significam as palavras destacadas?

Ricardo: _____¹?

Sara: Olá, Ricardo!

Ricardo: Olá, Sara! Está tudo bem?

Sara: Não, não está. Estou na
          _____² e não tenho a
          minha carteira.

Ricardo: Como não _____³?
          Não está na tua mala?

Sara: Não, não está. Não está aí
          na minha secretária?

Ricardo: Não. Aqui, na tua
          secretária, não _____⁴.
          E no teu carro?

Sara: No meu carro? Pois, se
          calhar está no carro....

▶▶▶ VÁ À **GRAMÁTICA** NA PÁGINA 48 E FAÇA O EXERCÍCIO E.

J. Complete as frases com o artigo e o possessivo.

1. Você é espanhol. O seu país é Espanha. A sua cidade é Sevilha.

2. Sou alemã. _____ país é a Alemanha. A minha cidade é Berlim.

3. Tu és italiano. _____ país é a Itália. A tua cidade é Roma.

4. Vocês são chineses. _____ país é a China. A vossa cidade é Xangai.

5. Ele é grego. O país dele é a Grécia. _____ cidade _____ é Atenas.

6. Somos russos. O nosso país é a Rússia. _____ cidade é Moscovo.

7. Eles são suecos. _____ país _____ é a Suécia. A cidade deles é Estocolmo.

A28))) **K.** Ouça e complete o diálogo. A seguir, pratique diálogos parecidos com o seu colega.

A: De _____ é o carro branco?

B: É _____.

IMPORTANTE!
Isto é meu.
É o meu carro.

L. Leia as frases. A seguir, faça a correspondência com as imagens.

1. A tua chave está aqui.   2. A tua chave está ali.   3. A tua chave está aí.

A ☐

B ☐

C ☐

▶▶▶ VÁ À **GRAMÁTICA** NA PÁGINA 48 E FAÇA O EXERCÍCIO F.

M. Use as palavras da caixa para fazer perguntas ao seu colega.

| caneta |
| carro |
| mala |
| telemóvel |
| carta de condução |
| computador |

Onde está a tua carta de condução?

Está na carteira.

ou

Está aqui.

ou

Eu não tenho carta de condução.

PRONÚNCIA

A29))) **A.** Ouça e repita as palavras com a terminação -*em*.

bem   sem   cem   quem   tem   têm

A29))) **B.** Ouça e repita as frases.

1. O que é que é isso?
2. De onde é que és?
3. Quem é que é?

A29))) **C.** Ouça e repita as palavras com [ʀ].

garrafa   cigarro   Inglaterra   Marrocos

A29))) **D.** Ouça as palavras. Em que palavras a letra *r* é pronunciada como *rr*? Sublinhe.

parede   carta   russo   rua   falar   relógio

A29))) **E.** Escreva as palavras da caixa na coluna correta. A seguir, ouça para confirmar.

livro   rosa   verde

carro   Roma   estar

[ʀ]	[r]
rua	porta

COMUNICAÇÃO	VOCABULÁRIO	PRONÚNCIA	GRAMÁTICA
soletrar palavras, pedir e dar dados pessoais, preencher uma ficha	profissões e atividades, alfabeto, dados pessoais	som [ẽ], dígrafo **ss**, letra **s**	ordinais 1-10, género das profissões, ordem das palavras, **qual** e **quanto**

QUAL É A SUA PROFISSÃO?

A. Faça a correspondência entre as profissões/atividades e as fotografias.

☐ médico   ☐ enfermeiro   ☐ ator   ☐ engenheiro   ☐ aluno   ☐ advogada

☐ empregado de mesa   ☐ secretária   ☐ informático   ☐ professora

☐ estudante   ☐ jornalista   ☐ cantor   ☐ dona de casa

B. Faça a pergunta ao seu colega.

Qual é a tua profissão?

Sou enfermeiro.

➤➤➤ VÁ À **GRAMÁTICA** NA PÁGINA 49 E FAÇA O EXERCÍCIO A.

COMO SE ESCREVE O SEU NOME?

A30))) **C.** Ouça e repita as letras do alfabeto.

A B C D E F G H I J K L M N O P Q R S T U V W X Y Z

D. Leia as siglas.

RTP   GNR   PS   IRS   USB   CD   TPC   B.I.   BMW   DVD   PSD   PDF

A31))) **E.** Ouça e leia o diálogo.

A: Como se chama?

B: Agnieszka Skrzypczak.

A: Como se escreve?

B: A-G-N-I-E-S-Z-K-A   S-K-R-Z-Y-P-C-Z-A-K.

F. Faça a pergunta ao seu colega.

Como se escreve o teu nome?

A-T-T-I-L-A G-Y-A-R-M-A-T-I.

EM QUE ANDAR MORAS?

A32))) **G.** Ouça e repita os ordinais.   **H.** Leia as placas.

1.º - primeiro	6.º - sexto
2.º - segundo	7.º - sétimo
3.º - terceiro	8.º - oitavo
4.º - quarto	9.º - nono
5.º - quinto	10.º - décimo

Parque Eduardo VII

Praça D. Pedro IV

Avenida D. Carlos I

Teatro D. Maria II

Avenida Afonso II

Aeroporto João Paulo II

I. Olhe para a fotografia de um prédio em Lisboa. Quem mora neste prédio? Leia a lista e responda às perguntas abaixo.

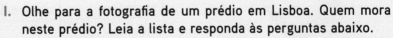

LISTA DE INQUILINOS:

1.º Esq. – Fernando Costa

1.º Dto. – Mafalda Lemos

R/C Esq. – Lúcia Magalhães

R/C Dto. – Nélia Santos

2.º Esq. – Vânia Dias

2.º Dto. – Cândida Fonseca

3.º Esq. – Adilson Andrade

3.º Dto. – António Lopes

4.º Esq. – Oxana Chevtchuk

4.º Dto. – Maria Figueiredo

1. Em que andar mora a Mafalda?

2. Em que andar mora o Sr. Costa?

3. Em que andar mora o Adilson Andrade?

4. Em que andar é o apartamento da Dr.ª Oxana?

5. Em que andar é o apartamento da D. Lúcia?

J. Faça perguntas ao seu colega.

Em que andar moras?

ou

No segundo.

Não moro num prédio.

QUE IDADE TENS?

K. Faça a correspondência entre as colunas.

1. Chamo-me Mafalda Lemos.
2. Sou portuguesa.
3. Tenho 32 anos.
4. Sou advogada.
5. Moro em Lisboa.
6. Sou casada.

a. Profissão
b. Estado civil
c. Nome
d. Idade
e. Nacionalidade
f. Morada

A33)) **L.** O Christos é um aluno novo numa escola de línguas em Lisboa. Ouça a conversa com a secretária da escola e complete a ficha.

Nome:	
Idade:	
Nacionalidade:	
Estado Civil:	solteiro/a ☐ casado/a ☐ divorciado/a ☐
Profissão:	
Morada:	Rua do Alecrim,
Código Postal:	
Cidade:	
Telefone:	
Telemóvel:	
E-mail:	christrek@gmail.com

IMPORTANTE!
Esq. - esquerdo
Dto. - direito
R/C - rés do chão

IMPORTANTE!
@ = arroba
. = ponto

M. Leia as respostas e complete as perguntas.

1. Qual é _____ _____ _____?
   Paulo Albuquerque.
2. Que _____ _____?
   24 anos.
3. Qual _____ _____ _____ _____?
   Sou português.
4. Qual _____ _____ _____?
   Rua das Flores, n.º 18, 1.º Dto., Lisboa.
5. Qual _____ _____ _____ _____?
   Sou casado.
6. Qual _____ _____ _____ número de telefone?
   21 642 88 29.

▶▶ VÁ À GRAMÁTICA NA PÁGINA 49
E FAÇA OS EXERCÍCIOS B E C.

▶▶ VÁ ÀS ATIVIDADES DE COMUNICAÇÃO
NA PÁGINA 245 E FAÇA O EXERCÍCIO 2.

N. Faça a correspondência entre as perguntas que pedem a mesma informação.

1. Quantos anos tem?	a. Qual é a sua morada?
2. Como é que se chama?	b. É casado?
3. Onde é que mora?	c. Qual é o seu nome?
4. Qual é o seu estado civil?	d. Que idade tem?

O. Faça a correspondência entre as colunas.

1. Barroso	a. nome completo
2. José Barroso	b. primeiro e último nome
3. José Manuel Durão Barroso	c. apelido
4. Durão Barroso	d. apelidos

P. Complete a apresentação de um aluno de português com os verbos na forma correta. A seguir, escreva a sua apresentação.

morar   ter   falar   ~~chamar-se~~   ser (2x)

Chamo-me[1] Andriy Hrynyshyn. _____[2]
de Kiev, na Ucrânia. Agora _____[3]
em Lisboa, na Rua do Salitre. _____[4]
24 anos. _____[5] solteiro. _____[6]
ucraniano, russo, espanhol e um pouco de
português.

_____
_____
_____
_____
_____
_____
_____
_____
_____

PRONÚNCIA

A34 🔊 **A.** Ouça e repita as palavras que começam com en-/em-.

enfermeiro   engenheiro   empregado   empresário

A34 🔊 **B.** Ouça e repita as palavras com ss.

Rússia   nosso   dezassete   passaporte

A34 🔊 **C.** Escreva as palavras do quadro na coluna correta da tabela. A seguir, ouça para confirmar.

Espanha   segunda   mesa   nós   isso
profissão   inglesa   país   casado

[s]	[ʃ]	[z]
professor	Marrocos	brasileiro

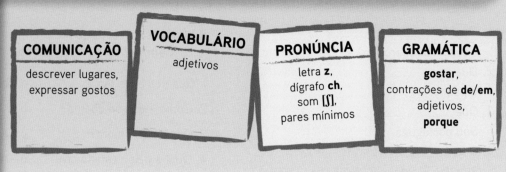

COMUNICAÇÃO	VOCABULÁRIO	PRONÚNCIA	GRAMÁTICA
descrever lugares, expressar gostos	adjetivos	letra **z**, dígrafo **ch**, som [ʃ], pares mínimos	**gostar**, contrações de **de/em**, adjetivos, **porque**

É MUITO LONGE?

A. Onde está o Rodrigo? Faça a correspondência entre as frases e as imagens.

☐ O Rodrigo está no centro da cidade.

☐ O Rodrigo está longe do centro da cidade.

☐ O Rodrigo está fora da cidade.

☐ O Rodrigo está perto do centro da cidade.

1

2

3

4

B. Faça a correspondência entre as palavras e as imagens.

☐ grande ☐ mau ☐ bonito ☐ 4 ~~novo~~ ☐ antigo ☐ caro ☐ rico ☐ simpático

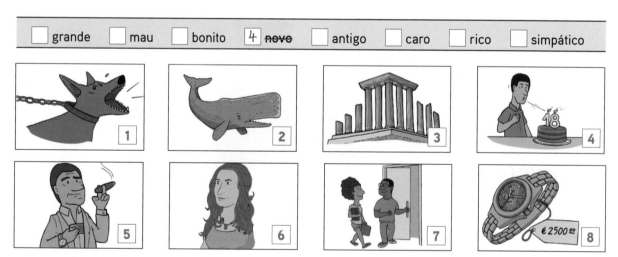

C. Faça a correspondência dos adjetivos abaixo com os seus opostos no exercício B.

1. feio   *bonito*
2. bom   _____
3. velho   _____
4. pequeno   _____
5. pobre   _____
6. barato   _____
7. moderno   _____
8. antipático   _____

D. Faça perguntas ao seu colega.

Qual é o oposto de *feio*?

Bonito.

⮞⮞⮞ VÁ À GRAMÁTICA NA PÁGINA 50 E FAÇA O EXERCÍCIO A.

COMO É A CIDADE?

A

B

E. Olhe para as fotografias destas duas cidades. Escolha três adjetivos para descrever a cidade A e três adjetivos para descrever a cidade B. Sabe como se chamam e onde ficam?

Cidade A	Cidade B
1.	1.
2.	2.
3.	3.

F. Leia os textos. Onde está o Luís? Onde está o Miguel? Complete com os nomes das cidades do exercício E.

Luís Gomes

27/6 às 21:53

_____ é uma cidade rica e muito moderna. Gosto muito do meu hotel. O quarto é grande e bonito. Os restaurantes são muito bons aqui ☺

Gosto · Comentar

👍 5 pessoas **gostam disto**

Clara Amaral E as pessoas? Como são?
27/6 às 22:12 · Gosto

Luís Gomes As pessoas são muito simpáticas! ☺
27/6 às 22:40 · Gosto

Miguel Simões
27/6 às 21:35

_____ é uma cidade antiga, bastante pequena e bonita. O centro histórico é lindo, lindo, lindo!

O nosso hotel é velho e bastante feio, mas também muito barato. Os restaurantes não são maus.

Gosto · Comentar

 8 pessoas gostam disto

 Pedro Nunes Onde fica o vosso hotel? No centro?
27/6 às 22:21 · Gosto

 Miguel Simões Não, fica fora do centro, na parte nova da cidade.
27/6 às 22:50 · Gosto

G. Leia os textos outra vez e responda às perguntas.

1. Como é o quarto do Luís?

2. Como são os restaurantes em Macau?

3. Como são as pessoas em Macau?

4. Como é o hotel do Miguel?

5. Como são os restaurantes em Ouro Preto?

6. Onde é o hotel do Miguel?

GOSTAS DISTO?

H. Olhe para as fotografias e sublinhe a opção correta.

1. A Marta **gosta/não gosta** de cigarros.

4. A Tomoko **gosta/não gosta** das 2ᵃˢ feiras.

2. O Hugo **gosta/não gosta** da Cátia.

5. A Fátima **gosta/não gosta** de música.

3. A Inês **gosta/não gosta** de leite.

6. O André **gosta/não gosta** de livros.

 VÁ À GRAMÁTICA NA PÁGINA 50 E FAÇA OS EXERCÍCIOS B, C E D.

IMPORTANTE!
Estou de férias.
Boas férias!

A35))) **I.** Ouça o diálogo. Onde está o Vasco? Escolha a resposta correta.

1. Em Madrid. **2.** Em Lisboa. **3.** Em Segóvia.

A35))) **J.** Ouça o diálogo mais uma vez e complete as frases.

1. O Vasco está de férias _____ do país.
2. Segóvia fica _____ de Madrid.
3. Segóvia é uma cidade bastante _____.
4. O Vasco _____ muito de Segóvia.

K. Leia os diálogos. A seguir, faça a correspondência com as imagens.

1
A: O Luís gosta do seu carro?
B: Gosto muito.

2
A: O Pedro gosta do carro dele?
B: Não, não gosta nada.

A ☐

B ☐

L. Escreva o nome de uma cidade, de um objeto e de uma pessoa de que gosta.

1. Gosto _____   2. Gosto _____   3. Gosto _____

M. Olhe para as palavras que o seu colega escreveu no exercício L. Faça perguntas.

Porque é que gostas do Luís?

Porque é simpático.

PRONÚNCIA

A36))) **A.** Ouça a pronúncia da letra *z*. Sublinhe as palavras nas quais é pronunciada como [ʃ].

azul   zero   cinzento   atriz   dez

A36))) **B.** Sublinhe as palavras nas quais as letras a vermelho são pronunciadas como [ʃ]. A seguir, ouça para confirmar.

prazer   gosto   pessoa   histórico   treze   diz

A36))) **C.** Ouça e repita as palavras com *ch*.

chama   China   chá   chaves   acho   ficha

A36))) **D.** Ouça as palavras e escreva o número de acordo com a ordem de audição.

a. pá ☐   pão ☐   pau ☐
b. má ☐   mão ☐   mau ☐

E. Quais das palavras acima têm vogais nasais? Sublinhe.

COMUNICAÇÃO

falar sobre rotinas
profissionais
e escolares,
dar opiniões

VOCABULÁRIO

locais de trabalho,
palavras para
descrever o trabalho

PRONÚNCIA

acento,
letra **h**,
sons [n] e [ɲ]

GRAMÁTICA

de/em + um(a),
muito e **pouco**,
preposição **por**

ONDE TRABALHA?

A. Faça a correspondência entre as profissões e os locais de trabalho.

Onde trabalha...

1. ...um professor?
2. ...um ator?
3. ...um médico?
4. ...um advogado?
5. ...um empresário?
6. ...um arquiteto?
7. ...um empregado de mesa?
8. ...uma empregada doméstica?

a. Num restaurante.
b. Numa escola.
c. Numa casa.
d. Num ateliê.
e. Numa empresa.
f. Num escritório.
g. Num teatro.
h. Num hospital.

VÁ À **GRAMÁTICA** NA PÁGINA 51 E FAÇA O EXERCÍCIO A.

QUANTAS HORAS TRABALHA POR DIA?

B. Faça a correspondência entre as expressões e as fotografias.

☐ ganhar muito dinheiro ☐ estudar na universidade ☐ viajar muito
☐ usar o computador ☐ trabalhar em casa ☐ falar ao telemóvel

VÁ À **GRAMÁTICA** NA PÁGINA 51 E FAÇA O EXERCÍCIO B.

C. Núria Navarro é espanhola. Tem 27 anos e mora em Lisboa. Olhe para a fotografia abaixo. Qual é a profissão da Núria?

D. Leia a entrevista com a Núria sobre o trabalho dela. Algumas palavras foram retiradas do texto. Coloque-as no espaço certo.

médica	dez	gosto
pessoas	cinco	hospital

A: Onde é que a Núria trabalha?

B: Trabalho num _____[1], em Lisboa.

A: Quantas horas trabalha por dia?

B: Normalmente, são oito horas por dia. Mas, às vezes, trabalho _____[2] ou até doze horas.

A: Quantos dias trabalha por semana?

B: São _____[3] dias por semana.

A: Ganha bem?

B: Infelizmente, ganho pouco.

A: De que é que gosta no seu trabalho?

B: É muito interessante. E eu gosto de trabalhar com _____[4]. Gosto de ser _____[5]. E também gosto dos meus colegas de trabalho.

A: De que é que não gosta no seu trabalho?

B: Trabalho muitas horas. Às vezes, trabalho à noite. E não _____[6] da minha chefe. É uma pessoa muito difícil.

E. Sabe o que significam as palavras/expressões destacadas no texto? Consulte o glossário ou pergunte ao seu colega.

 VÁ À **GRAMÁTICA** NA PÁGINA 51 E FAÇA OS EXERCÍCIOS C E D.

Paulo Santos é empregado de mesa.
Ouça a entrevista com ele e complete o texto.

1. O Paulo trabalha num _____
   e também _____.
2. O Paulo trabalha _____ horas _____.
3. O Paulo trabalha _____ dias _____.
4. O Paulo ganha _____.
5. O trabalho do Paulo é _____.
6. O Paulo gosta do _____.
7. O restaurante é _____.
8. O restaurante fica _____.

G. Quais são as diferenças entre o trabalho da Núria e do Paulo?

H. Faça uma entrevista ao seu colega sobre o trabalho/estudo dele. Use ou adapte as perguntas do exercício D.

Onde é que trabalhas? — Num restaurante. ou Onde é que estudas? — Na Universidade do Porto.

A38 🔊 **I.** Ouça o programa *Qual é a Minha Profissão?*, no qual o concorrente Tiago tenta saber a profissão da Sara. Ouça e assinale as respostas da Sara.

	Sim	Não		Sim	Não
Trabalha em casa?	☐	☐	Viaja muito?	☐	☐
Trabalha num hospital?	☐	☐	Trabalha sozinha?	☐	☐
Trabalha à noite?	☐	☐	Usa o computador?	☐	☐
Usa o telemóvel?	☐	☐	Trabalha num escritório?	☐	☐
Fala línguas?	☐	☐	Ganha bem?	☐	☐

J. Qual é a profissão da Sara? Já sabe? Escolha uma das profissões do exercício A da Unidade 6 (página 36). Fale com o seu colega. Comece as frases com *Eu acho que...*

1
Eu acho que a Sara é advogada.

2
Porquê?

3
Porque...

A39))) **K.** Ouça o texto e confirme a sua escolha.

L. Faça o mesmo jogo com o seu colega. Escolha uma profissão. Agora o seu colega vai fazer-lhe perguntas.

IMPORTANTE!

Tiago, está pronto?

PRONÚNCIA

A40))) **A.** Ouça e sublinhe a sílaba acentuada.

ganhar ator chamar gostar prazer morar

A40))) **B.** Ouça e repita as palavras com a letra *h*.

hospital hotel homem hora hindi

A40))) **C.** Ouça e repita as palavras com o som [n].

ano pequeno aluno caneta bonito

A40))) **D.** Ouça e repita as palavras com o som [ɲ].

Espanha dinheiro sozinho ganha minha

A40))) **E.** Ouça as palavras. Em quais delas ouve o som [ɲ]? Assinale.

palavra 1 ☐   palavra 3 ☐   palavra 5 ☐

palavra 2 ☐   palavra 4 ☐   palavra 6 ☐

A40))) **F.** As palavras abaixo têm o ditongo [ẽw]. Ouça-as e sublinhe todas as que são acentuadas na última sílaba.

ganham limão viajam avião usam Japão

Preposição *de*

Dizemos *o carro do João*, mas *uma garrafa de água*.

Presente do Indicativo do verbo *ter*

	ter
eu	tenho
tu	tens
você / ele / ela	tem
nós	temos
vocês / eles / elas	têm

Expressão *é que*

Nas perguntas que começam com uma palavra interrogativa podemos usar *é que*:
Onde (é que) fica Siena?

Cardinais

Os cardinais *um* e *dois* têm as formas femininas *uma* e *duas*:
Tenho só um lápis. Tenho só uma caneta.
Tenho dois livros. Tenho duas mesas.

Possessivos (singular)

	masculino	*feminino*
eu	meu	minha
tu	teu	tua
você	seu	sua
ele	dele	
ela	dela	
nós	nosso	nossa
vocês	vosso	vossa
eles	deles	
elas	delas	

- Usamos os possessivos com o artigo definido (*o meu relógio*).
- Usamos os possessivos *dele(s)* e *dela(s)* depois do nome (*o relógio dele*).

Advérbios de lugar

aqui	aí	ali

- *Aqui* - usa-se para coisas/pessoas que estão perto do falante. (corresponde a *isto*)
- *Aí* - usa-se para coisas/pessoas que estão perto do ouvinte. (corresponde a *isso*)
- *Ali* - usa-se para coisas que estão longe do falante e do ouvinte. (corresponde a *aquilo*)

A. Complete com *de*, *da* ou *do*.

1. os óculos de sol
2. o passaporte _____ Raul
3. uma garrafa _____ água
4. o computador _____ Mafalda
5. a carta _____ condução

B. Complete com o verbo *ter* na forma correta.

1. Ela não tem passaporte.
2. Não _____ chaves. (*nós*)
3. Vocês _____ dinheiro?
4. Não _____ carta de condução. (*eu*)
5. _____ cigarros? (*tu*)

C. Reescreva as perguntas com *é que*.

1. Como se chama?   *Como é que se chama?*
2. Onde está o Pedro?   _____
3. Como estás?   _____
4. Onde tens as chaves?   _____
5. De onde és?   _____

D. Complete com *dois* ou *duas*.

1. *duas* chaves   3. _____ lápis
2. _____ passaportes   4. _____ paredes

E. Complete com o possessivo na forma e posição correta.

1. O *meu* lápis _____ está na mala. (*eu*)
2. O _____ relógio _____ está na secretária. (*ele*)
3. Onde tens a _____ caneta _____? (*tu*)
4. A _____ carta de condução _____, faz favor! (*você*)
5. Estou na _____ casa _____. (*vocês*)
6. O _____ país _____ é Marrocos. (*nós*)
7. O _____ carro _____ está na rua. (*elas*)

F. Complete com *aqui*, *aí* ou *ali*.

1. O que é isso *aí*?
2. Isto _____ é uma moeda de 2 euros.
3. O que é aquilo _____?
4. Aquilo _____ são óculos Ray-Ban.
5. Isso _____ é teu?

Género das profissões

masculino	feminino
médico	médica
professor	professora
ator	atriz
estudante	
jornalista	

Quando dizemos qual é a profissão, não usamos o artigo antes do nome:
Sou médico.

Ordinais

cardinal	ordinal
um	primeiro
dois	segundo
três	terceiro
quatro	quarto
cinco	quinto
seis	sexto
sete	sétimo
oito	oitavo
nove	nono
dez	décimo

Ordem das palavras

• Os ordinais vêm <u>antes</u> do nome
(*o primeiro nome, o último nome*).

• A palavra *completo*, como adjetivo,
vem depois do nome (*o nome completo*).

Interrogativa *quanto*

quanto	dinheiro
quanta	água
quantos	médicos
quantas	alunas

A palavra interrogativa *quanto* concorda
em número e género com o nome.

A. Escreva a forma masculina ou feminina.

1. secretário — secretária
2. _____ professora
3. aluno _____
4. _____ jornalista
5. ator _____
6. _____ estudante
7. médico _____
8. _____ enfermeira
9. advogado _____
10. _____ engenheira
11. cantor _____
12. _____ empregada

B. Faça frases com as palavras dadas.

1. andar / no / mora / terceiro / ela
Ela mora no terceiro andar.

2. dele / último / Pereira / nome / o / é
_____.

3. seu / é / nome / qual / completo / o
_____?

4. teu / primeiro / se / como / nome / escreve / o
_____?

5. andar / meus / no / os / moram / sétimo / pais
_____

C. Complete com *quanto* na forma correta.

1. Quantos anos tens?
2. _____ dinheiro tens?
3. _____ línguas falas?
4. _____ alunos estão aqui?
5. _____ malas tem a Ana?
6. _____ lápis tem o Pedro?
7. _____ carros tens?

O género e o número dos adjetivos

masculino singular	feminino singular	masculino plural	feminino plural
bonito	bonita	bonitos	bonitas
falador	faladora	faladores	faladoras
grande		grandes	
difícil		difíceis	
agradável		agradáveis	
bom	boa	bons	boas
mau	má	maus	más

Verbo *gostar*

Depois do verbo *gostar* usa-se a preposição *de*:
Gosto de Portugal.

Contrações das preposições *de* e *em* com os advérbios de lugar e os demonstrativos invariáveis

de + isto = disto	em + isto = nisto
de + isso = disso	em + isso = nisso
de + aquilo = daquilo	em + aquilo = naquilo
de + aqui = daqui	
de + aí = daí	
de + ali = dali	

Adjetivos e advérbios (ordem das palavras)

• Os advérbios de quantidade vêm antes do adjetivo (*muito bonito, bastante bonito)* e depois do verbo (*gosto muito).*

• Os adjetivos concordam em género e número com os nomes e vêm normalmente depois do nome (*uma rua antiga, um carro bonito).*

3.ª pessoa: uso e referência

• A 3.ª pessoa é uma forma de tratamento formal. Normalmente, não se usa o pronome:
Tem carta de condução?

• Quando não sabemos o nome do interlocutor, podemos usar *o senhor*:
O senhor tem carta de condução?

• Quando sabemos o nome do interlocutor, podemos usar o nome:
O Miguel tem carta de condução?

A. Escreva a forma masculina ou feminina.

1. bonito   bonita
2. _____   cara
3. grande   _____
4. bom   _____
5. _____   pobre
6. mau   _____

B. Complete com *gostar de* na forma correta.

1. *Gostas da* minha casa? *(tu)*
2. Elas _____ Portugal.
3. Não _____ cigarros. *(nós)*
4. O Rui não _____ Rita.
5. _____ minha cidade. *(eu)*
6. Não _____ café com açúcar? *(tu)*

C. Complete com *de + isto, isso, aquilo* ou *aqui.*

1. Eles não gostam *disto. (isto)*
2. Gostas _____? *(isso)*
3. O centro da cidade é longe _____. *(aqui)*
4. Não gosto _____. *(aquilo)*

D. Complete com a palavra entre parêntesis no lugar certo.

1. Temos uma _____ casa *pequena. (pequena)*
2. Não gosto de _____ hotéis _____!
   (caros)
3. Évora é uma _____ cidade _____.
   (antiga)
4. O carro dela é _____ caro _____!
   (muito)
5. Ela tem uma _____ mala _____.
   (grande)
6. O Rui _____ gosta _____ do meu carro.
   (muito)
7. O Porto é uma cidade _____ grande _____.
   (bastante)
8. O meu _____ nome _____ é Domenico Ciancio. *(completo)*

Contração das preposições *em* e *de* com os artigos indefinidos

em + um = num	
em + uma = numa	
de + um = dum	
de + uma = duma	

Verbos em *-ar*

Os verbos *viajar*, *trabalhar*, *ganhar*, *usar* e *estudar* são verbos regulares da 1.ª conjugação.

Muito e pouco

muit**o** pouc**o**	café
muit**a** pouc**a**	água
muit**os** pouc**os**	livros
muit**as** pouc**as**	horas

• *Muito* e *pouco* concordam com os nomes em género e em número.

• Com os verbos, *muito* e *pouco* são invariáveis:
  A Rita trabalha <u>muito</u>.
  Estudo <u>pouco</u>.

Preposição *por*

Usa-se a preposição *por* para indicar a frequência num período de tempo (*por dia, por semana, por ano*).

A. Complete com *num, numa, dum* ou *duma*.

1. Trabalho *num* escritório.
2. Ela trabalha _____ escola.
3. Ele é _____ cidade perto de Paris.
4. Sou _____ país muito pequeno.
5. Trabalhamos _____ hospital.
6. O Rui está _____ restaurante.

B. Complete com o verbo na forma correta.

1. *Viajamos* muito. (*nós/viajar*)
2. Elas não _____ o computador. (*usar*)
3. _____ bem? (*tu/ganhar*)
4. O Rui e a Ana _____ à noite. (*trabalhar*)
5. Não _____ muito. (*nós/estudar*)
6. Quanto é que eles _____? (*ganhar*)

C. Complete com *muito* na forma correta.

1. Tenho *muitos* livros.
2. O Jorge estuda _____.
3. Ele tem _____ dinheiro.
4. Ela trabalha _____ horas.
5. Ainda tens _____ água?

D. Complete com *pouco* na forma correta.

1. A garrafa tem *pouca* água.
2. Ele fala _____ línguas.
3. Temos _____ vinho.
4. A Ana trabalha _____.
5. A nossa cidade tem _____ carros.
6. O chá tem _____ açúcar.

NA FRONTEIRA

A. Faça a correspondência entre as frases e as fotografias.

- [ ] Estou aqui de férias.
- [ ] Estou aqui para estudar.
- [ ] Estou aqui em trabalho.

 **1** **2** **3**

A41))) **B.** A Sílvia está no aeroporto de Lisboa. Leia as frases abaixo e ouça o diálogo com o funcionário. As frases são verdadeiras ou falsas? Assinale.

1. A Sílvia está em Lisboa em trabalho. [V] [F]
2. A Sílvia fica sete dias em Portugal. [V] [F]
3. A Sílvia fica só em Lisboa. [V] [F]
4. É a primeira vez da Sílvia em Portugal. [V] [F]

A41))) **C.** Leia o diálogo e complete com as palavras que faltam. A seguir, ouça para confirmar.

Funcionário: O seu _____¹, faz favor.
Sílvia: Aqui está.
Funcionário: Qual é o motivo da sua visita?
Sílvia: Estou de _____².
Funcionário: _____³ tempo fica em Portugal?
Sílvia: Só uma semana.
Funcionário: Onde? Em Lisboa?
Sílvia: Sim, fico em Lisboa, no hotel Fénix. E também uma noite no Porto.
Funcionário: É a sua _____⁴ vez em Portugal?
Sílvia: Não, é a segunda.
Funcionário: Boa estadia!
Sílvia: Muito obrigada.

D. Pratique este diálogo com o seu colega.

A. Corrija as frases como nos exemplos.

1. Onde tens os óculos do sol?   *de*
2. Onde está/meu carro?   *o*
3. Tenho dois chaves.   _____
4. Onde é o teu passaporte?   _____
5. Como que te chamas?   _____
6. A tua café está aqui.   _____
7. Moro em sexto andar.   _____
8. Quantas dias trabalhas?   _____
9. Não gosto isto.   _____
10. Lisboa é a cidade bonita.   _____

B. Escreva a palavra que falta.

1. Você tem carta *de* condução?
2. _____ vezes trabalho sozinho.
3. Onde é _____ estás?
4. Trabalho seis dias _____ semana.
5. O meu carro é _____ bom.
6. Estou _____ férias.
7. Ela trabalha _____ noite.
8. O João trabalha _____ escola em Lisboa.
9. Agora estou _____ casa.
10. Gosto muito _____ tua casa.

C. Complete as perguntas com os interrogativos das caixas.

em que / porque / ~~qual~~ / quantas / como

1. *Qual* é a sua morada?
2. _____ horas trabalhas?
3. _____ andar moras?
4. _____ se escreve o seu nome?
5. _____ é que não gostas da tua casa?

de que / quanto / que / o que / como

6. _____ é que tens no teu carro?
7. _____ é a tua cidade?
8. _____ idade tens?
9. _____ é que gostas no teu trabalho?
10. _____ tempo ficas em Portugal?

D. Assinale a palavra que não pertence ao grupo.

1. tradutor   ator   (russo)   médico
2. sua   minha   nossa   tua
3. sétimo   quatro   segundo   quinto
4. morada   profissão   idade   restaurante
5. aqui   isso   isto   aquilo
6. bonito   pequeno   ganho   novo

E. Escreva as palavras com significado oposto.

1. bonito   *feio*   4. boa _____
2. perto _____   5. primeiro _____
3. muito _____   6. rico _____

F. Faça a correspondência entre as colunas.

1. ganhar   a. de francês
2. estar   b. o telemóvel
3. gostar   c. muito dinheiro
4. ser   d. em Espanha
5. usar   e. advogado

A42))) G. Ouça as frases e sublinhe a resposta correta.

1. a. É no centro.   b. É muito pequena.
2. a. Aqui está.   b. Está aqui.
3. a. À noite.   b. Num hospital.
4. a. Obrigado.   b. Não, não estou.
5. a. Sou francês.   b. 36 anos.

A43))) H. Ouça as frases. Sublinhe as palavras que ouve.

1. a. quatro   b. quarto
2. a. casa   b. casado
3. a. tradutores   b. tradutoras
4. a. mora   b. morada
5. a. ganha   b. ganham

A44))) I. Ouça os textos e escolha a opção correta.

1. A Paula
   a. não trabalha.
   b. é secretária.
   c. é advogada.

2. O Paulo e o Jorge
   a. não têm dinheiro.
   b. têm 3 euros.
   c. não têm carro.

J. Assinale a palavra que tem o som diferente.

1. chave   dez   doze
2. sétimo   empresa   interessante
3. perto   carro   rico

K. Leia o texto. A seguir, leia as frases abaixo. São verdadeiras ou falsas? Assinale.

O Marco mora em Lisboa. É informático. A empresa dele chama-se Ominex. É uma grande empresa. O Marco gosta de trabalhar na Ominex. Ganha bem. A chefe dele, a Dr.ª Graça Ferreira, é muito simpática. A casa do Marco fica numa rua perto da empresa onde trabalha. O Marco mora sozinho. É solteiro. Gosta de viajar e estudar línguas. Agora estuda francês e italiano. Fala inglês muito bem.

1. O Marco é empresário.   V   F
2. O Marco ganha pouco.   V   F
3. O Marco mora perto do trabalho.   V   F
4. O Marco estuda inglês.   V   F

VISTO PARA AS UNIDADES 9-12

O PORTADOR DESTE MANUAL JÁ SABE:

- LOCALIZAR OBJETOS E PESSOAS
- EXPRESSAR POSSE
- IDENTIFICAR PROFISSÕES
- PEDIR E DAR DADOS PESSOAIS
- DESCREVER LUGARES E EXPRESSAR GOSTOS
- FALAR SOBRE ROTINAS PROFISSIONAIS

E TEM DIREITO A PROSSEGUIR PARA AS UNIDADES 9-12

PASSAPORTE PARA PORTUGUÊS<<<<<<<<<<<<<<<<
NÍVEIS A1/A2<<<<<<<<<<<<<<<<<<<<<<<<<<<

© Lidel – Edições Técnicas, Lda.

UNIDADE 9 — TENHO UM IRMÃO

COMUNICAÇÃO	VOCABULÁRIO	PRONÚNCIA	GRAMÁTICA
apresentar a família e pessoas próximas	família e pessoas próximas	sons [l] e [ʎ], acento, pares mínimos	possessivos, demonstrativos variáveis

QUANTOS IRMÃOS TENS?

A45))) **A.** Leia os textos sobre a família Mendes. A seguir, complete as frases com os nomes que faltam. Ouça para confirmar.

1 Olá, sou a Rita. O meu marido chama-se Fernando. Os nossos filhos são o _____ e a Verónica.

2 Olá, sou a _____. O meu pai chama-se Fernando. A minha mãe chama-se Rita. Tenho um irmão.

3 Olá, sou o Bernardo. Sou o filho da Rita Mendes e do _____ Mendes. A minha irmã chama-se Verónica.

4 Olá, sou o Fernando. A minha mulher chama-se _____. Temos dois filhos: um rapaz e uma rapariga.

B. Corrija as frases sobre a família Mendes.

1. A Verónica tem dois irmãos. *A Verónica tem um irmão.*
2. A Rita não é casada. _____
3. O Fernando tem duas filhas. _____
4. O Bernardo tem um irmão. _____

C. Faça diálogos com o seu colega.

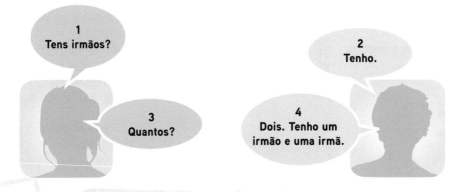

1 Tens irmãos?

2 Tenho.

3 Quantos?

4 Dois. Tenho um irmão e uma irmã.

D. Conheça os membros e os amigos da família Mendes. Leia as frases e olhe para as imagens. Escreva os nomes nas imagens. Sabe o que significam as palavras destacadas?

Este é o meu **avô**. Chama-se João. Tem 78 anos. Ele já não trabalha.

E esta é a minha **avó**. Chama-se Teresa Mendes. Gosto muito dos meus **avós**. E eles gostam muito dos **netos**.

E esta **rapariga** é a Mariana. É filha da tia Alice. É a minha **prima**. Ela ainda não anda na escola. É muito pequena.

Este **rapaz** é o meu **amigo** Afonso. Está na minha turma. Ele não tem irmãos. É **filho único**.

Esta é a minha **tia**. É a irmã da minha mãe. Chama-se Alice. Ela ainda não é casada, mas já tem uma filha. E também tem namorado.

Este é o **namorado** da tia Alice. Chama-se Guilherme. A tia Alice é uma **mulher** muito bonita. O Guilherme também é um **homem** bonito.

1

2

3

4

6

5

 VÁ À GRAMÁTICA NA PÁGINA 70 E FAÇA OS EXERCÍCIOS A, B, C E D.

E. Complete as frases com as palavras que faltam.

1. O pai do meu pai é o meu *avô*.
2. A mãe da minha mãe é a minha _____.
3. A irmã da minha mãe é a minha _____.
4. A filha da minha tia é a minha _____.
5. O filho do meu filho é o meu _____.

F. Complete com as palavras da caixa.

os avós / os primos / os netos / os irmãos
~~os pais~~ / os filhos / os tios

1. o pai + a mãe = *os pais*
2. o filho + a filha = _____
3. o irmão + a irmã = _____
4. o avô + a avó = _____
5. o neto + a neta = _____
6. o tio + a tia = _____
7. o primo + a prima = _____

➤➤➤ VÁ ÀS **ATIVIDADES DE COMUNICAÇÃO** NA PÁGINA 227 (A) OU 237 (B) E FAÇA O EXERCÍCIO 3.

G. Como são as mulheres portuguesas hoje em dia? Leia as frases abaixo e escreva os números que acha mais corretos. Compare as suas respostas com as dos seus colegas.

A MULHER PORTUGUESA - ESTATÍSTICAS

A mulher portuguesa casa (em média) com _____ anos.

A mulher portuguesa tem o primeiro filho (em média) com _____ anos.

A mulher portuguesa tem (em média) _____ filhos.

H. Sabe como é no seu país? Acha que no seu país os números são diferentes? Fale com os seus colegas sobre isso. Comece as frases com *Eu acho que...*

Eu acho que uma mulher chinesa casa, em média, com 25 anos.

A46))) **I.** A Patrícia mostra à amiga dela, a Cristina, uma fotografia da família. Ouça o diálogo. Quantas pessoas estão na fotografia?

A46))) **J.** Leia as frases e ouça o diálogo outra vez. Sublinhe a opção correta.

1. O namorado da Patrícia **é/não é** giro.
2. O irmão da Patrícia **tem/não tem** namorada.
3. A Patrícia **gosta/não gosta** da mãe do Marco.
4. O pai da Patrícia **está/não está** na fotografia.

K. Escreva os nomes de cinco pessoas da sua família numa folha de papel. A seguir, troque a folha com o seu colega. Leia os nomes que ele escreveu e faça-lhe perguntas.

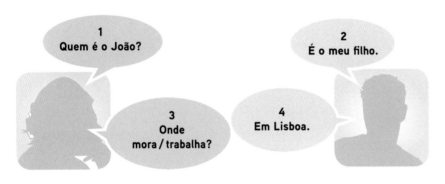

1
Quem é o João?

2
É o meu filho.

3
Onde mora / trabalha?

4
Em Lisboa.

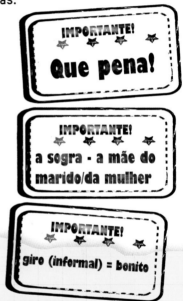

IMPORTANTE!
Que pena!

IMPORTANTE!
a sogra - a mãe do marido/da mulher

IMPORTANTE!
giro (informal) = bonito

PRONÚNCIA

A47))) **A.** Ouça e repita as palavras com o som [l].

| lindo | escola | aluno | lápis | dele | sala |

A47))) **B.** Ouça e repita as palavras com o som [ʎ].

| filha | mulher | trabalho | velho | vermelho |

A47))) **C.** Ouça as palavras. Em quais delas ouve o som [ʎ]? Assinale.

palavra 1 ☐   palavra 3 ☐   palavra 5 ☐

palavra 2 ☐   palavra 4 ☐   palavra 6 ☐

A47))) **D.** Ouça e repita as frases. As palavras a vermelho são pronunciadas da mesma forma?

1. O meu **país** fica longe.
2. Os meus **pais** não trabalham.

A47))) **E.** Ouça e repita as frases.

1. **Esta** é a minha mãe.
2. Ela **está** em casa.
3. **Estas** são as tuas primas.
4. **Estás** aqui?

A47))) **F.** Ouça as palavras e escreva o número de acordo com a ordem de audição.

avó ☐   avô ☐   avós ☐   avôs ☐

UNIDADE 10

TENHO OLHOS AZUIS

COMUNICAÇÃO
descrever a aparência física e os estados fisiológicos

VOCABULÁRIO
aparência física, estados fisiológicos, gostos e hábitos

PRONÚNCIA
letra **x**, sibilantes, formas verbais, ligações vocálicas

GRAMÁTICA
ler e **ver**, **ser** vs. **estar**, **qual**

DE QUE COR SÃO OS TEUS OLHOS?

A48))) **A.** Ouça o diálogo e complete com as palavras que faltam.

A: Patrícia, tu _____[1] um gato?!

B: Tenho, tenho!

A: Como é? É bonito?

B: É muito bonito. Tem um olho azul e um _____[2].

A: _____[3] é que é azul? O direito ou o esquerdo?

B: Não sei bem qual é. _____[4] que é o direito.

B. Quantas pessoas têm olhos claros (azuis ou verdes) no seu país? Muitas? Poucas? E em Portugal? Quais são os países com muitas e poucas pessoas com olhos claros? Olhe para o mapa e responda.

PERCENTAGEM DE PESSOAS COM OLHOS CLAROS (AZUIS OU VERDES) NA EUROPA

≥ 80 %
50–79 %
20–49 %
1–19 %
0 %

▶▶▶ VÁ À GRAMÁTICA NA PÁGINA 71 E FAÇA O EXERCÍCIO A.

C. Faça a correspondência entre as frases e as imagens.

- [ ] O Carlos tem bigode.
- [12] O Rui é magro.
- [ ] O Vasco é gordo.
- [ ] O Óscar é baixo.
- [ ] O Francisco é alto.
- [ ] O António é loiro.
- [ ] O Jorge é moreno.
- [ ] O Luís é ruivo.

1

3

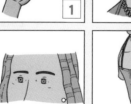
9

10

11

12

D. Leia as descrições de pessoas famosas. Sabe quem são? Escreva o nome nos espaços.

1. Ele é ator. É espanhol. Tem cerca de 50 anos. Tem cabelo escuro. É de altura média. Mora nos Estados Unidos. É casado com uma atriz americana. Quem é?

_____

2. Ela é cantora. Tem cerca de 35 anos. É da Colômbia. É baixa e tem cabelo comprido. É muito bonita. Canta em inglês e em espanhol. Quem é?

_____

3. Ela também é cantora. É do Canadá, mas os pais dela são de Portugal, dos Açores. É morena. Fala inglês e um pouco de português. Quem é?

_____

E. Olhe para as fotografias. Descreva a aparência física destas pessoas.

| Bruno | Cátia | Maria da Glória | Dr. Amaral |

VÁ ÀS **ATIVIDADES DE COMUNICAÇÃO** NA PÁGINA 227 (A) OU 237 (B) E FAÇA O EXERCÍCIO 4.

F. Escolha uma pessoa presente na sala de aula e descreva-a ao seu colega.

É alta e usa óculos. Tem cabelo curto e castanho. Quem é?

Acho que é a Paula.

5   6   7   8

Altura: 164cm

13   14   15   16

- [ ] O Vítor é careca.
- [ ] A Inês tem cabelo curto.
- [ ] A Ana tem cabelo comprido.
- [ ] O Mário tem cabelo branco.
- [ ] A Vera tem olhos claros.
- [ ] A Vanda tem olhos escuros.
- [ ] O Tiago tem barba.
- [ ] O Diogo usa óculos.

ESTÁS COM FOME?

G. Faça a correspondência entre as expressões e as imagens.

☐ estar com calor	☐ estar com fome	☐ estar com sede	☐ estar doente

A49))) **H.** Ouça os sons e faça a correspondência com as frases.

☐ Som A	☐ Som B	☐ Som C

1. O Pedro está com sono.   2. O Pedro está com frio.   3. O Pedro está cansado.

➤➤➤ VÁ À **GRAMÁTICA** NA PÁGINA 71 E FAÇA O EXERCÍCIO **B**.

GOSTAS DE DANÇAR?

I. Faça a correspondência entre os verbos/expressões e as fotografias.

☐ fumar	☐ dançar	☐ cantar	☐ cozinhar	☐ ler	☐ ver televisão

J. Leia o *chat*. De que falam o Rui e a Sara? Assinale as palavras nas caixas.

trabalho   escola   aparência física   família   gostos

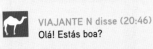

VIAJANTE N disse (20:46)
Olá! Estás boa?

MALUCA disse (20:46)
Estou bem, obrigada. Como te chamas?

VIAJANTE N disse (20:47)
Sou o Rui. E tu?

MALUCA disse (20:47)
Sou a Sara. Moras em Lisboa, Rui?

VIAJANTE N disse (20:47)
Sim. Tu também?

MALUCA disse (20:48)
Não, eu moro em Sintra.

VIAJANTE N disse (20:49)
Como é que tu és, Sara?

MALUCA disse (20:49)
Sou alta e uso óculos.

VIAJANTE N disse (20:50)
E o cabelo?

MALUCA disse (20:50)
Sou loira. Tenho cabelo comprido.

VIAJANTE N disse (20:51)
Eu também sou alto, mas sou moreno.
E tenho barba. Fumas?

MALUCA disse (20:51)
Não, não fumo. Gostas de dançar, Rui?

VIAJANTE N disse (20:52)
Dançar? Não muito. Porquê?

MALUCA disse (20:52)
Eu gosto de dançar salsa. E quizomba.
Tu gostas de quê?

VIAJANTE N disse (20:53)
Gosto de cozinhar. E ler. Leio muito.

MALUCA disse (20:54)
Eu não. Mas vejo muitos filmes.
O que é que gostas de ver na televisão?

VIAJANTE N disse (20:54)
Nada. Não tenho televisão em casa.

MALUCA disse (20:55)
Não tens? Porquê?

VIAJANTE N disse (20:56)
Porque não. Não gosto de televisão.

K. Leia o *chat* outra vez e compare com as imagens. Sublinhe <u>cinco</u> partes do *chat* que não correspondem à verdade.

▶▶▶ VÁ À GRAMÁTICA NA PÁGINA 71 E FAÇA O EXERCÍCIO C.

PRONÚNCIA

A50))) **A.** Ouça e sublinhe a palavra em que a pronúncia da letra *x* é diferente.

México   sexta   baixo   Xangai   próxima

A50))) **C.** Ouça e repita as formas verbais.

ver   ler   vês   lês   veem   leem

A50))) **B.** Sublinhe a palavra que tem o som diferente. A seguir, ouça para confirmar.

1. doze   casado   solteiro   zero
2. próximo   professor   sumo   japonês
3. Brasil   chamar   escritório   mexicano
4. baixo   vez   interessante país

A50))) **D.** Ouça e repita as expressões. Preste atenção à pronúncia das letras a vermelho.

1. garrafa de água
2. línguas de Angola
3. sala de aula

COMUNICAÇÃO	VOCABULÁRIO	PRONÚNCIA	GRAMÁTICA
falar sobre gostos e tempos livres	gostos e tempos livres	letra **g**	**ir**, preposição **a**, **a + o/a**

GOSTAS DE MÚSICA CLÁSSICA?

A. Faça a correspondência entre as expressões e as fotografias.

☐ ir à praia	☐ ir ao cinema	☐ ir ao ginásio	☐ passar férias no estrangeiro	③ ir ao teatro
☐ ir às compras	☐ gostar de comida italiana	☐ jogar ténis	☐ ter um cão	☐ ter um gato

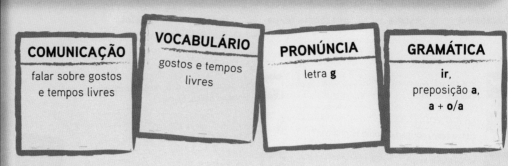

A51))) **B.** *O Namorado Perfeito* é um concurso de televisão em que uma concorrente faz perguntas a três jovens e escolhe um para ir ao cinema com ela.

A concorrente do programa de hoje é a Sónia. Leia a apresentação da Sónia e complete os espaços com as palavras da caixa. A seguir, ouça para confirmar.

comida	cão	cor	ténis	cinema	estudante

Olá! Chamo-me Sónia e tenho 22 anos. Sou _____[1] de Medicina na Universidade de Lisboa. Moro em Lisboa com os meus pais e a minha irmã. Tenho um _____[2], o Micas. Adoro o meu Micas! Gosto de praia, de _____[3] japonesa, de jogar _____[4] e de música clássica. Adoro ir ao _____[5] e ao teatro. Passo as minhas férias no Algarve ou em Espanha. Detesto política. Adoro ler, mas não leio jornais nem revistas. A minha _____[6] preferida é o vermelho. Porquê? Porque sou benfiquista!

▸▸▸ VÁ À GRAMÁTICA NA PÁGINA 72 E FAÇA O EXERCÍCIO A.

IMPORTANTE!
adorar = gostar muito

C. Agora leia as apresentações do João, do Miguel e do Tiago. Quem é, na sua opinião, um bom candidato a namorado da Sónia? Porquê? Fale com o seu colega sobre isso.

João

Olá, sou o João. Tenho 28 anos e moro em Sintra. Sou informático numa empresa. Vou muito ao cinema. Gosto de computadores e de jogos de computador. Também leio muito. E gosto muito de futebol.

Miguel

Olá, sou o Miguel. Tenho 33 anos e sou de Lisboa. Sou jornalista. Moro em Lisboa e tenho também uma casa no Algarve. Adoro praia. Viajo muito. Vou muito ao estrangeiro.

Tiago

Olá, sou o Tiago. Tenho 23 anos e sou enfermeiro. Adoro animais, tenho dois gatos em casa. Gosto de ir às compras e de desporto. Gosto muito de música *pop*.

▶▶ VÁ À **GRAMÁTICA** NA PÁGINA 72 E FAÇA OS EXERCÍCIOS B E C.

IMPORTANTE!
Não gosto de café nem de chá.

A52))) **D.** A Sónia vai fazer as perguntas ao João, ao Miguel e ao Tiago. Ouça o texto. Sublinhe os tópicos das perguntas.

> música / comida / animais / clube de futebol / férias / livros

A52))) **E.** Ouça o texto mais uma vez e assinale a pessoa certa na tabela abaixo.

	João	Miguel	Tiago
Quem gosta de *sushi*?			✓
Quem cozinha bem?			
Quem gosta de *fast food*?			
Quem é sportinguista?			
Quem gosta de dançar?			
Quem tem família no estrangeiro?			

F. Faça a correspondência entre as perguntas e as respostas.

1. Porque é que a Sónia gosta do vermelho?
2. Porque é que o João passa férias no Canadá?
3. Porque é que o Tiago gosta de Barcelona?
4. Porque é que o Miguel gosta dos Açores?
5. Porque é que o Tiago não tem clube preferido?

a. Porque tem discotecas muito boas.
b. Porque detesta futebol.
c. Porque a irmã dele mora em Toronto.
d. Porque é do Benfica.
e. Porque gosta da natureza.

A53))) **G.** Quem é que a Sónia escolhe? Fale com os seus colegas. Ouça o texto para confirmar. Está surpreendido com a decisão da Sónia? Porquê?

H. Escreva nas caixas o que adora, o que gosta, o que não gosta e o que detesta. Use as palavras/ /expressões da caixa abaixo.

> futebol / discotecas / natureza / desporto / *sushi* / cães / gatos / praia / música / comida indiana
> ir ao cinema / ir ao teatro / ir ao ginásio / ir às compras / jogar ténis

Adoro...

1. _____
2. _____

Gosto de...

1. _____
2. _____

Detesto...

1. _____
2. _____

Não gosto de...

1. _____
2. _____

QUAL É O TEU FILME PREFERIDO?

I. Qual é a sua comida, música, livro, etc. preferido? Preencha a tabela abaixo.

comida		cidade	
música		país	
livro		bar/café	
filme		cor	
ator		clube de futebol	
atriz		dia da semana	

J. Use as palavras da tabela do exercício I para fazer perguntas ao seu colega.

1
Qual é a tua comida preferida?

2
Italiana.

3
Qual é a tua música preferida?

4
Jazz.

PRONÚNCIA

A54))) **A.** Ouça e repita as palavras com o som [ʒ].

> longe   estrangeiro   página   relógio   ginásio

A54))) **B.** Ouça e repita as palavras com o som [g].

> gato   garrafa   agora   sogra   pergunta

A54))) **C.** Sublinhe a palavra que tem o som diferente. A seguir, ouça para confirmar.

> 1. negócio   ganhar   gosto   giro   segundo
> 2. engenheiro   bigode   logo   gordo   cigarro

COMUNICAÇÃO
falar sobre gostos e hábitos, escrever um *e-mail* informal

VOCABULÁRIO
gostos e hábitos

PRONÚNCIA
letra **c**, letras **b** e **v**

GRAMÁTICA
interrogativas de confirmação, **cá** e **lá**

COMO SÃO OS PORTUGUESES?

A. Olhe para as fotografias e assinale as coisas que são típicas em Portugal e para os portugueses.

☐ ☐ ☐ ☐ ☐ ☐

B. Faça a correspondência entre as expressões e as fotografias.

☐ apanhar sol   ☐ tomar banho no mar   ☐ estacionar o carro

☐ tomar café   ☐ andar de bicicleta   ☐ pagar o estacionamento

➤➤➤ VÁ À GRAMÁTICA NA PÁGINA 73 E FAÇA O EXERCÍCIO A.

A55))) **C.** Ouça três portugueses a falar sobre o que é ser um português típico. Quem é que acha que é um português típico?

A55))) **D.** Leia os textos e complete com os verbos que faltam na forma correta. A seguir, ouça para confirmar.

Pedro

Entrevistador: Acha que é um português típico?

Pedro: Hmm... não muito.

Entrevistador: Porquê?

Pedro: Porque não gosto de café e um português típico _____[1] café três, quatro ou até cinco vezes por dia. Os portugueses adoram café, não adoram? Mas eu gosto de chá.

Ana

Entrevistador: Acha que é uma portuguesa típica?

Ana: Sim, acho que sim.

Entrevistador: Porquê?

Ana: Adoro praia. Passo as minhas férias na praia. Adoro _____[2] sol e _____[3] banho no mar. E para nós, portugueses, férias sem praia não são férias, pois não?

Vítor

Entrevistador: Acha que é um português típico?

Vítor: Eu? Não.

Entrevistador: Porquê?

Vítor: Porque não _____[4] o meu carro no passeio. Cá, em Portugal, as pessoas não gostam de _____[5] o estacionamento. Estacionam os carros nos passeios e não nos parques porque os parques são caros.

E. Conhece os portugueses? Concorda com o Pedro, a Ana e o Vítor? No seu país, as pessoas também gostam de café, de praia e estacionam os carros nos passeios?

➤➤ VÁ À GRAMÁTICA NA PÁGINA 73 E FAÇA O EXERCÍCIO B.

F. Leia os textos sobre as diferenças que os estrangeiros que moram em Portugal veem entre o país deles e Portugal. Preencha os textos com as frases das caixas abaixo.

| As pessoas falam só espanhol. | Almoçam e jantam fora. | Todos andam de carro. |

O seu país é muito diferente de Portugal? Que diferenças vê?

Samuel, de Bruxelas, é professor de francês em Lisboa:

Cá, em Portugal, não vejo muitas bicicletas nas cidades.

_____[1].

Lá, na Bélgica, as bicicletas são muito populares.

Clara, de Monterrey, é empresária no Porto:

Cá, em Portugal, muitas pessoas falam inglês e francês, ou até alemão.

Lá, no México, não é assim.

_____[2].

Não somos bons em línguas.

Halyna, de Lviv, é dona de casa em Lisboa:

Cá, em Portugal, as pessoas vão muito aos restaurantes.

_____[3].

Lá, na Ucrânia, não é assim.

Normalmente, almoçamos e jantamos em casa.

G. Leia os textos mais uma vez. Encontre e sublinhe todas as palavras *cá* e *lá*. Sabe o que significam?

➤➤ VÁ À GRAMÁTICA NA PÁGINA 73 E FAÇA O EXERCÍCIO C.

H. Das coisas mencionadas nos textos, quais é que são diferentes do seu país? E quais é que são iguais?

© Lidel – Edições Técnicas, Lda.

PROCURO AMIGOS EM PORTUGAL

I. O Daniel procura amigos em Portugal. Leia o *e-mail* que ele escreveu ao Diogo. Faça a correspondência entre os tópicos e os parágrafos.

Tópicos	Parágrafos (1-5)
idade	
família	
aparência física	
trabalho	

Tópicos	Parágrafos (1-5)
hábitos / gostos	
línguas	
morada	
interesses	

IMPORTANTE!
Um abraço, /
Um beijo,

Olá Diogo,

Qual...?
Qual...?
Como...?

1 Sou irlandês e chamo-me Daniel. Moro e trabalho em Dublin. Sou professor de irlandês numa escola. Tenho 29 anos. Sou de altura média, tenho cabelo escuro e às vezes tenho barba.

2 Acho que sou um irlandês típico. Sou simpático e gosto de ir com os meus amigos à noite ao *pub*.

3 Os meus pais moram em Galway. Já não trabalham. Tenho uma irmã. É casada e tem um filho.

Quantos...?
Porque...?
Que...?

4 Procuro amigos em Portugal porque tenho muito interesse na língua portuguesa. Estudo português numa escola de línguas cá em Dublin. Falo inglês, irlandês e também um pouco de italiano.

Quais...?

5 Gosto de cinema e de música *pop*. Os meus artistas preferidos são os U2 e a Adele.

Um abraço,

Daniel

J. Faça perguntas sobre as frases sublinhadas. Comece-as com as palavras interrogativas das caixas, como, por exemplo: *Qual é a nacionalidade do Daniel?*

K. Escreva um *e-mail* como este sobre si.

▶▶▶ VÁ ÀS **ATIVIDADES DE COMUNICAÇÃO** NA PÁGINA 228 (A) OU 238 (B) E FAÇA O EXERCÍCIO 5.

COMO É UM ALEMÃO TÍPICO?

L. Complete com as nacionalidades. Compare a sua escolha com as dos seus colegas.

1. Um _____ típico não vai muito ao estrangeiro.
2. Um _____ típico gosta de chá.
3. Um _____ típico passa férias na praia.
4. Um _____ típico anda muito de bicicleta.
5. Um _____ típico não fala línguas estrangeiras.
6. Um _____ típico fala muito.
7. Um _____ típico fuma.
8. Um _____ típico adora futebol.
9. Um _____ típico gosta muito de cerveja.
10. Um _____ .

M. Pergunte ao seu colega como é um representante típico do país dele. Use os verbos da caixa.

jantar	almoçar	fumar	gostar de	passar	andar

Como é um alemão típico?

Um alemão típico gosta de cerveja.

PRONÚNCIA

A56))) **A.** Ouça e repita as palavras com o som [s].

cerca   cerveja   cinema   centro   bicicleta

A56))) **B.** Ouça e repita as palavras com o som [k].

casado   careca   comida   rico   óculos

A56))) **C.** Sublinhe a palavra que tem o som diferente. A seguir, ouça para confirmar.

1. ficar   desculpe   percebo   sueco   único
2. cinzento difícil   cento   curto   décimo

A56))) **D.** Ouça a diferença entre a pronúncia das letras *b* e *v*.

livro	barato	barba	trabalho	telemóvel
vamos	cerveja	baixo	vejo	chave

A56))) **E.** Ouça os nomes das cidades e complete com a letra *b* ou *v*.

1. ___raga   3. ___iana   5. Ó___idos
2. A___eiro   4. O___ar   6. A___rantes

Os possessivos (plural)

	masculino	*feminino*
eu	meus	minhas
tu	teus	tuas
você / o senhor	seus	suas
ele	dele	
ela	dela	
nós	nossos	nossas
vocês	vossos	vossas
eles	deles	
elas	delas	

Demonstrativos variáveis

demonstrativo invariável	*demonstrativo variável*	
	masculino	
	singular	*plural*
isto	este	estes
isso	esse	esses
aquilo	aquele	aqueles
demonstrativo invariável	*demonstrativo variável*	
	feminino	
	singular	*plural*
isto	esta	estas
isso	essa	essas
aquilo	aquela	aquelas

Os demonstrativos variáveis concordam em género e número com o nome.

- *Este* - usa-se para coisas que estão perto do falante.
- *Esse* - usa-se para coisas que estão perto do ouvinte.
- *Aquele* - usa-se para coisas que estão longe do falante e do ouvinte.

A. Complete com o possessivo correto.

1. Os *nossos* filhos chamam-se Ana e Hugo. *(nós)*
2. Onde tens as _____ malas? *(tu)*
3. Estas são as _____ filhas? *(você)*
4. Os _____ carros estão na rua? *(vocês)*
5. Os irmãos _____ moram em França. *(ele)*
6. As _____ chaves estão aqui. *(eu)*
7. Gosto muito dos _____ filhos. *(o senhor)*

B. Complete com *este, esta, estes* ou *estas*.

1. Esta é a minha mãe.
2. _____ são as minhas primas.
3. _____ telemóvel é meu.
4. _____ casa é muito grande.
5. _____ são os meus pais.

C. Complete com *isto, este* ou *esta*.

1. Este relógio é muito caro.
2. O que é _____?
3. _____ senhora é a minha tia.
4. _____ é o meu amigo Jaime.
5. Como se diz _____ em português?

D. Complete com *este, esse* ou *aquele* na forma correta.

1. Esta é a chave do meu pai. *(isto)*
2. _____ livro é teu. *(isso)*
3. _____ relógio é da Ana. *(aquilo)*
4. _____ quadros são dele. *(isto)*
5. _____ cadeira é tua. *(isso)*
6. _____ mesas são nossas. *(aquilo)*

GRAMÁTICA — UNIDADE 10

Pronome interrogativo *qual*

- *Qual* usa-se para identificar algo ou alguém:

  Qual é o seu nome?

  Qual é que é a tua caneta? A azul ou a verde?

- O plural de *qual* é *quais*:

  Qual é a sua profissão?

  Quais são as vossas profissões?

Ser e estar

- Usamos o verbo *ser* para descrever a aparência física:

  Ele é alto.

- Usamos o verbo *estar* para descrever estados fisiológicos:

  Ele está cansado.

  Ele está com fome.

Presente do Indicativo dos verbos *ver* e *ler*

	ver
eu	vejo
tu	vês
você / ele / ela	vê
nós	vemos
vocês / eles / elas	veem

	ler
eu	leio
tu	lês
você / ele / ela	lê
nós	lemos
vocês / eles / elas	leem

A. Complete com *qual* ou *quais*.

1. Qual é a sua morada?
2. _____ são os seus filhos?
3. _____ é o teu carro?
4. _____ de vocês é o Rui?
5. _____ são os livros da Susana?

B. Sublinhe a opção correta.

1. Ela **é/está** muito cansada.
2. Estou em casa porque **sou/estou** doente.
3. O meu irmão **é/está** loiro.
4. **Somos/Estamos** com fome!
5. Este hotel **é/está** muito grande.
6. **És/Estás** com frio?
7. Este prédio **é/está** muito velho.
8. Ele **é/está** careca.
9. **Sou/Estou** com muito calor.

C. Complete com *ver* ou *ler* na forma correta.

1. Lemos muitos livros. *(nós)*
2. Não _____ televisão. *(eu)*
3. O Diogo não _____ muitos livros.
4. Eles _____ pouca televisão.
5. Que livros _____ normalmente? *(tu)*
6. A Sara não _____ muitos filmes.
7. Não _____ muito porque não tenho tempo. *(eu)*
8. Gostas de _____ filmes?

Presente do Indicativo do verbo *ir*

	ir
eu	vou
tu	vais
você / ele / ela	vai
nós	vamos
vocês / eles / elas	vão

Preposição *a*

- Usamos a preposição *a* com o verbo *ir*. Esta preposição indica direção:

  Vou a casa.

- Usamos também a preposição *a* em várias expressões (*à noite, às vezes*, etc.).

Contração da preposição *a* com artigos definidos

a + o = ao
a + os = aos
a + a = à
a + as = às

Ao contrário das preposições *em* e *de*, a preposição *a* não se contrai com o artigo indefinido:

Trabalho num escritório.

Sou duma cidade pequena.

Vamos a um restaurante no centro.

A. Complete com o verbo na forma correta.

1. Adoro praia! (*eu/adorar*)
2. Eles _____ música clássica. (*detestar*)
3. Nós também _____ ténis. (*jogar*)
4. Onde _____ as tuas férias? (*passar*)
5. A Rita _____ jazz. (*detestar*)
6. Eles não _____ férias em casa. (*passar*)
7. A Sónia _____ animais. (*adorar*)

B. Complete com o verbo *ir* na forma correta.

1. Vou ao cinema com o Diogo. (*eu*)
2. Quem _____ ao ginásio?
3. _____ muito ao teatro. (*nós*)
4. Porque é que não _____ à praia? (*tu*)
5. O João e a Joana _____ ao Japão.
6. Onde é que ela _____?
7. Não sei quando _____ a Paris. (*eu*)
8. Eles não _____ às compras.

C. Complete com *ao, aos, à, às* ou *a*.

1. Gosto de ir aos restaurantes italianos.
2. Vais _____ cinema?
3. Quem vai _____ praia?
4. Vamos _____ teatro.
5. O Pedro não vai _____ ginásio.
6. Adoro ir _____ compras.
7. O Pedro vai _____ uma discoteca hoje?
8. Eles vão _____ jogo do Benfica.
9. O Marco vai _____ estrangeiro.

Preposição *de* com meios de transporte

Usamos a preposição *de* com os meios de transporte (*andar de bicicleta*).

Interrogativas de confirmação

• A interrogativa de confirmação nas frases afirmativas usa o verbo precedido de *não*:

Vais ao cinema, não vais?

Ela é rica, não é?

Vocês estão cansados, não estão?

Eles têm uma casa em Sintra, não têm?

• A interrogativa de confirmação nas frases negativas é sempre *pois não*:

Não vais ao cinema, pois não?

Ela não é rica, pois não?

Vocês não estão cansados, pois não?

Vocês não têm uma casa em Sintra, pois não?

Advérbios de lugar *cá* e *lá*

• O advérbio de lugar *cá* refere-se a um espaço genérico em que o falante se encontra:

O teu telemóvel está aqui no meu quarto.

mas

Cá, no meu país, as pessoas são muito simpáticas.

• O advérbio de lugar *lá* refere-se a um espaço genérico em que o falante não se encontra:

Ele está ali na rua.

mas

O Andreas, agora, está lá na Alemanha.

A. Complete com o verbo na forma correta.

1. Os filhos da D. Lúcia *andam* na escola. *(andar)*
2. O Miguel _____ o carro na rua. *(estacionar)*
3. _____ chá duas vezes por dia. *(eu/tomar)*
4. Eles _____ café na rua. *(tomar)*
5. Não _____ o estacionamento? *(tu/pagar)*
6. A Ana _____ banho no mar. *(tomar)*

B. Escreva a interrogativa de confirmação.

1. Ela é médica, *não é*?
2. Falas russo, _____?
3. Trabalhas muito, _____?
4. Não gostas do teu trabalho, _____?
5. Estás no Algarve, _____?
6. Este não é o teu pai, _____?
7. Vocês vão ao cinema, _____?
8. Ele não mora em Lisboa, _____?
9. Isto não é teu, _____?
10. Usa óculos, _____?

C. Complete com *aqui*, *aí*, *ali*, *cá* ou *lá*.

1. O que é isso *aí*?
2. Sou alemão, mas agora estou em Portugal. Gosto de estar _____ em Lisboa.
3. Aquele carro _____ é o novo BMW.
4. A: O Serhiy está cá em Lisboa agora?
   B: Não, está _____ na Ucrânia. Está de férias.
5. Como se diz isto _____ em português?

NUM CAFÉ

A. Faça a correspondência entre as colunas. A seguir, faça a correspondência com as fotografias.

2	uma bica	simples
	um pastel	de leite
	uma tosta	natural
	uma água	de nata
	uma meia	mista
	um *croissant*	cheia

A57)) **B.** A Sílvia está no centro de Lisboa. Encontra-se com a amiga dela, a Raquel. As duas vão a uma pastelaria. Ouça o diálogo. O que pede a Sílvia e o que pede a Raquel?

A57)) **C.** Leia o diálogo e complete com as palavras que faltam. A seguir, ouça para confirmar.

Empregado: Diga, faz favor.
Sílvia: Um pastel de nata e um café com leite, por favor.
Empregado: E para a _____[1]?
Raquel: É um *croissant* e uma bica cheia.
Empregado: E mais?
Raquel: Uma _____[2] mista para levar e uma água.
Empregado: Fresca ou natural?
Raquel: Bem fresca. Com gelo, faz favor.
Empregado: A conta é junta ou separada?
Raquel: _____[3]. Quanto é?
Empregado: São seis euros e dez cêntimos.
Raquel: Faz favor.
Empregado: Não tem mais pequeno?
Raquel: Não, só tenho _____[4] de 20.
Empregado: Não faz mal. O seu troco.
Raquel: Obrigada.

D. Pratique este diálogo com o seu colega.

A. Corrija as frases como nos exemplos.

1. Ela gosta de andar ~~na~~ bicicleta. *de*
2. Passo muito tempo fora/casa. *de*
3. Ela trabalha num hotel, trabalha? _____
4. Acho que ele é cansado. _____
5. O que é que é isto cá? _____
6. Aquilo quadro é de Paula Rego. _____
7. Vais a cinema? _____
8. Não estás doente, não? _____
9. Qual são os vossos nomes? _____
10. Ela tem irmão. _____

B. Escreva o artigo onde for necessário.

1. A Sara é *uma* mulher bonita.
2. Vou ao cinema com _____ minha tia.
3. Tenho _____ cabelo curto.
4. Estou com _____ calor.
5. O Tiago tem _____ barba.
6. A Ana não usa _____ óculos.
7. Adoro _____ tostas da minha avó.
8. Detesto _____ cerveja.
9. Ele é _____ enfermeiro.
10. Ele é _____ médico muito bom.

C. Complete as perguntas com os interrogativos da caixa.

qual / quais / ~~quem~~ / de que / onde

1. *Quem* é este rapaz?
2. _____ são os livros da Ana?
3. _____ cor são os teus olhos?
4. _____ de vocês é o irmão da Rita?
5. _____ está o meu café?

quanto / qual / porque / o que / quantas

6. _____ irmãs tens?
7. _____ é a tua comida preferida?
8. _____ é uma água com gás?
9. _____ é que gostas de ver na televisão?
10. _____ é que não gostas de *sushi*?

D. Assinale a palavra que não pertence ao grupo.

1. neto   pai   (amigo)   filho
2. este   ali   essa   aquele
3. cansado   baixo   magro   gordo
4. ginásio   ténis   cerveja   futebol
5. loira   ruiva   amarela   morena
6. sono   calor   escola   fome

E. Faça a correspondência entre as colunas.

1. jogar   a. sol
2. ler   b. café
3. apanhar   c. ténis
4. tomar   d. fora
5. jantar   e. jornais

F. Complete as letras que faltam nas palavras.

1. Onde estacionas o teu carro?
2. Não tenho irmãos, mas tenho muitos p_ _ _ _s.
3. O teu irmão é muito g_ _o.
4. Tenho olhos v_ _ _ _s.
5. Adoro c_ _ _ _a italiana.
6. A Ana tem três cães. Ela adora a_ _ _ _ _s.
7. Gosto de andar de b_ _ _ _ _ _ _a.

A58 🔊 **G.** Ouça as perguntas e sublinhe a resposta correta.

1. a. Está boa.   b. Está bom.
2. a. É muito alta.   b. Está doente.
3. a. É muito giro.   b. É o meu irmão.
4. a. São do Porto.   b. São médicos.
5. a. Não sei.   b. Sim, gosto.

A59 🔊 **H.** Ouça os textos e escolha a opção correta.

1. Quem gosta de Björk é
   a. o Bruno e o Filipe.
   b. o Bruno e a irmã do Filipe.
   c. o Bruno e a irmã do Bruno.

2. A Susana
   a. é magra e alta.
   b. é magra e baixa.
   c. é baixa e gorda.

I. Assinale a palavra que tem o som diferente.

1. jogar   relógio   segunda
2. caro   difícil   cem
3. cento   cão   próximo

J. A Alessandra é italiana e mora em Roma. Ela mostra a fotografia da família dela a uma amiga. Leia o texto. A seguir, leia as frases abaixo. São verdadeiras ou falsas? Assinale.

Esta é a fotografia da minha família. Estes são os meus filhos. Chamam-se Domenico e Andrea. O Domenico é jornalista. O Andrea ainda estuda na universidade. Esta é a namorada do Andrea. É uma rapariga muito simpática. Ela é da Turquia. Chama-se Yağmur. Já fala a nossa língua bastante bem. E este é o Giovanni, o meu segundo marido. E a rapariga de cabelo curto é a Paola, a filha dele. E este rapaz pequeno é o Giuseppe, o filho do Domenico. A mulher do Domenico não está aqui porque trabalha no Canadá.

1. O Andrea não trabalha.   V F
2. A namorada do Andrea é italiana.   V F
3. A Alessandra não gosta da Yağmur.   V F
4. A Alessandra tem um neto.   V F
5. O Domenico é casado.   V F

VISTO PARA AS UNIDADES 13-16

O PORTADOR DESTE MANUAL JÁ SABE:

- APRESENTAR A FAMÍLIA E PESSOAS PRÓXIMAS
- DESCREVER A APARÊNCIA FÍSICA
- DESCREVER OS ESTADOS FISIOLÓGICOS
- FALAR SOBRE GOSTOS E TEMPOS LIVRES
- ESCREVER UM *E-MAIL* INFORMAL
- PEDIR COISAS NUM CAFÉ

E TEM DIREITO A PROSSEGUIR PARA AS UNIDADES 13-16

PASSAPORTE PARA PORTUGUÊS<<<<<<<<<<<<<<<<<
NÍVEIS A1/A2<<<<<<<<<<<<<<<<<<<<<<<<<<<<

COMUNICAÇÃO	VOCABULÁRIO	PRONÚNCIA	GRAMÁTICA
perguntar e dizer as horas e as datas, dar os parabéns	tempo, horas e meses, dias festivos	sons [l] e [r], letra j, letra ç, sons [s] e [z]	fazer, expressão daqui a, preposições, quando

QUE HORAS SÃO?

B. Complete as frases.

1. Um minuto são 60 segundos.

2. Um século são 100 _____.

3. Um dia são 24 _____.

4. Uma semana são 7 _____.

5. Um quarto de hora são 15 _____.

6. Meia hora são 30 _____.

A. Escreva os números de 1 a 10 de acordo com a duração, do mais curto (1) para o mais longo (10).

____ um minuto   ____ um quarto de hora

____ um ano   1 um segundo

____ um dia   ____ uma hora

____ uma semana   10 um século

____ meia hora   ____ um mês

A60))) **C. Responda às perguntas do *quiz*. Compare as suas respostas com as dos seus colegas. A seguir, ouça para confirmar.**

O *QUIZ* DO TEMPO

1. Quanto tempo dura um jogo de futebol?   _____

2. Quanto tempo (em média) dura uma canção *pop*?   _____

3. Quanto tempo (em média) dura uma chamada de telemóvel?   _____

4. Quanto tempo (em média) dura um filme no cinema?   _____

5. Quanto tempo dura um voo de Lisboa para Londres?   _____

> VÁ À GRAMÁTICA NA PÁGINA 92 E FAÇA O EXERCÍCIO A.

A61 🔊)) **D.** Ouça as horas e escreva-as nos relógios.

 1. 04:15
 2.
 3.
 4.
 5.
 6.

⟫⟫ VÁ ÀS **ATIVIDADES DE COMUNICAÇÃO** NA PÁGINA 228 (A) OU 238 (B) E FAÇA O EXERCÍCIO 6.

E. Leia os diálogos. A seguir, responda às perguntas ou complete as frases.

1
A: Rui, a que horas começa a aula de português?
B: Às duas. Daqui a 20 minutos.
A: Ainda bem. Temos tempo para um café.

Que horas são? _____.

3
A: Rui, a que horas começa o filme?
B: Às 20h15.
A: E quanto tempo dura?
B: 2 horas e 10 minutos.

O filme acaba às _____.

2
A: Susana, a que horas acabas as aulas?
B: Às seis.
A: Às seis? Daqui a três horas?
B: Sim. Ainda faltam três horas...

Que horas são? _____.

4
A: Hugo, a que horas começa o filme?
B: Às 21h25.
A: E a que horas acaba?
B: Às 23h20.

O filme dura _____.

⟫⟫ VÁ À **GRAMÁTICA** NA PÁGINA 92 E FAÇA O EXERCÍCIO B.

F. Reformule as frases.

1. A aula acaba daqui a 20 minutos.

   ▶ Faltam 20 minutos para o fim da aula.

2. O filme acaba daqui a 1 hora.

   ▶ Falta _____.

3. O fim de semana é daqui a dois dias.

   ▶ _____

4. Meia-noite é daqui a meia hora.

   ▶ _____

QUE DIA É HOJE?

A62)) **G.** Ouça os nomes dos meses e escreva os números de acordo com a ordem de audição.

janeiro ☐ fevereiro ☐ março ☐ abril ☐ maio ☐ junho ☐

julho ☐ agosto ☐ setembro ☐ outubro [1] novembro ☐ dezembro ☐

A63)) **H.** Ouça o diálogo e complete a frase abaixo.

As férias do Hugo começam _____.

I. Responda às perguntas.

1. Em que mês estamos? _____
2. Quantos são hoje? _____
3. Quantos são amanhã? _____

4. Que dia é hoje? _____
5. Que dia é amanhã? _____
6. Em que ano estamos? _____

A64)) **J.** Ouça e repita os anos.

| 2005 | 1963 | 1982 | 1971 | 1909 | 1989 | 2011 |

L. Pergunte aos seus colegas quando fazem anos.

A65)) **K.** Ouça e complete o diálogo com as palavras que faltam.

A: Fátima, _____[1] é a sua data de nascimento?

B: 25 de maio de 1986.

A: 25 de maio? É _____[2]!

B: Pois é.

A: _____[3] parabéns!

B: Obrigada!

A: Então, é dia de festa?

B: Não, porque não gosto de fazer _____[4] de anos.

Quando é que fazes anos?

A 15 de outubro.

➤➤➤ VÁ À GRAMÁTICA NA PÁGINA 92 E FAÇA OS EXERCÍCIOS C E D.

M. Faça a correspondência entre as fotografias e as datas. A seguir, complete as frases com o dia certo.

1	**2**	**3**	**4**	**5**	**6**	**7**	**8**	**9**
01.06	08.03	14.02	01.01	25.12	01.05	~~22.09~~	31.10	17.03

O Dia Mundial Sem Carro é a 22 de setembro.

O Dia Internacional da Mulher _____.

O Dia de São Patrício _____.

O Dia do Trabalhador _____.

O Dia de Natal _____.

O Dia de Ano Novo _____.

O Dia das Bruxas _____.

O Dia de São Valentim _____.

O Dia Mundial da Criança _____.

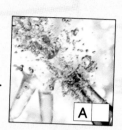 A
 D
 G
 B
 E
 H
 C
 F 7
 I

PRONÚNCIA

A66 🔊 **A.** Ouça e repita as palavras com *l*.

alto	hotel	aluno	lindo	clube	fala

A66 🔊 **D.** Ouça e repita as palavras com *j*.

janeiro	junho	julho	hoje	janto	jogo

A66 🔊 **B.** Ouça e repita as palavras com *r*.

caro   quarto   troco
abraço   escuro   carteira

A66 🔊 **E.** Ouça e repita as palavras com *ç*.

começa   canção   março
dança   açúcar   almoço

A66 🔊 **C.** Leia as palavras. A seguir, ouça para confirmar.

livro   falar   abril   faltar   Brasil
Irlanda   levar   popular   jornal

A66 🔊 **F.** Ouça os nomes das cidades e complete com a letra *z* ou *ç*.

1. Cani__o   3. Alje__ur   5. Alcoba__a
2. Valpa__os   4. Na__aré   6. Valen__a

COMUNICAÇÃO	VOCABULÁRIO	PRONÚNCIA	GRAMÁTICA
falar sobre as rotinas diárias e semanais	rotinas diárias e semanais, partes do dia	sons [a] e [ɐ]	verbos reflexos, preposições de tempo e de movimento

A QUE HORAS TE LEVANTAS?

A67))) **A.** Ouça como começa o dia da Ana. A que horas é que ela acorda? O seu dia também começa assim?

B. Faça a correspondência entre as expressões e as imagens.

☐ tomar o pequeno-almoço	☐ levantar-se	☐ almoçar	☐ jantar	3 ~~voltar para casa~~
☐ chegar ao escritório	☐ ir para o escritório	☐ deitar-se/ir para a cama	☐ acordar	

 1

 2

 3

 4

 5

 6

 7

 8

C. Agora, complete as frases abaixo com as expressões do exercício B.

 9

1. A Ana _acorda_ às 7h00.
2. A Ana _____ às 7h30.
3. A Ana _____ às 8h00.
4. A Ana _____ às 8h30.
5. A Ana _____ às 9h00.

6. A Ana _____ às 14h00.
7. A Ana _____ às 18h00.
8. A Ana _____ às 20h00.
9. A Ana _____ às 23h00.

D. Faça perguntas ao seu colega. Use as expressões dos exercícios anteriores.

A que horas acordas (normalmente)?

Às sete e meia.

IMPORTANTE!
Estou atrasado!

E. Faça a correspondência entre as frases e as imagens.

E	Fico na cama e leio um livro ou uma revista.	*Sofia*
	Depois, acordo os meus filhos e faço o pequeno-almoço para eles.	_____
	Depois do jantar, visitamos amigos ou encontramo-nos com eles num bar.	_____
	Não vejo televisão porque estou cansada.	_____
	Depois, vamos às compras ou ao ginásio.	_____
	A viagem para o escritório dura, normalmente, uma hora e meia.	_____

F. Olhe para as fotografias e leia a informação sobre a Odete e a Sofia. Qual é a fotografia da Odete?

A Odete e a Sofia são irmãs. A Odete é mãe solteira. Tem dois filhos. Trabalha num escritório em Lisboa, mas mora fora da cidade. A Sofia é pintora. Não tem filhos. Mora no Chiado, no centro de Lisboa. O ateliê dela é em casa. Tem namorado, mas ele não mora com ela.

G. Como é, na sua opinião, um dia típico da Odete e da Sofia? Leia outra vez as frases do exercício E e decida se são sobre a Odete ou a Sofia. Escreva *Sofia* ou *Odete* ao lado das frases.

A68 **H.** Agora, leia os textos e complete com as frases do exercício E. A seguir, ouça para confirmar.

Sofia

Normalmente, acordo tarde, por volta das 9h00, mas não me levanto. _____ _____ 1.

Levanto-me por volta das 10h00. Vou à casa de banho e tomo duche. Às 11h00, tomo o pequeno-almoço com uma amiga num café perto da minha casa. _____ 2.

Na hora do almoço, vamos a um restaurante. Por volta das 14h00, volto para casa e começo a trabalhar. Trabalho, normalmente, das 15h00 às 21h00. Depois, janto fora com o meu namorado. _____ _____ 3.

Vou para a cama por volta da uma da manhã.

Odete

Levanto-me sempre muito cedo, às 6h00. Antes do pequeno-almoço, faço tarefas domésticas. _____ _____ 4.

Às 7h30, levo o Afonsinho e a Raquel à escola. Depois, vou para o escritório. _____ _____ 5.

Começo a trabalhar às 9h30. Acabo às 17h30 e vou buscar os meus filhos à escola. Chego a casa às 19h00 e faço o jantar. Depois do jantar vou a casa da minha mãe, que mora sozinha. Limpo a casa e faço comida para ela. Volto para casa às 23h00. _____ 6.

Deito-me à meia-noite.

I. Leia os textos mais uma vez. A seguir, leia as frases abaixo. São verdadeiras ou falsas? Assinale.

1. A Sofia só trabalha depois do almoço. [V] [F]

2. A Sofia cozinha muito. [V] [F]

3. O Afonsinho tem uma irmã. [V] [F]

4. A Odete limpa a casa dela à noite. [V] [F]

J. Sabe o que significam as palavras destacadas nos textos? Consulte o glossário ou pergunte ao seu colega.

▶▶▶ VÁ À GRAMÁTICA NA PÁGINA 93 E FAÇA OS EXERCÍCIOS A E B.

K. O seu dia típico é como o dia da Sofia ou o da Odete? Fale com o seu colega sobre isso.

L. Faça a correspondência entre as horas e as partes do dia.

1. 7h00   a. na hora do almoço

2. 13h00   b. à noite

3. 16h00   c. de manhã

4. 22h00   d. à tarde

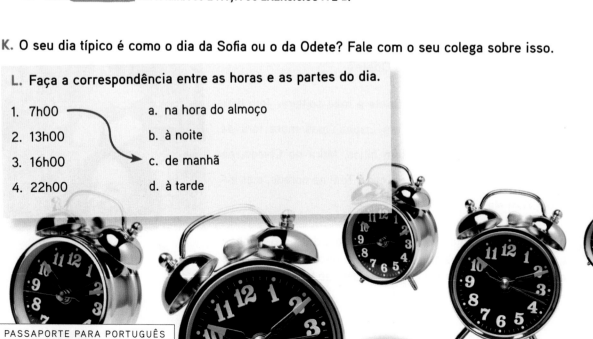

M. Em que parte do dia faz as suas rotinas diárias? Complete as frases com *de manhã*, *na hora do almoço*, *à tarde* ou *à noite*. A seguir, compare as suas frases com as do seu colega. São diferentes ou iguais?

1. Tomo o pequeno-almoço *de manhã*.
2. Tomo duche _____.
3. Faço compras _____.
4. Faço as tarefas domésticas _____.
5. Encontro-me com amigos _____.
6. Vou ao cinema/teatro _____.
7. Vou ao ginásio _____.
8. Trabalho/Estudo _____.
9. Tomo café _____.
10. Vejo televisão _____.

EM QUE DIAS VAIS AO GINÁSIO?

N. Leia as frases. Assinale com **H** as frases que descrevem acontecimentos **habituais** (muitas vezes) e com **P** as frases que descrevem acontecimentos **pontuais** (uma vez só).

1. Na 3.ª feira, vou a Londres.   P
2. Vou ao ginásio à 3.ª feira e à 5.ª feira. ____
3. Ao sábado, levanto-me tarde.   ____
4. No sábado, faço uma festa em casa. ____
5. O que fazes na 6.ª feira à noite? ____

▶▶ VÁ À GRAMÁTICA NA PÁGINA 93
E FAÇA O EXERCÍCIO C.

P. Troque a sua lista do exercício O com a do seu colega e faça perguntas.

O. Faça uma lista de rotinas que faz 1, 2, 3 ou 4 vezes por semana, como, por exemplo: *Vou ao ginásio*. <u>Não escreva</u> quando as faz.

1. _____
2. _____
3. _____
4. _____

1
Quantas vezes por semana vais ao cinema?

2
Uma.
Às vezes, duas.

3
Em que dias?

4
À 2.ª feira ou ao sábado.

PRONÚNCIA

A69))) **A.** Ouça e repita as palavras com a letra *a* pronunciada como [a].

chá   lápis   olá   já   más   está   às

A69))) **B.** Ouça e repita as palavras com a letra *a* pronunciada como [ɐ].

fica   usa   fazer   fumas   mas   aquele

C. Sublinhe a sílaba acentuada.

data   casa   falar   acaba   viaja   viajar

A69))) **D.** Ouça as palavras do exercício anterior. Quais das letras a vermelho pronunciamos como [ɐ]? Sublinhe-as.

A69))) **E.** Ouça os pares de palavras e escreva o número de acordo com a ordem de audição.

a. más [ ]   mas [ ]
b. à [ ]   a [ ]
c. dá [ ]   da [ ]

UNIDADE TENHO UMA VIDA SAUDÁVEL

15

COMUNICAÇÃO	VOCABULÁRIO	PRONÚNCIA	GRAMÁTICA
falar sobre os hábitos alimentares e estilos de vida, preencher um questionário	alimentos, hábitos e rotinas	ligações consonânticas, ditongos [ẽj] e [ɐj], som [i]	verbos em -er, **dormir**, advérbios de frequência, **todo** e **algum**

COMES MUITA CARNE VERMELHA?

A. Faça a correspondência entre as palavras/expressões e as fotografias.

☐ carne vermelha ☐ frango ☐ peixe ☐ azeite ☐ sopa ☐ manteiga ☐ batatas
☐ arroz ☐ queijo ☐ salada ☐ legumes ☐ fruta ☐ pão ☐ ovos

1 2 3 4 5 6 7 8 9 10 11 12 13 14

B. Escreva os nomes de três alimentos que, na sua opinião, fazem bem à saúde e três que fazem mal à saúde. Compare com as escolhas do seu colega.

O QUE FAZ BEM À SAÚDE:	O QUE FAZ MAL À SAÚDE:
1.	1.
2.	2.
3.	3.

VÁ À GRAMÁTICA NA PÁGINA 94 E FAÇA O EXERCÍCIO A.

COMO É A DIETA DOS PORTUGUESES?

C. Sabe como é a dieta típica dos portugueses? Leia as frases e sublinhe a opção certa.

1. Os portugueses comem **muito/pouco** peixe.

2. As refeições duram **muito/pouco** tempo.

3. Os portugueses **bebem/não bebem** vinho tinto.

4. Os portugueses **usam/não usam** azeite.

5. O leite **é/não é** muito importante.

6. Os portugueses comem **muitos/poucos** legumes.

7. Os portugueses comem **muita/pouca** carne vermelha.

D. Leia o texto e complete-o com as palavras que faltam.

A dieta dos portugueses

A dieta típica dos portugueses é uma dieta que faz muito *bem*[1] à saúde. Os portugueses comem muito _____[2] e pouca _____[3] vermelha. Comem também arroz e muitos _____[4]. Quando cozinham, usam _____[5] e muito raramente manteiga. Comem poucos ovos e muito queijo. O _____[6] não é muito importante. Os portugueses bebem um copo de _____[7] ao almoço e ao jantar. Normalmente, as pessoas não têm pressa quando comem. As _____[8] duram muito tempo, e isto também é importante.

IMPORTANTE!
Vivo em Lisboa =
Moro em Lisboa

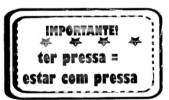

IMPORTANTE!
ter pressa =
estar com pressa

VÁ À GRAMÁTICA NA PÁGINA 94 E FAÇA O EXERCÍCIO B.

E. A dieta do seu país é diferente ou parecida com a dieta dos portugueses? Porquê?

TENS UMA VIDA SAUDÁVEL?

A70 🔊 **F.** Vai ouvir três pessoas a falar sobre o estilo de vida delas. Quem tem uma vida saudável?

Rui   Mónica   Luís

> **IMPORTANTE!**
> ⭐ ⭐ ⭐
> **A: Obrigado!**
> **B: De nada!**

> **IMPORTANTE!**
> ⭐ ⭐ ⭐
> **A: Bom domingo!**
> **B: Igualmente!**

A70 🔊 **G.** Ouça as entrevistas mais uma vez e complete o quadro abaixo.

Quem fala sobre...	Rui	Mónica	Luís
... a sua família?	✓		
... a sua dieta?			
... o seu trabalho?			
... desporto?			

> **IMPORTANTE!**
> ⭐ ⭐ ⭐
> **lembrar-se de**
> ≠
> **esquecer-se de**

▶▶▶ **VÁ À** `GRAMÁTICA` **NA PÁGINA 94 E FAÇA O EXERCÍCIO C.**

H. Escolha os advérbios da caixa para fazer frases verdadeiras sobre si.

> às vezes / frequentemente / quase nunca / sempre / nunca / raramente

Ex.: Ando de bicicleta.   *Raramente ando de bicicleta.*

1. Bebo leite. _____
2. Durmo depois do almoço. _____
3. Tenho tempo para os meus amigos. _____
4. Acordo cedo. _____
5. Tomo duche de manhã. _____
6. Como em bons restaurantes. _____
7. Janto sozinho/a. _____

▶▶▶ **VÁ À** `GRAMÁTICA` **NA PÁGINA 94 E FAÇA OS EXERCÍCIOS D E E.**

I. Acha que tem uma vida saudável? Porquê? Fale sobre isso com o seu colega.

J. Trabalhe em pares. Use este questionário para ver se o seu colega tem uma vida saudável. Leia as perguntas em voz alta e assinale as respostas do seu colega.

TEM UMA VIDA SAUDÁVEL?

1. Come *fast food*?
a. todos os dias.
b. frequentemente.
c. às vezes.
d. nunca.

2. Tem tempo para descansar?
a. nunca.
b. raramente.
c. às vezes.
d. normalmente, sim.

3. Quantas horas dorme, em média?
a. cerca de 4.
b. 5-6.
c. 7-8.
d. cerca de 9.

4. Faz desporto ou exercício?
a. nunca.
b. às vezes.
c. regularmente.
d. quase todos os dias.

5. Come fruta e legumes?
a. só batatas.
b. algumas vezes por semana.
c. uma vez por dia.
d. muitas vezes por dia.

6. Esquece-se de coisas?
a. todos os dias.
b. frequentemente.
c. às vezes.
d. nunca.

7. Bebe álcool?
a. sim, muito.
b. às vezes.
c. nunca.
d. só um copo de vinho tinto às refeições.

8. Fuma?
a. sim, fumo.
b. às vezes.
c. muito raramente.
d. nunca.

9. Anda com muito stresse?
a. frequentemente.
b. às vezes.
c. raramente.
d. nunca.

10. Toma o pequeno-almoço?
a. nunca.
b. só ao fim de semana.
c. normalmente, sim.
d. sempre.

11. Fala sobre os seus problemas com amigos/família/colegas?
a. nunca.
b. raramente.
c. às vezes.
d. sempre.

12. Chega atrasado ao trabalho/ /escola/encontros?
a. quase sempre.
b. às vezes.
c. raramente.
d. nunca.

RESULTADO:

K. Vá à página 246 e faça o exercício 7. Escreva o resultado na última linha do questionário.

A71))) **L.** Agora, ouça o texto para saber se o seu colega tem uma vida saudável.

PRONÚNCIA

A72))) **A.** Ouça e repita as expressões. Preste atenção à mudança do som [ʃ] para [z].

todos os dias   todos os alunos

todas as horas   todos os anos

A72))) **B.** Ouça e repita as palavras com [ẽj].

bebem   sem   comem   bem   vivem   tem

A72))) **C.** Ouça as palavras. Sublinhe a palavra que tem o som diferente.

mãe   sei   pães   tens

A72))) **D.** Ouça os pares de palavras e escreva o número de acordo com a ordem de audição.

a. sei ☐   sem ☐
b. hei ☐   em ☐

A72))) **E.** Sublinhe a sílaba acentuada. Leia as palavras, prestando atenção à pronúncia da letra *e* nas sílabas não acentuadas como [i]. Ouça para confirmar.

regularmente   beber   descansar   legume

vegetariano   sempre   bebes

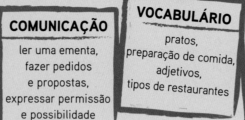

COMES FORA FREQUENTEMENTE?

A. Gosta de comer fora? Complete o inquérito abaixo.

	(quase) todos os dias	frequentemente	às vezes	raramente	nunca	só em viagem
Tomo o pequeno-almoço na rua.						
Almoço numa pastelaria/restaurante.						
Almoço na cantina da minha escola/local de trabalho.						
Janto fora com a família.						
Janto fora com amigos.						
Janto fora com colegas de trabalho.						
Janto fora sozinho/a.						
Vou a restaurantes *fast food*.						
Vou a restaurantes italianos/pizarias.						
Vou a restaurantes portugueses.						
Vou a restaurantes chineses.						
Vou a restaurantes japoneses/bares de *sushi*.						
Vou a restaurantes indianos.						
Vou a restaurantes vegetarianos.						
Vou a restaurantes...						

B. Olhe para o inquérito do seu colega e compare-o com o seu. As respostas são iguais ou diferentes?

GOSTAS DE SALMÃO GRELHADO?

C. Faça a correspondência entre as palavras e as fotografias.

☐ cozido   ☐ frito   ☐ assado   ☐ fumado   ☐ grelhado

1

D. Escreva os nomes dos pratos no lugar certo da ementa.

| Gelado de limão |
| Salada de polvo |
| Bolo de bolacha |
| Feijoada à transmontana |
| Sardinhas assadas |
| Salmão grelhado |
| Bacalhau com natas |
| Caldo-verde |
| Caril de frango |
| Cozido à portuguesa |
| Arroz-doce |
| Sopa alentejana |

EMENTA - RESTAURANTE TRÊS GAIVOTAS

ENTRADAS/SOPAS:

1. _____

2. _____

3. _____

PRATOS DE CARNE:

1. _____

2. _____

3. _____

PRATOS DE PEIXE:

1. _____

2. _____

3. _____

SOBREMESAS:

1. _____

2. _____

3. _____

E. Conhece estes pratos? Gosta de algum deles? Os pratos típicos do seu país são muito diferentes?

QUERES IR A UM RESTAURANTE?

F. Faça a correspondência entre as palavras e as fotografias.

☐ livre

☐ frio

☐ forte

☐ aberto

☐ cheio

G. Faça a correspondência dos adjetivos abaixo com os seus opostos no exercício F.

1. fechado ≠ *aberto*

2. vazio ≠ _____

3. fraco ≠ _____

4. quente ≠ _____

5. ocupado ≠ _____

H. A Rita e o António vão a um restaurante. Leia os diálogos e faça a correspondência com as fotografias.

1	**A** (Fotografia ____)
	António: Não temos lugar para estacionar. Esta rua está cheia de carros.
	Rita: Não podes pôr o carro ali?
	António: Onde? Ali? Em cima do passeio? Não, não posso. Não quero pagar uma multa. Ponho o carro dentro do parque.
	Rita: Boa ideia. Os parques têm sempre muitos lugares livres.
2	**B** (Fotografia ____)
	António: Não me lembro onde está o carro. Tu sabes?
	Rita: Não sei. Este parque é grande. Não está ali, ao lado do BMW branco?
	António: Não, não.... Ah, já sei.
	Rita: Onde?
	António: Está atrás do Audi preto.
3	**C** (Fotografia ____)
	Rita: Onde nos sentamos?
	António: Ali, ao lado da janela. Pode ser?
	Rita: Pode. Mas está muito frio aqui. O ar condicionado está muito forte.
	António: Pois é. Desculpe, pode desligar o ar condicionado?
	Empregado: Com certeza.
4	**D** (Fotografia ____)
	António: Não queres almoçar no restaurante da Rua Castilho hoje?
	Rita: Hoje? Hoje não posso António, desculpa.
	António: E amanhã?
	Rita: Amanhã? Claro. Mas amanhã é segunda. Não está fechado?
	António: Não. Aquele restaurante está aberto todos os dias.

A73))) **I.** Ponha os diálogos por ordem de acordo com os acontecimentos. Escreva as letras nas caixas abaixo. A seguir, ouça para confirmar.

☐ ☐ ☐ ☐

J. Quantos verbos estão destacados nos diálogos do exercício H? Sabe o que significam?

▶▶▶ VÁ À GRAMÁTICA NA PÁGINA 95 E FAÇA OS EXERCÍCIOS A, B, C E D.

K. Complete as frases usando os verbos *querer*, *poder* e as expressões entre parêntesis.

1. Ela quer ir ao cinema, mas não pode porque trabalha.
   (*ir ao cinema / trabalhar*)

> **IMPORTANTE!**
> ★ ★ ★ ★
> **dentro do parque = no parque**

2. Ele _____, mas _____ porque _____.
   (*visitar o Japão / não ter dinheiro*)

3. Elas _____, mas _____ porque _____.
   (*fazer uma sopa / não ter legumes*)

4. Ela _____, mas _____ porque _____.
   (*descansar / ter dois filhos pequenos*)

POSSO FUMAR AQUI?

L. Olhe para as imagens e complete as frases com o verbo *poder*, na forma afirmativa ou negativa, e os verbos da caixa.

estacionar	beber	~~fumar~~	usar (2x)	apanhar

1. O João *não pode fumar* aqui.

2. Elas _____ _____ água aqui.

3. A Ana _____ _____ aqui.

4. O Nuno _____ _____ peixe aqui.

5. O Rui _____ _____ o telemóvel aqui.

6. O Diogo _____ _____ esta casa de banho.

ONDE ESTÁ O GATO?

M. Faça a correspondência entre as frases e as imagens.

☐ O gato está atrás da mala.

☐ O gato está ao lado da mala.

☐ O gato está debaixo da mala.

☐ O gato está em cima da mala.

☐ O gato está em frente da mala.

☐ O gato está entre a mala e a cadeira.

 1
 2
 3
 4
 5
 6

▶▶ VÁ À **GRAMÁTICA** NA PÁGINA 95 E FAÇA O EXERCÍCIO E.

▶▶ VÁ ÀS **ATIVIDADES DE COMUNICAÇÃO** NA PÁGINA 229 (A) OU 239 (B) E FAÇA O EXERCÍCIO 8.

PRONÚNCIA

A74 🔊 **A.** Ouça e repita as palavras com *qua*.

quadro	quatro	quarto	quando	quanto

A74 🔊 **B.** Ouça e repita as palavras com *que* e *qui*.

quero	esquerda	aquele	aquilo	arquiteto

A74 🔊 **C.** Ouça e sublinhe as palavras em que pronunciamos a letra *u*.

queijo	frequentemente	pequeno
quem	quente	cinquenta

A74 🔊 **D.** Ouça e repita as palavras com o ditongo [oj].

pois	coisa	noite	oito	loira

A74 🔊 **E.** Ouça e repita as palavras com o ditongo [õj].

pões	põe	limões	aviões	refeições

A74 🔊 **F.** Ouça os pares de palavras e escreva o número de acordo com a ordem de audição.

a. pois ☐   pões ☐

b. pôr ☐   por ☐

As horas

14h00 - São duas horas.
14h05 - São duas e cinco.
14h15 - São duas e um quarto.
14h30 - São duas e meia.
14h40 - São vinte para as três.
14h45 - É um quarto para as três.
15h00 - São três horas.
24h00 - É meia-noite.
12h00 - É meio-dia.

- Para saber as horas:
  Pergunta: *Que horas são?*
  Resposta: *É uma, São duas*, etc.
- Para saber quando algo acontece:
  Pergunta: *A que horas acaba o filme?*
  Resposta: *À uma, Às duas, À meia-noite, Ao meio-dia*, etc.

Expressão *daqui a*

Usamos a expressão *daqui a* para dizer quanto tempo falta:

A aula começa daqui a duas horas.

Presente do Indicativo do verbo *fazer*

	fazer
eu	faço
tu	fazes
você / ele / ela	faz
nós	fazemos
vocês / eles / elas	fazem

Preposições

- Com os meses, anos e dias festivos usamos a preposição *em* (*em janeiro*, *em 1990*, *no Natal*, *na Páscoa*).
- Com as datas usamos a preposição *a* ou *no dia* (*a 10 de março* ou *no dia 10 de março*).

A. Escreva que horas são.

1. 13h25 *É uma e vinte e cinco.*
2. 22h15 _____.
3. 05h30 _____.
4. 17h10 _____.
5. 16h45 _____.
6. 24h00 _____.

B. Complete com a preposição em falta.

1. A que horas começa o filme?
2. Vamos ao cinema _____ três.
3. A aula acaba daqui _____ 20 minutos.
4. A aula começa _____ meio-dia.
5. O filme começa _____ uma e meia.
6. O filme acaba _____ onze horas.

C. Complete com a forma correta do verbo *fazer*.

1. Ela *faz* anos em setembro.
2. A Sara e o Rui _____ anos em maio.
3. _____ anos amanhã. *(eu)*
4. O que é que _____ amanhã? *(tu)*
5. Nós _____ anos em outubro.
6. O Hugo _____ uma festa amanhã.

D. Complete com a preposição em falta.

1. As férias começam *em* julho.
2. Ela faz anos _____ dia 8 de maio.
3. _____ que mês estamos?
4. Vou a Paris _____ 10 _____ março.
5. _____ Natal vamos a Espanha.
6. Estamos _____ 4 de novembro.

Presente do Indicativo dos verbos reflexos

	levantar-se	
	forma afirmativa	forma negativa
eu	levanto-**me**	não **me** levanto
tu	levantas-**te**	não **te** levantas
você/ele/ela	levanta-**se**	não **se** levanta
nós	levantamo-**nos**	não **nos** levantamos
vocês/eles/elas	levantam-**se**	não **se** levantam

O pronome reflexo vem antes do verbo:

1. depois de palavras interrogativas:
Onde te encontras com a Ana?
2. depois de *não*:
Não me levanto às 7h00.
3. depois de outras palavras como *raramente, nunca, já, ainda, só, também, que, porque* e *todos.*

Preposições *a* e *para* com verbos

• Depois dos verbos *ir* e *voltar* usamos:
1. *a* para permanência curta:
Vou a casa. Volto já.
2. *para* para permanência longa:
Vou para casa. Até amanhã.

• Depois do verbo *chegar* usamos sempre a preposição *a*:
Normalmente, chego a casa muito tarde.

Preposições com locuções de tempo

• *a (à tarde, à noite)*
• *em (na hora do almoço)*
• *de (de manhã)*
• *durante (durante a semana)*

Atenção: Dizemos *Vou ao cinema à tarde* mas *Vou ao cinema às 2 da tarde.*

• Com os dias da semana e *o fim de semana*:
1. usamos *em* quando algo acontece pontualmente, só uma vez:
Na 6.ª feira faço um jantar em casa.
2. usamos *a* quando algo acontece regularmente:
À 6.ª feira vou ao ginásio.

• Para limitar o tempo, usamos as preposições *de, a* e *até (das oito às quatro, até às quatro).*

A. Complete com *me, te, se* ou *nos* antes ou depois do verbo.

1. O Pedro _____ levanta-se às 7h30.
2. A que horas _____ deitas _____?
3. Ela não _____ chama _____ Glória.
4. Nós _____ levantamo _____ tarde.
5. Porque é que vocês não _____ deitam _____?
6. A que horas _____ encontras _____ com o João?
7. Tu _____ chamas _____ Rafael?
8. Ele não _____ encontra _____ com a mãe.

B. Complete com *para a, para o, para, ao, à* ou *a*.

1. Vou para o escritório às 8h00.
2. Ele vai _____ casa às 19h00.
3. Vou _____ casa de banho.
4. Gosto de ir _____ cinema.
5. Volto sempre _____ casa muito tarde.
6. A que horas vais _____ cama?
7. O Jorge chega _____ escritório às 9h00.
8. A que horas chegas _____ Lisboa?

C. Complete com a preposição correta.

1. Vou ao cinema à tarde.
2. A Ana faz anos _____ 5.ª feira.
3. Chego a Lisboa _____ 4h00 _____ tarde.
4. O que fazes amanhã _____ manhã?
5. Normalmente, jogo ténis _____ 6.ª feira.
6. Tenho uma aula _____ 5h00 _____ 7h00.
7. _____ sexta, vou a Madrid. Volto _____ domingo.
8. Não tenho tempo _____ a semana.
9. Vocês vão à festa da Ana _____ fim de semana?

Adjetivos e advérbios

adjetivo	advérbio
mau / má	mal

Presente do Indicativo dos verbos regulares da 2.ª conjugação (-er)

	beber
eu	bebo
tu	bebes
você / ele / ela	bebe
nós	bebemos
vocês / eles / elas	bebem

Existe mudança ortográfica nos verbos que terminam com -cer: *esqueço-me, esqueces-te, esquece-se,* etc.

Presente do Indicativo do verbo *dormir*

	dormir
eu	durmo
tu	dormes
você / ele / ela	dorme
nós	dormimos
vocês / eles / elas	dormem

Advérbios de frequência

100%	sempre
↑	frequentemente
	às vezes
	raramente
	quase nunca
0%	nunca

O advérbio *sempre* vem depois do verbo. Os outros advérbios de frequência podem vir antes ou depois do verbo.

Atenção: Dizemos <u>Nunca vou ao cinema</u> ou <u>Não vou nunca ao cinema</u>.

Determinantes indefinidos *todo* e *algum*

- *Todo* e *algum* concordam em género e número com o nome (*todo o açúcar, todas as noites, alguns dias, alguma água*).

- *Todo* é seguido de artigo definido (*todos <u>os</u> alunos*).

A. Complete com *mau, má* ou *mal*.

1. O teu cão é muito *mau*.
2. A minha avó vê muito _____.
3. Esta carne é _____.
4. Os cigarros fazem _____ à saúde.
5. O trabalho da Ana é _____.

B. Complete com *comer, beber* ou *viver* na forma correta.

1. De manhã, *bebo* sempre chá. *(eu)*
2. Ele não _____ álcool.
3. _____ numa cidade pequena. *(eu)*
4. Ela _____ cinco vezes por dia.
5. Vocês _____ café?
6. _____ em Portugal? *(tu)*

C. Complete com *dormir* na forma correta.

1. Quantas horas *dormes*? *(tu)*
2. Não _____ bem. *(eu)*
3. Ele não _____ frequentemente em casa.
4. _____ normalmente 8 ou 9 horas. *(nós)*
5. Onde é que eles _____?

D. Complete com *todo* ou *algum* na forma correta.

1. Bebo leite *todos* os dias.
2. Tenho _____ amigos nesta cidade.
3. Vou ao Porto _____ vezes por ano.
4. _____ portugueses vivem fora de Portugal.
5. Ela bebe café _____ as manhãs.
6. _____ o meu dinheiro está aqui.

E. Complete com *me, te* ou *se* antes ou depois do verbo.

1. Raramente *me* encontro _____ com a Madalena.
2. Ela _____ chama _____ Olga?
3. _____ deito _____ às 11 horas.
4. Não sei porque _____ levantas _____ a esta hora.
5. Nunca _____ deito _____ antes das 11 horas.
6. Às vezes _____ encontro _____ com o Jorge.

Presente do Indicativo dos verbos irregulares
(*pôr, saber, querer* e *poder*)

	pôr
eu	ponho
tu	pões
você / ele / ela	põe
nós	pomos
vocês / eles / elas	põem

	saber
eu	sei
tu	sabes
você / ele / ela	sabe
nós	sabemos
vocês / eles / elas	sabem

	querer
eu	quero
tu	queres
você / ele / ela	quer
nós	queremos
vocês / eles / elas	querem

	poder
eu	posso
tu	podes
você / ele / ela	pode
nós	podemos
vocês / eles / elas	podem

Usamos o verbo *poder* para:
1. possibilidade: *Não posso fazer o jantar porque não tenho tempo.*
2. pedidos: *Podes desligar a televisão?*
3. permissão/proibição: *Você pode/não pode fumar aqui.*

Preposições e locuções preposicionais de lugar
ao lado de, debaixo de, em cima de, em frente de, atrás de, dentro de, entre

A. Complete com o verbo *pôr* na forma correta.

1. Porque é que não pões o carro aqui? *(tu)*
2. Onde é que ele _____ as chaves?
3. _____ o teu telemóvel aqui. *(eu)*
4. Onde é que eles _____ o dinheiro?

B. Complete com o verbo *saber* na forma correta.

1. Não sei quem és. *(eu)*
2. _____ como ela se chama? *(tu)*
3. Não _____ onde vamos. *(nós)*
4. Vocês _____ o que fazem?

C. Complete com o verbo *querer* na forma correta.

1. Quero uma laranja. *(eu)*
2. _____ chá ou café? *(você)*
3. O que é que eles _____?
4. Tu nunca sabes o que _____.

D. Complete com o verbo *poder* na forma correta.

1. Posso ficar aqui? *(eu)*
2. Não _____ usar o telemóvel aqui. *(tu)*
3. Não _____ trabalhar amanhã. *(nós)*
4. _____ desligar a televisão? *(você)*

E. Complete com a palavra que falta.

1. O carro está em frente da escola.
2. Estou atrás _____ tua casa.
3. O livro está _____ cima da mesa.
4. O hospital fica _____ a escola e o hotel.
5. O restaurante é _____ lado do hotel.
6. O carro está dentro _____ garagem.

NO RESTAURANTE

A. Faça a correspondência entre os adjetivos e as fotografias.

☐ salgado	
☐ picante	
☐ doce	
☐ amargo	

1 **2** **3** **4**

A75 🔊 **B.** A Sílvia e a Raquel estão no restaurante. Ouça a conversa com o empregado. O que é que comem e bebem?

A75 🔊 **C.** Leia o diálogo e complete com as palavras que faltam. A seguir, ouça para confirmar.

Empregado: Boa noite. Quantas pessoas são?

Raquel: Duas. Temos reserva em nome de Raquel Vaz.

Empregado: Faz favor. Aqui está a _____[1].

Raquel: Obrigada. O que é que recomenda?

Empregado: O bacalhau está muito bom hoje.

Raquel: Está? Não está _____[2]?

Empregado: Não. Está muito saboroso.

Raquel: Então, quero bacalhau. E uma _____[3].

Empregado: E para a senhora?

Sílvia: Pode ser o mesmo.

Empregado: Muito bem. E para _____[4]?

Raquel: Vinho tinto.

Empregado: Querem _____[5]? Temos um gelado de limão muito bom.

Raquel: Não, obrigada. Pode trazer já a conta, faz favor. Podemos _____[6] com cartão?

Empregado: Com certeza.

D. Pratique este diálogo com o seu colega.

A. Corrija as frases como nos exemplos.

1. Vou para casa de banho. *à*
2. Faço exercício todos/dias. *os*
3. O cão está baixo da cadeira. _____
4. Faço anos daqui à dois dias. _____
5. É quarto para as três. _____
6. O filme começa as nove e vinte. _____
7. Acordo-me sempre muito cedo. _____
8. É oito e meia. _____
9. A que horas se deitas? _____
10. Nunca deito-me muito tarde. _____

B. Escreva a palavra que falta.

1. A que horas *te* levantas amanhã?
2. _____ domingo visito sempre os meus pais.
3. Estou com sono. Vou _____ a cama.
4. Ela faz anos _____ 14 de junho.
5. Começamos _____ trabalhar às 8h00.
6. O carro está _____ cima do passeio.
7. Vou para casa _____ volta das três.
8. Vamos ao cinema às três _____ tarde.
9. Trabalho _____ 9h00 _____ 17h00.
10. Faço anos _____ fevereiro.

C. Complete as perguntas com as palavras que faltam.

1. A: _____ _____ mês estamos?
   B: Em novembro.
2. A: _____ são hoje?
   B: 17 de dezembro.
3. A: _____ _____ dura este filme?
   B: Duas horas.
4. A: _____ _____ _____ sua data de nascimento?
   B: 14 de setembro de 1983.
5. A: _____ é que o teu irmão faz anos?
   B: A 6 de fevereiro.
6. A: _____ _____ _____ não trabalhas?
   B: Ao sábado e ao domingo.

D. Assinale a palavra que não pertence ao grupo.

1. vinho   cerveja   (queijo)   sumo
2. nunca   ainda   sempre   raramente
3. cozido   cansado   frito   grelhado
4. arroz   pão   batata   ementa
5. dentro   atrás   algum   entre
6. frango   sardinha   salmão   bacalhau

E. Complete as letras que faltam nos verbos.

1. Ele não quer comer peixe.
2. Estou sempre cansado porque d_ _ _ _ pouco.
3. Vocês não s_ _ _ _ o que é isto?
4. O Jorge p_ _ sempre o telemóvel aqui.
5. Nunca me e_ _ _ _ _ _ dos nomes.
6. Não p_ _ _ _ ficar aqui. Não tenho tempo.

F. Escreva as palavras com significado oposto.

1. meio-dia   *meia-noite*
2. começar   _____
3. cedo   _____
4. levantar-se   _____
5. lembrar-se   _____
6. cheio   _____

A76)) **G. Ouça as frases e sublinhe a resposta correta.**

1. a. São quatro.   b. Às quatro.
2. a. 34.   b. Amanhã.
3. a. Sumo de laranja.   b. Não, eu não bebo vinho.
4. a. Com certeza.   b. Não, obrigado.

A77)) **H. Ouça os textos e escolha a opção correta.**

1. À sexta, a mãe chega a casa
   a. muito tarde.
   b. por volta das dez horas.
   c. antes das dez horas.

2. A senhora não come peixe frito porque
   a. é vegetariana.
   b. peixe frito não é saudável.
   c. está doente.

I. Assinale a palavra que tem o som diferente.

1. abraço   sol   troco
2. gato   revista   jogar
3. põe   dois   coisa

J. Leia o texto e verifique o significado das palavras destacadas no glossário. A seguir, responda às perguntas.

Sabem quem é «o fiel amigo» dos portugueses? Não, não é uma pessoa. É peixe. Ou, mais precisamente, bacalhau. Este é o peixe preferido dos portugueses. Mas o bacalhau que as pessoas comem em Portugal não é português. Normalmente, é da Noruega. Não é fresco. É seco e muito salgado. As pessoas põem o bacalhau na água durante dois ou três dias. Depois, o bacalhau pode ser cozido, grelhado ou assado.

1. De onde é o bacalhau que os portugueses comem?
2. Como é o bacalhau que os portugueses compram?
3. Quanto tempo é que o bacalhau fica na água?

VISTO PARA AS UNIDADES 17-20

O PORTADOR DESTE MANUAL JÁ SABE:

- PERGUNTAR E DIZER AS HORAS E AS DATAS
- FALAR SOBRE ROTINAS DIÁRIAS E SEMANAIS
- FALAR SOBRE HÁBITOS ALIMENTARES
- LER UMA EMENTA
- FAZER PEDIDOS E PROPOSTAS
- EXPRESSAR PERMISSÃO E POSSIBILIDADE

E TEM DIREITO A PROSSEGUIR PARA AS UNIDADES 17-20

PASSAPORTE PARA PORTUGUÊS<<<<<<<<<<<<<<<<<
NÍVEIS A1/A2<<<<<<<<<<<<<<<<<<<<<<<<<<

TOMO SEMPRE O PEQUENO-ALMOÇO

COMUNICAÇÃO
falar sobre os hábitos alimentares, interagir num restaurante, comprar comida

VOCABULÁRIO
pequeno-almoço, embalagens, compras de comida

PRONÚNCIA
acento, **ea** e **ia**

GRAMÁTICA
contrações de **de/em/a**, **haver** *vs.* **estar**, **uns/umas**

O QUE É QUE COMES AO PEQUENO-ALMOÇO?

A. Faça a correspondência entre as palavras e as fotografias.

☐ doce ☐ cereais ☐ torrada ☐ azeitonas ☐ tomate ☐ chocolate quente
☐ fiambre ☐ iogurte ☐ salsichas ☐ *bacon* ☐ baguete ☐ sandes ☐ feijão

B. Leia o texto e faça a tarefa.

O pequeno-almoço é uma refeição muito importante e é diferente em muitos países.

Como é um pequeno-almoço inglês, francês e coreano típico? Escreva os alimentos da caixa no pequeno-almoço certo.

peixe / legumes picantes / doce / chocolate quente / *bacon* / arroz
salsichas / baguete / tomate frito / sopa / *croissants* / ovos fritos

Ao pequeno-almoço, os ingleses comem/bebem:
1. _____   3. _____
2. _____   4. _____

Ao pequeno-almoço, os franceses comem/bebem:
1. _____   3. _____
2. _____   4. _____

Ao pequeno-almoço, os coreanos comem/bebem:
1. _____   3. _____
2. _____   4. _____

A78 🔊 **C.** Agora ouça o texto. O Patrick, de Inglaterra, o Jules, de França, e a Seo-Yeon, da Coreia do Sul, falam sobre o pequeno-almoço típico nos países deles. Confirme as suas respostas.

D. O seu pequeno-almoço é mais parecido com o pequeno-almoço inglês, francês ou coreano? O que é que as pessoas comem ao pequeno-almoço no seu país? Fale com o seu colega sobre estas questões.

Patrick   Seo-Yeon   Jules

O que é que comes e bebes ao pequeno-almoço?

Normalmente, como cereais e bebo café.

O que é que os suecos comem e bebem ao pequeno-almoço?

Os suecos, normalmente, comem sandes e bebem chá ou café.

QUERES CERVEJA DE GARRAFA OU DE LATA?

E. Faça a correspondência entre as palavras e as fotografias.

☐ uma lata
☐ uma garrafa
☐ um pacote
☐ uma caixa
☐ um saco

 1
 2
 3
 4
 5

F. Olhe para as fotografias. Onde é que as pessoas em Portugal compram comida? E você, onde compra comida? Numa mercearia? Num mercado? Ou num supermercado?

uma mercearia   um mercado   um supermercado

A79))) **G.** O André e a Susana estão numa mercearia e querem comprar vinho. Leia e ordene as frases do diálogo. A seguir, ouça para confirmar.

- [ ] Não? Qual é que queres então?
- [ ] Desse? Não muito.
- [ ] Duas.
- [ ] Acho que nesta loja não têm Chaminé.
- [ ] Susana, gostas deste vinho?
- [ ] Como não? Está ali, atrás daquelas caixas.
- [ ] Ah, pois está. Quantas garrafas queres?
- [ ] Eu compro quase sempre Chaminé.

H. Olhe para as palavras destacadas no diálogo. São contrações de que palavras? Complete.

1. desse = de + esse   2. nesta = _____   3. deste = _____   4. daquelas = _____

➤➤ VÁ À GRAMÁTICA NA PÁGINA 114 E FAÇA O EXERCÍCIO A.

AINDA HÁ PÃO?

A80))) **I.** Ouça os diálogos. Onde se passam? Faça a correspondência entre o diálogo e o espaço.

- [ ] num restaurante   [ ] num mercado   [ ] em casa

1

A: O que é que tomas ao pequeno-almoço?
B: Uma torrada com doce de laranja.
A: Não há pão.
B: Então, quero só um café.
A: Não há café.
B: Não? Então, não quero nada.

2

A: Boa tarde. Há limões?
B: Há. São muito bons.
A: A como são?
B: A setenta cêntimos o quilo.
A: Então, levo meio quilo.
B: E mais?
A: É só, obrigada.
B: Quer um saco?
A: Sim, faz favor. Quanto é?
B: Trinta e cinco cêntimos.

3

A: Queria meia dose de carne de porco à alentejana.
B: Já não há.
A: Não há? Então, o que é que há?
B: Frango assado e arroz à valenciana.
A: Então, arroz à valenciana, faz favor.

J. Leia os diálogos. Sublinhe todas as frases com a palavra *há*.

➤➤ VÁ À GRAMÁTICA NA PÁGINA 114 E FAÇA O EXERCÍCIO B.

K. Pratique os diálogos com o seu colega. Usem alimentos e nomes de pratos diferentes.

L. O Rodrigo, o Andreas e o Emre são amigos. Estudam na Universidade de Lisboa. O Rodrigo é português, o Andreas é alemão e o Emre é turco. Um dia, vão ao supermercado e fazem compras para fazer um jantar típico dos países deles. Sabe como é a comida portuguesa, alemã e turca? Olhe para o que cada um deles comprou e escreva o nome certo na fotografia.

Emre   Rodrigo   Andreas

1

2

3

M. Leia as frases. A que fotografia(s) se referem? Assinale os números.

1. Não há álcool.	1	②	3
2. Há legumes.	1	2	3
3. Há carne.	1	2	3
4. Não há fruta.	1	2	3
5. Há peixe.	1	2	3

▶▶ VÁ À GRAMÁTICA NA PÁGINA 114 E FAÇA O EXERCÍCIO C.

▶▶ VÁ ÀS ATIVIDADES DE COMUNICAÇÃO
NA PÁGINA 230 (A) OU 240 (B) E FAÇA O EXERCÍCIO 9.

N. Imagine que você também faz um jantar típico do seu país. O que é que vai comprar? Escreva os nomes de cinco alimentos. Que pratos pode fazer com eles?

PRONÚNCIA

A81))) **A.** Ouça e repita as palavras com *ia* e *ea*.

indiano   viagem   mundial

cereal   teatro   mercearia

A81))) **B.** Ouça e repita as palavras. Onde é o acento? Sublinhe a sílaba correta.

Grécia   dia   Itália

tia   Rússia   pastelaria

A81))) **C.** Ouça as palavras e escreva o número de acordo com a ordem de audição.

a. secretária ☐   secretaria ☐

b. polícia ☐   policia ☐

A81))) **D.** Leia as palavras. A seguir, ouça para confirmar.

Índia   queria   família

fotografia   média   estadia

COMUNICAÇÃO	VOCABULÁRIO	PRONÚNCIA	GRAMÁTICA
fazer comparações, expressar preferências, ler um folheto publicitário	adjetivos, lugares	sons [ʎ] e [lj], ligações consonânticas	comparativo e superlativo dos adjetivos e advérbios, **conhecer** e **preferir**

TÊM VIAGENS PARA SÃO MIGUEL?

A82 🔊 **A.** O Alexandre quer passar as férias numa ilha portuguesa. Ouça o diálogo do Alexandre com o funcionário de uma agência de viagens. As frases abaixo são verdadeiras ou falsas? Assinale.

1. A estadia é de seis noites. ☐ V ☐ F

2. Não há voos do Porto. ☐ V ☐ F

3. Há voos sete dias por semana. ☐ V ☐ F

4. O Alexandre acha que 550 euros é bastante barato. ☐ V ☐ F

B. Faça a correspondência entre a pergunta e a resposta.

1. De onde é o voo?
2. Qual é a área?
3. Qual é o preço?
4. Onde é o alojamento?
5. Qual é a distância de Lisboa?
6. Qual é a temperatura média?
7. Qual é a duração do voo?
8. Qual é a duração da estadia?

a. 20 ºC.
b. 6 noites.
c. 2 horas.
d. 1400 km.
e. De Lisboa e do Porto.
f. No hotel Santa Rita.
g. 759 km².
h. 550 euros.

mundo**abreu**. desde 1840
Feira de Viagens 2014
5 e 6 Abril
Fil - Lisboa (Pav. 1)
○ 87 lojas abertas
Norte a Sul, Açores e Madeira
Entrada Gratuita
Até **60**% desconto
BRASIL Sensacional!

C. Olhe para as imagens e sublinhe a opção correta.

1. A viagem é **longa/curta**.
2. O restaurante é **calmo/barulhento**.
3. A rua é **estreita/larga**.
4. O hotel é **agradável/desagradável**.

1

2

3

4

PREFERES IR A SÃO MIGUEL OU À MADEIRA?

A83))) **D.** A Ana e o Alexandre querem ir nas férias a São Miguel ou à Madeira. Ouça o diálogo. Onde quer ir a Ana? Onde quer ir o Alexandre?

A83))) **E.** Ouça o diálogo mais uma vez. Complete com as palavras que faltam.

Alexandre: Então, Ana, onde vamos? A São Miguel ou à Madeira? O que é que preferes? Eu acho que prefiro a Madeira.

Ana: A Madeira tem muitos turistas e eu não gosto de lugares cheios de pessoas. São Miguel é _____ _____[1].

Alexandre: Sim, é verdade. São Miguel tem menos turistas do que a Madeira. Mas a Madeira é _____ _____[2]. E fica _____ _____[3]. Além disso, acho que é _____ _____[4]. E tem praias.

Ana: Praias? Cá, perto de Lisboa, há praias tão boas como na Madeira. Ou até melhores. E eu não vou lá para estar todo o dia na praia a apanhar sol. Quero conhecer a ilha. Olha, e o hotel na Madeira é pior. Só tem três estrelas. Prefiro São Miguel à Madeira. É _____ _____[5].

▶▶▶ VÁ À GRAMÁTICA NA PÁGINA 115 E FAÇA OS EXERCÍCIOS A, B, C E D.

F. Faça perguntas ao seu colega utilizando os pares de palavras da caixa.

chá/café	teatro/cinema	filmes/livros	vinho tinto/vinho branco
	cães/gatos	arroz/batata	futebol/ténis

Preferes chá ou café?

Chá.

IMPORTANTE!
Prefiro o Porto a Lisboa.

G. Leia os folhetos publicitários das viagens para a ilha de São Miguel e para a ilha da Madeira.

MADEIRA
FLORES E NÃO SÓ!

A Madeira é uma ilha que fica no Oceano Atlântico.
Distância de Lisboa: 980 km
Área: 740 km²
Temperatura média: 22 ºC

AINDA NÃO CONHECE A ILHA MAIS BONITA DE PORTUGAL? CHEIA DE FLORES 365 DIAS POR ANO, A MADEIRA É O LUGAR PERFEITO PARA AS SUAS FÉRIAS. QUER VISITAR A MADEIRA?

Com SUPERVIAGEM é SUPERbarato e SUPERagradável!
Preço por pessoa (estadia de 7 noites): 450 euros (tudo incluído)
Alojamento: Hotel MAGNÓLIA***
Voos de Lisboa e do Porto (duração do voo - 1h30m)

SÃO MIGUEL
VERDE MAIS VERDE NÃO HÁ

São Miguel é a maior ilha dos Açores.
Distância de Lisboa: 1400 km
Área: 759 km²
Temperatura média: 20 ºC

GOSTA DE NATUREZA? GOSTA DE PASSAR FÉRIAS NUM LUGAR CALMO, BONITO E SEM MUITOS TURISTAS? SÃO MIGUEL É TUDO ISSO E MUITO MAIS! QUER VISITAR SÃO MIGUEL?

Com SUPERVIAGEM é SUPERbarato e SUPERagradável!
Preço por pessoa (estadia de 6 noites): 550 euros (tudo incluído)
Alojamento: Hotel SANTA RITA****
Voos de Lisboa e do Porto (duração do voo - 2h)

H. Escreva *a Madeira* ou *São Miguel* no espaço correto com base na informação dos folhetos publicitários.

1. *São Miguel* é mais frio do que *a Madeira.*
2. _____ fica mais longe de Lisboa do que _____ .
3. A viagem para _____ é mais barata do que para _____ .
4. O voo para _____ é mais longo do que para _____ .
5. _____ é mais pequena do que _____ .

I. Reformule as frases do exercício H como no exemplo.

1. *A Madeira é mais* quente *do que São Miguel.*
2. _____ perto de Lisboa _____ .
3. _____ cara _____ .
4. _____ curto _____ .
5. _____ maior _____ .

QUAL É A MONTANHA MAIS ALTA DO MUNDO?

J. Faça a correspondência.

1. lago
2. rio
3. oceano
4. capital
5. costa
6. mar
7. montanha

a. Brasília
b. Báltico
c. Amalfi
d. Douro
e. Titicaca
f. Índico
g. Matterhorn

A84)) **K.** Ouça o diálogo e complete as frases com os nomes dos rios portugueses.

Douro Guadiana Tejo

1. O Rio _____ tem 1038 km.
2. O Rio _____ tem 897 km.
3. O Rio _____ tem 818 km.

L. Faça o *quiz* de geografia. Complete as perguntas com as palavras entre parêntesis na forma do superlativo. A seguir, sublinhe a resposta correta.

1. Qual é *o rio mais longo* da Europa? *(rio/longo)*	a. Danúbio	b. <u>Volga</u>	c. Tejo
2. Qual é _____ do mundo? *(mar/quente)*	a. Mar das Caraíbas	b. Mar Vermelho	c. Mar Negro
3. Qual é _____ do mundo? *(montanha/alta)*	a. Kilimanjaro	b. Monte Everest	c. Monte Branco
4. Qual é _____ do mundo? *(ilha/grande)*	a. Gronelândia	b. Madagáscar	c. Grã-Bretanha
5. Qual é _____ do mundo? *(capital/rica)*	a. Pequim	b. Tóquio	c. Paris
6. Qual é _____ da Europa? *(país/pequeno)*	a. Malta	b. Mónaco	c. Vaticano
7. Que país tem _____ do mundo? *(costa/longa)*	a. China	b. Rússia	c. Canadá
8. Qual é _____ de África? *(lago/grande)*	a. Tanganica	b. Vitória	c. Malawi

A85)) **M.** Ouça as respostas do *quiz*. Quantas respostas certas teve?

▶▶▶ VÁ ÀS ATIVIDADES DE COMUNICAÇÃO NA PÁGINA 230 (A) OU 240 (B) E FAÇA O EXERCÍCIO 10.

PRONÚNCIA

A86)) **A.** Ouça e repita as palavras com *lh* e *li*.

ilha melhor grelhado
família Itália mobília

A86)) **B.** Ouça os pares de palavras e escreva o número de acordo com a ordem de audição.

a. olho [ ]   óleo [ ]

b. julho [ ]   Júlio [ ]

A86)) **C.** Ouça e repita as frases. Preste atenção à mudança do som [ʃ] para [z].

1. Vamos a Lisboa.
2. Gosto dos Açores.
3. Os ingleses são simpáticos.
4. O que é que comes ao almoço?

A86)) **D.** Sublinhe nas frases a palavra em que ocorre a mudança do som [ʃ] para [z] e leia-as. Ouça para confirmar.

1. Adoro <u>estas</u> ilhas.
2. Nunca usamos azeite.
3. Temos coisas importantes para fazer.
4. Trabalho muito todos os sábados.

COMUNICAÇÃO	VOCABULÁRIO	PRONÚNCIA	GRAMÁTICA
expressar necessidade, obrigação e capacidade	dinheiro, passatempos e atividades	acento, sons [ɲ] e [ni], ditongo [ẽj]	ter de/precisar, pronomes indefinidos, uso de saber

QUAL É O MELHOR DIA DA SEMANA PARA IR AO CINEMA?

A. Olhe para as imagens e sublinhe a opção correta nas frases.

1. A Rita gasta **muito/pouco** dinheiro.

2. Ela **não gosta/gosta** de poupar dinheiro.

3. O João ganha **muito/pouco**.

4. Este carro custa **muito/pouco**.

A87))) **B.** Vai ouvir um programa da rádio. Qual é o melhor título para este programa? Assinale com ✓.

1. COMO GANHAR MUITO DINHEIRO ☐

2. QUANDO FAZER COMPRAS PARA POUPAR TEMPO ☐

3. COMO POUPAR MAIS E MELHOR ☐

IMPORTANTE!
difícil ≠ fácil

A87))) **C.** Ouça o programa da rádio mais uma vez e complete o quadro abaixo.

Qual é o melhor dia da semana para...	2.ª feira	3.ª feira	4.ª feira	5.ª feira	6.ª feira	sábado	domingo
...ficar num hotel?							✓
...comprar uma viagem de avião?							
...comprar um carro?							
...comprar roupa?							
...comprar livros?							
...ir ao cinema?							
...comer fora?							

▶▶ VÁ À GRAMÁTICA NA PÁGINA 116 E FAÇA O EXERCÍCIO A.

O QUE É QUE TENS DE FAZER HOJE?

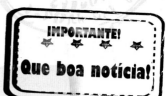

IMPORTANTE!
★ ★ ★ ★
Que boa notícia!

D. O que é que tem de fazer hoje, esta semana e este ano? Escreva.

1. Hoje tenho de _____.

2. Esta semana tenho _____.

3. Este ano _____.

E. Reescreva as frases do exercício D substituindo *ter de* por *precisar de*.

1. Hoje preciso de _____.

2. _____.

3. _____.

F. Faça pares de opostos com os verbos da caixa.

IMPORTANTE!
★ ★ ★
ter de = ter que

~~desligar~~ tirar apagar pôr ~~ligar~~ acender

1. ligar ≠ desligar   2. _____ ≠ _____   3. _____ ≠ _____

G. O que é que eles têm de fazer? Olhe para as imagens e faça a correspondência com as frases.

- [ ] Ele tem de desligar o telemóvel.
- [3] Ele tem de tirar uma senha.
- [ ] Ele tem de tirar o computador da mala.
- [ ] Ele tem de pôr o cinto.
- [ ] Ele tem de apagar o cigarro.
- [ ] Ele tem de carregar no botão.

H. Leia as frases. Quais é que exprimem necessidade? E obrigação? Escreva **N** (necessidade) ou **O** (obrigação). Sublinhe as frases em que *ter de* pode ser substituído por *precisar de*.

1. Você tem de tirar o carro do passeio. [O]
2. Tem de tirar uma senha. [ ]
3. Ele tem é de descansar. [ ]
4. Tem de fazer mais exercício. [ ]
5. Você tem de pagar aqui. [ ]
6. A Joana tem de estudar mais. [ ]

CONHECES ALGUÉM AQUI?

I. Leia as frases. Substitua as partes sublinhadas pelas palavras da caixa fazendo todas as outras alterações necessárias.

todos	tudo	alguém	~~algo~~	ninguém	nada

1. No carro tenho <u>uma coisa</u> para a Joana.

   No carro tenho algo para a Joana.

2. Nesta loja não há <u>leite, nem fruta, nem carne, nem peixe</u>.

   _____

3. Está <u>uma pessoa</u> na casa de banho.

   _____

4. <u>O João, a Joana e o Jorge</u> têm de gastar menos.

   _____

5. <u>O Jorge</u> não tem carro. <u>A Mónica</u> não tem carro. E <u>o Luís</u> também não tem carro.

   _____

6. Nesta cidade, <u>as ruas</u> são bonitas, <u>os prédios</u> são bonitos e <u>as pessoas</u> também são bonitas.

   _____

J. Complete os diálogos com *tudo, nada, todos, ninguém, alguém* ou *algo*.

1. A: O que é que queres ao almoço?   B: Não quero *nada*.

2. A: Quem gosta deste filme?   B: Quase _____ gostam.

3. A: Conheces aqui _____?   B: Sim, conheço a Ana e o Rui.

4. A: O que é que levas para a tua nova casa?   B: Levo _____ o que está aqui.

5. A: De quem é que gostas mais na tua turma?   B: Não gosto de _____.

6. A: O que é que tens aí?   B: Tenho _____ muito bom.

 VÁ À **GRAMÁTICA** NA PÁGINA 116 E FAÇA OS EXERCÍCIOS **B** E **C**.

 VÁ ÀS **ATIVIDADES DE COMUNICAÇÃO** NA PÁGINA 246 E FAÇA O EXERCÍCIO 11.

SABES JOGAR XADREZ?

A88))) **K.** Ouça e sublinhe a frase verdadeira.

1. A Rita
   a. sabe cantar muito bem.
   b. sabe cantar um pouco.
   c. não sabe cantar.

2. O Paulo
   a. sabe tocar bem guitarra.
   b. sabe tocar um pouco de guitarra.
   c. não sabe tocar guitarra.

3. O Pedro
   a. sabe falar alemão muito bem.
   b. sabe falar um pouco de alemão.
   c. não sabe falar alemão.

L. Conhece as pessoas da coluna da esquerda?
O que é que elas sabem fazer muito bem?
Faça a correspondência entre as duas colunas.

1. Paula Rego
2. Joaquín Cortés
3. Céline Dion
4. Cristiano Ronaldo
5. Annie Leibovitz
6. Jamie Oliver
7. Carlos Santana
8. Garry Kasparov
9. Michael Phelps
10. Martha Argerich

a. cantar
b. tirar fotografias
c. nadar
d. pintar
e. cozinhar
f. tocar guitarra
g. tocar piano
h. jogar xadrez
i. jogar futebol
j. dançar

> VÁ À **GRAMÁTICA** NA PÁGINA 116 E FAÇA O EXERCÍCIO **D**.

M. Faça perguntas ao seu colega. Utilize as expressões do exercício L.

Sabes dançar salsa?

Sim, sei dançar salsa muito bem.

PRONÚNCIA

A89 **A.** Leia as palavras prestando atenção à acentuação correta. A seguir, ouça para confirmar.

| fácil | difícil | agradável | álcool | saudável |

A89 **B.** Ouça e repita as palavras com *ni*.

| ninguém | animal | único | ténis | universidade |

A89 **C.** Ouça a diferença na pronúncia de *nh* e *ni*. Repita as palavras.

| senha | bonita | sardinha | Ucrânia | montanha |

A89 **D.** Ouça e repita as palavras com a terminação -*ém*.

| também | ninguém | alguém | além |

UNIDADE 20

ESTOU A FALAR AO TELEFONE

COMUNICAÇÃO
falar sobre ações em curso,
falar ao telefone

VOCABULÁRIO
chamadas
e mensagens
telefónicas

PRONÚNCIA
letra **u**,
ligações
consonânticas,
gua

GRAMÁTICA
verbos em **-ir**,
estar a + infinitivo,
tão e **tanto**

QUANDO É QUE PARTES PARA MADRID?

A. Faça a correspondência entre os verbos/expressões e as fotografias.

☐ conduzir   ☐ ouvir música   ☐ divertir-se   ☐ atravessar a estrada   ☐ 1 ~~partir~~
☐ aprender russo   ☐ andar de comboio   ☐ olhar   ☐ chover

A90))) **B.** Ouça o diálogo. Qual é o tema da conversa entre o João e o Diogo? Escolha a resposta certa.

o fim de semana   carros   uma viagem

A90))) **C.** Ouça o diálogo mais uma vez. Quantos verbos do exercício A ouve neste diálogo? Sublinhe-os.

▶▶▶ VÁ À GRAMÁTICA NA PÁGINA 117 E FAÇA O EXERCÍCIO A.

O QUE É QUE ESTÁS A FAZER AGORA?

A91))) **D.** A D. Adelaide telefona para os netos, o Pedro e a Mafalda, que estão de férias no estrangeiro em dois países diferentes. Ouça os diálogos. Escolha duas fotografias do exercício A que correspondem melhor ao que o Pedro e a Mafalda estão a fazer.

IMPORTANTE!
★ ★ ★ ★
olhar para alguém

IMPORTANTE!
★ ★ ★ ★
Os alunos aprendem russo.
O professor ensina russo.

A91))) **E.** Ouça os diálogos mais uma vez e complete o quadro abaixo.

Quem...	Pedro	Rita	Marta	Mafalda	Fátima
...está a beber cerveja?	✓				
...está a cantar?					
...está a dançar?					
...está a ver os animais?					
...está a tirar fotografias?					
...está a conduzir?					
...está a gostar das férias?					

A91))) **F.** Agora leia e ouça os diálogos novamente e complete as frases com as palavras que faltam.

1.

Avó: Estou?

Pedro: Está? Está?

Avó: _____¹ Pedro?

Pedro: Sim, estou.

Avó: Não estou a ouvir bem. Tanto barulho! Onde é que vocês estão?

Pedro: Estamos num *pub*. E _____² música.

Avó: O que é que vocês estão a fazer aí?

Pedro: Eu _____³ cerveja e a Rita está a cantar.

Avó: A cantar?

Pedro: Sim, não estás a ouvir? É ela!

Avó: E a Marta está aí com vocês?

Pedro: Sim, _____⁴.

Avó: Estou a ver que estão a divertir-se muito!

Pedro: Claro que sim.

Avó: E o tempo? Como é que está?

Pedro: Agora _____⁵.

2.

Avó: Estou?

Mafalda: Estou sim! Olá, avó!

Avó: Olá, Mafalda! Está tudo bem? Como é que vocês estão? As férias _____⁶ bem?

Mafalda: Sim, está tudo ótimo. Estamos no parque nacional.

Avó: E o que é que estão a fazer aí?

Mafalda: _____⁷ de carro.

Avó: Há muitos animais?

Mafalda: Sim, avó, há tantos animais! Umas girafas _____⁸ a estrada agora! Ai, estão a olhar para nós! São tão grandes! E tão lindas!

Avó: Estás a tirar fotografias?

Mafalda: A Fátima está. Eu _____⁹.

G. Escolha os países onde estão os netos da D. Adelaide.

África do Sul | Coreia do Sul | Irlanda

>>> VÁ À **GRAMÁTICA** NA PÁGINA 117 E FAÇA OS EXERCÍCIOS **B, C, D** E **E**.

H. O terceiro neto da D. Adelaide também está de férias no estrangeiro. Leia o que ele escreve na página dele numa rede social na internet. As frases abaixo são verdadeiras ou falsas? Assinale.

1. O Hugo está a viajar de carro. V F
2. O Hugo está a aprender russo. V F

3. O Hugo está a viajar sozinho. V F
4. O Hugo está a divertir-se. V F

Hugo Alves
16/8 às 10:53

O nosso comboio está a atravessar a fronteira entre a Europa e a Ásia. O Ricardo está a aprender russo com umas raparigas russas e eu estou a beber cerveja com os amigos delas. ☺

Gosto · Comentar

👍 11 pessoas gostam disto

Inês Carvalho Boa! Grande Hugo! Parece que estás a gostar.
16/8 às 22:12 · Gosto

Hugo Alves Estamos os dois a adorar!!! ☺
16/8 às 22:40 · Gosto

>>> VÁ ÀS **ATIVIDADES DE COMUNICAÇÃO** NA PÁGINA 231 (A) OU 241 (B) E FAÇA O EXERCÍCIO 12.

PODES ATENDER O TELEFONE?

A92 🔊 **I.** Porque é que as pessoas não podem atender o telefone? Ouça e acabe as frases abaixo. Use os verbos/expressões da caixa. A seguir, ouça para confirmar.

1. A Susana *não pode atender o telefone porque está a tomar duche.*
2. O Rui _____.
3. A Madalena _____.
4. O Jorge _____.
5. O Bernardo _____.

cozinhar
ver um jogo
dormir
conduzir
~~tomar duche~~

J. Ponha as expressões por ordem.

a. falar ao telefone ☐
desligar o telefone ☐
atender o telefone ☐1

b. escrever uma mensagem ☐
enviar uma mensagem ☐
receber uma mensagem ☐1
ler uma mensagem ☐

A93))) **K.** Leia as perguntas e ouça as respostas. Escreva o número da resposta à frente da pergunta correspondente. A seguir, ouça para confirmar.

a. Quando está num restaurante com alguém e o seu telemóvel está a tocar, atende? Resposta ☐

b. Quando é que normalmente desliga o telemóvel? Resposta ☐

c. Quantas mensagens no telemóvel envia e recebe por dia? Resposta ☐

d. Quando telefona para alguém e não atendem, deixa uma mensagem? Resposta ☐

L. Faça as perguntas do exercício K ao seu colega.

Quando é que desligas o telemóvel?

Só à noite.

IMPORTANTE!
ligar a/para =
telefonar a/para

PRONÚNCIA

A94))) **A.** Ouça e repita as palavras com a letra *u*.

| cond**u**zo | c**u**sta | t**u**rista | **ú**ltimo | m**ú**sica |

A94))) **B.** Sublinhe a palavra em cada linha que não tem o som [u]. A seguir, ouça para confirmar.

1. falo	chover	come	comboio
2. procura	adorar	pequena	toco
3. todos	tudo	todas	todo

A94))) **C.** Ouça e repita as expressões. Preste atenção à mudança do som [ʃ] para [z].

estás a falar	estás a ouvir
estás a aprender	estás a escrever
estamos a almoçar	estamos a conduzir

A94))) **D.** Ouça e repita as palavras com *gua*.

| á**gua** | lín**gua** | i**gua**l | **gua**rdanapo |

Contração das preposições *em*, *de* e *a* com demonstrativos variáveis

em + este = neste
em + esse = nesse
em + aquele = naquele
de + este = deste
de + esse = desse
de + aquele = daquele
a + aquele = àquele

Haver vs. *estar*

- Para indicar a existência de algo não específico, usamos a forma verbal *há*:

  Aqui há pão. Aqui não há pessoas.

- *Há* é a forma impessoal do verbo *haver*. Como tal, não tem sujeito:

  Há muitas pessoas nesta sala.

- O verbo *estar* tem sujeito:

  O livro está na mesa.

- Enquanto o enfoque de *há* é na existência não específica, o enfoque de *estar* é na localização específica:

  O que é que há em cima da mesa?

  Onde é que estão todas as pessoas?

- Depois de *há* não usamos artigo definido:

  Aqui há uma mesa.

Artigo indefinido plural *uns/umas*

O artigo *uns/umas* pode ter o significado de *alguns/ /algumas*:

Tenho uns amigos nesta cidade. = Tenho alguns amigos nesta cidade.

A. Faça frases com as palavras dadas. Faça as contrações.

1. aquele / de / carro / gostas
   Gostas daquele carro?

2. está / esta / o / caixa / em / que
   _____?

3. lembro / homem / não / aquele / me / de
   _____.

4. em / quarto / esse / quem / está
   _____?

5. esta / me / sempre / chave / de / esqueço
   _____.

6. restaurante / ir / não / a / quero / aquele
   _____.

7. em / esse / trabalho / hospital
   _____.

B. Complete com *haver* ou *estar* na forma correta.

1. O que é que há para jantar?
2. Onde _____ a minha sandes?
3. O que é que _____ nesta rua?
4. Não _____ pão em casa.
5. Nesta rua não _____ lojas.
6. Onde _____ os teus amigos?
7. _____ muitas casas nesta rua.
8. A sopa _____ na mesa.
9. Acho que já não _____ leite.

C. Complete com *uns* ou *umas*.

1. Tens aqui umas laranjas muito boas!
2. Este prato tem _____ cores muito bonitas.
3. Há _____ jornais aqui. São estes que queres?
4. Nesta rua há _____ prédios muito velhos.
5. Podes trazer _____ latas de feijão?

Comparativo e superlativo dos adjetivos e advérbios

	adjetivo/ /advérbio	comparativo de superioridade	superlativo de superioridade
regulares	bonito	mais bonito	o mais bonito
	pequeno	mais pequeno	o mais pequeno
irregulares	bom/bem	melhor	o melhor
	mau/mal	pior	o pior
	grande	maior	o maior

- Para exprimir igualdade usamos *tão ... como*:
  Esta casa é tão bonita como a tua.

- Para exprimir superioridade usamos *mais ... do que*:
  Esta casa é mais cara do que a tua.

- Para exprimir inferioridade usamos *menos ... do que*:
  Esta casa é menos feia do que a tua.

- Para o grau superlativo acrescentamos o artigo definido:
  Este hotel é o mais caro (de todos).

- O comparativo e superlativo dos advérbios e adjetivos faz-se da mesma forma.

Diferença entre *conhecer* e *saber*

- O verbo *conhecer* é, normalmente, seguido por um nome (pessoa, lugar ou objeto):

  Conheço a Ana.
  Conheço Paris.
  Conheço aquele carro.

- O verbo *saber* é, normalmente, seguido por uma frase:

  Sei falar inglês.
  Não sei onde estás.
  Sei que tens uma irmã.

Presente do Indicativo do verbo *preferir*

	preferir
eu	prefiro
tu	preferes
você / ele / ela	prefere
nós	preferimos
vocês / eles / elas	preferem

- Nas perguntas com *preferir* usamos *ou*:
  Preferes chá ou café?

- Nas frases afirmativas usamos *a*:
  Prefiro chá a café.

A. Complete com o comparativo correto.

1. O meu irmão mais velho chama-se Hugo. *(velho)*
2. O teu carro é _____ do que o meu. *(mau)*
3. Lisboa é _____ do que Évora. *(grande)*
4. Quero uma casa como esta, mas _____. *(pequena)*
5. Estes limões são _____ do que aqueles. *(bom)*
6. Não queres ficar num hotel _____? *(barato)*

B. Complete com as palavras que faltam.

1. Lisboa é maior do que o Porto.
2. O Pedro é tão alto _____ o Paulo.
3. Paris é mais bonito do _____ Berlim.
4. O teu carro é _____ velho como o meu.
5. Carne é menos saudável _____ que peixe.

C. Complete com *saber* ou *conhecer* na forma correta.

1. A Ana conhece Londres muito bem.
2. _____ como se chama esta rua? *(tu)*
3. Não _____ os Açores, mas _____ onde ficam. *(eu)*
4. _____ aquela rapariga? *(vocês)*
5. Não _____ onde estamos. *(nós)*
6. _____ cozinhar? *(tu)*

D. Complete com o verbo *preferir* na forma correta.

1. Vocês preferem chá ou café?
2. _____ Londres ou Paris? *(tu)*
3. Acho que _____ jantar em casa. *(eu)*
4. Nós _____ ir ao cinema.
5. O que é que ele _____ fazer?

Frases exclamativas

O pronome *que* pode ser usado para fazer frases exclamativas:

Que bonito!

Que interessante!

Verbos *ter de/que* e *precisar de*

• Para exprimir necessidade, usamos:

1. Verbo *ter de/que*:

Tenho de limpar a casa.

2. Verbo *precisar de*:

Preciso de limpar a casa.

• Para exprimir obrigação, usamos o verbo *ter de/que*:

Você tem de desligar o telemóvel.

Pronomes indefinidos invariáveis

pronomes indefinidos invariáveis	
pessoais	impessoais
todos	tudo
alguém	algo
ninguém	nada

Se *ninguém* e *nada* precederem o verbo, a frase não tem *não*:

Não faço nada à noite.

Nada é barato neste país.

Verbo *saber*

O verbo *saber* é usado para exprimir capacidade:

Não sei tocar piano.

Sabes jogar xadrez?

A. Complete com a forma correta de *ter de* ou *ter*.

1. *Tenho de* fazer uma sopa. *(eu)*
2. Vocês _____ a conta do restaurante?
3. Ela _____ beber mais água.
4. Já _____ a reserva do hotel? *(tu)*
5. _____ visitar a Marta. *(nós)*

B. Complete com os pronomes invariáveis *todos/tudo* ou com as formas do determinante variável *todo*.

1. *Todos* acham que a Ana é simpática.
2. _____ o que está nesta mala é meu.
3. Tens de beber _____ o leite.
4. Visito o meu pai _____ os sábados.
5. O meu cão come _____.
6. Onde estão _____?

C. Faça frases com as palavras dadas.

1. café / ninguém / quer

Ninguém quer café.

2. aqui / vejo / ninguém / não

_____

3. quer / para / ela / beber / nada / não

_____

4. seu / nada / lugar / está / no / aqui

_____

D. Complete com a forma correta de *saber* ou *poder*.

1. *Sei* nadar muito bem, mas hoje não *posso* ir nadar porque estou doente. *(eu)*
2. Não _____ falar agora. Estamos na aula. *(nós)*
3. Ela _____ falar um pouco de russo, mas não _____ escrever. Não conhece o alfabeto.
4. Não _____ escrever porque não tenho caneta.
5. Ele não _____ chegar ao cinema São Jorge porque não conhece Lisboa.

Presente do Indicativo dos verbos regulares da 3.ª conjugação (-*ir*)

	partir
eu	part**o**
tu	part**es**
você / ele / ela	part**e**
nós	part**imos**
vocês / eles / elas	part**em**

- Muitos verbos em -*ir* têm irregularidades:
  1. *ouvir - ouço/oiço, ouves, ouve*, etc.
  2. *conduzir - conduzo, conduzes, conduz*, etc.
  3. *divertir-se - divirto-me, divertes-te, diverte-se*, etc.
- Depois do verbo *partir* usamos a preposição *para*:
  Parto para Espanha na terça.

Tanto e tão

- Usamos *tanto* com nomes (com os quais concorda em número e género) e com verbos:
  Há tantos livros aqui!
  Há tantas pessoas neste café!
  Ele fala tanto!
- Usamos *tão* com adjetivos e advérbios:
  Ele é tão bonito!
  Falas português tão bem!

Estar a + Infinitivo

eu	estou		
tu	estás		
você / ele / ela	está	a	falar
nós	estamos		
vocês / eles / elas	estão		

- Para descrever ações em curso usamos *estar a* + Infinitivo:
  Não posso falar agora porque estou a comer.
- Os advérbios/locuções adverbiais de tempo usados mais frequentemente com *estar* a + Infinitivo são *agora* e *neste momento*.

A. Escreva o verbo na forma correta.

1. A que horas partes para o Porto? (*tu/partir*)
2. Ela _____ muito bem. (*conduzir*)
3. Não _____ nada! (*eu/ouvir*)
4. _____ muito. (*nós/divertir-se*)
5. _____ para França amanhã. (*nós/partir*)

B. Complete com *tanto* na forma correta.

1. Gastas tanto dinheiro!
2. Tenho _____ trabalho hoje!
3. Estás a tirar _____ fotos!
4. Ele bebe _____ cerveja!
5. Tens _____ livros!

C. Complete com *tão* ou *tanto* no lugar certo.

1. Isto é tão bonito _____!
2. Ela _____ come _____!
3. Estou _____ atrasado _____!
4. Ela está _____ cansada _____!
5. Não tens que _____ trabalhar _____!

D. Complete com *estar a* + Infinitivo.

1. Agora estou a ler. (*eu/ler*)
2. O que é que ele _____? (*fazer*)
3. Neste momento, _____. (*nós/comer*)
4. _____ da festa? (*tu/gostar*)
5. Em que língua é que eles _____? (*falar*)

E. Complete com os verbos na forma correta.

1. Ele fala italiano, mas agora está a falar espanhol. (*falar*)
2. Normalmente, _____ café, mas agora _____ chá. (*eu/beber*)
3. Ela _____ em Lisboa, mas hoje _____ no Porto. (*trabalhar*)
4. Aqui _____ pouco em agosto, mas agora _____ muito. (*chover*)

AO TELEFONE

A. Complete as frases com as palavras da caixa.

o código / rede / ~~as chamadas~~

bateria / o carregador

1. Porque não atendes as chamadas da Rita?
2. Não ouço nada. Aqui não há _____.
3. Qual é _____ do cartão do meu telemóvel?
4. Estou a ficar sem _____ e não tenho aqui _____.

A95))) **B. A Raquel está a almoçar fora. De repente, o telemóvel dela começa a tocar. Leia as perguntas abaixo e ouça o diálogo. A seguir, responda às perguntas.**

1. Quantas pessoas telefonam para a Raquel?
2. Porque é que a Raquel não atende as chamadas do Pedro?
3. Porque é que a Raquel não pode falar com a Lurdes?

A95))) **C. Leia o diálogo e complete com as palavras que faltam. A seguir, ouça para confirmar.**

Raquel: Estou?
Pedro: Olá, Raquel. É o Pedro.
Raquel: Pedro? Qual Pedro? Ah, olá. Desculpa! Estás bom? Há _____[1] tempo!
Pedro: Pois é. Há tanto tempo. Nunca atendes as minhas chamadas.
Raquel: Sabes, é que eu tenho muito trabalho. Olha, tenho de _____[2]. Tenho aqui uma chamada muito importante. Fica bem. Estou?
Lurdes: Estou? Posso _____[3] com a Raquel?
Raquel: É a própria.
Lurdes: Aqui fala Lurdes Brito, da Ominex.
Raquel: Olá, como está? Olhe Lurdes, estou a almoçar agora. Pode _____[4] a ligar mais tarde?
Lurdes: Está bem. Então, volto a ligar às três.
Raquel: Muito bem. Até logo então. Com licença.

D. Pratique este diálogo com o seu colega.

A. Corrija as frases como nos exemplos.

1. Ela é ~~tanto~~ bonita! *tão*
2. O Brasil é mais quente / que a Suécia. *do*
3. Aqui só há a mesa. _____
4. Não sei Nova Iorque. _____
5. Quando é que partes a Lisboa? _____
6. Lisboa é maior cidade de Portugal. _____
7. Na sala de aula não estão alunos. _____
8. Precisamos falar com a tua mãe. _____
9. Estou conduzir agora. _____
10. A minha casa é mais grande do que a tua. _____

B. Escreva a palavra que falta.

1. A minha cidade é *tão* bonita como a tua.
2. Sintra fica _____ 30 km de Lisboa.
3. Nesta rua há _____ restaurante muito bom.
4. Estamos _____ ver um filme agora.
5. O que é que comes _____ pequeno-almoço?
6. Tenho _____ limpar a casa toda.
7. Ela está a olhar _____ o livro.
8. _____ como são as laranjas?
9. Prefiro chá _____ café.
10. Tem que carregar _____ botão.

C. Complete as letras que faltam nos verbos.

1. O teu telefone está a t**ocar**.
2. Ela não s_ _ _ cozinhar.
3. Estou a o_ _ _ _ música.
4. A Ana t_ _ _ fotografias muito boas.
5. Não gosto de c_ _ _ _ _ _ _ este carro.
6. Você tem de a_ _ _ _ _ o cigarro.
7. Podes l_ _ _ _ a televisão?

D. Assinale a palavra que não pertence ao grupo.

1. (hospital) mercado mercearia supermercado
2. cereais *bacon* fiambre salsichas
3. lago rio montanha mar
4. curto largo estreito calmo
5. algo alguém todos ninguém
6. tomate batata laranja feijão

E. Complete as letras que faltam nas palavras.

1. Queria uma lata de feijão.
2. Quero meia d_ _ _ de bacalhau.
3. Este é um hotel de cinco e_ _ _ _ _ _ _.
4. Pequim é a c_ _ _ _ _ _ da China.
5. As crianças fazem muito b_ _ _ _ _ _.
6. Quero uma s_ _ _ _ _ de queijo.
7. Quando conduzes, tens de pôr o c_ _ _ _.
8. Trabalho numa a_ _ _ _ _ _ de viagens.
9. A Irlanda é uma i_ _ _.
10. Qual é o p_ _ _ _ deste livro?
11. Gosto de andar de c_ _ _ _ _ _.

F. Faça a correspondência entre as colunas.

1. desligar
2. tocar
3. atravessar
4. jogar
5. aprender
6. escrever

a. xadrez
b. uma mensagem
c. guitarra
d. alemão
e. o telemóvel
f. a rua

A96)) **G.** Ouça as perguntas e sublinhe a resposta correta.

1. a. Não há nada. b. Só um momento.
2. a. É o próprio. b. Com licença.
3. a. Não, isto é peixe. b. Não, não há.
4. a. Não, não quero. b. Um pouco.

A97)) **H.** Ouça os textos e escolha a opção correta.

1. A Rita está
   a. na casa da avó.
   b. na rua.
   c. com a mãe.

2. A Joana prefere ir a um restaurante chinês porque
   a. fica mais perto.
   b. fica mais perto e é mais barato.
   c. é mais barato.

I. Assinale a palavra que tem o som diferente.

1. senha ninguém montanha
2. faço poder doce
3. custa algo costa

J. Leia o texto sobre a ilha de Porto Santo. A seguir, leia as frases abaixo. São verdadeiras ou falsas? Assinale.

A ilha de Porto Santo fica só a 40 km da Madeira, mas é muito diferente. Não tem montanhas nem é verde como a Madeira. É também muito mais pequena. Na ilha de Porto Santo chove muito menos e as temperaturas são mais altas. Os turistas gostam de visitar a ilha porque encontram aqui uma das praias mais bonitas e maiores de Portugal. O aeroporto de Porto Santo tem voos para o Funchal, Lisboa, Faro, Porto e também para Inglaterra e França.

A ilha de Porto Santo...

1. ... é perto da Madeira. [V] [F]
2. ... é tão verde como a Madeira. [V] [F]
3. ... é mais quente do que a Madeira. [V] [F]
4. ... é pequena, mas muito bonita. [V] [F]
5. ... tem voos para o estrangeiro. [V] [F]

VISTO PARA AS UNIDADES 21-24

O PORTADOR DESTE MANUAL JÁ SABE:

- COMPRAR COMIDA
- FAZER COMPARAÇÕES
- EXPRESSAR PREFERÊNCIAS
- EXPRESSAR NECESSIDADE E CAPACIDADE
- FALAR SOBRE AÇÕES EM CURSO
- FALAR AO TELEFONE

E TEM DIREITO A PROSSEGUIR PARA AS UNIDADES 21-24

PASSAPORTE PARA PORTUGUÊS<<<<<<<<<<<<<<<<<<
NÍVEIS A1/A2<<<<<<<<<<<<<<<<<<<<<<<<<<<<<<

COMUNICAÇÃO	**VOCABULÁRIO**	**PRONÚNCIA**	**GRAMÁTICA**
fazer planos, falar sobre deslocações do dia a dia	viagens e deslocações, meios de transporte	sons [aɫ] e [ẽw], **gui**, pares mínimos	**ir** + infinitivo, **vir** e **perder**, **outro**, **por + o/a**, preposições

O QUE É QUE VAIS FAZER NAS FÉRIAS ESTE ANO?

A. Leia o texto e responda às perguntas.

DO ATLÂNTICO AO PACÍFICO DE COMBOIO

PESSOAS:

HUGO ALVES, 25 ANOS, ESTUDANTE DE DIREITO

RICARDO GUEDES, 24 ANOS, ESTUDANTE DE MEDICINA

PLANO PARA AS FÉRIAS: **FAZER UMA VIAGEM DE COMBOIO**

INÍCIO: **12 DE AGOSTO, 16h30**

ESTAÇÃO DE SANTA APOLÓNIA, LISBOA, PORTUGAL

FIM: **21 DE AGOSTO, 23h17**

ESTAÇÃO DE COMBOIOS DE VLADIVOSTOK, RÚSSIA

DISTÂNCIA: **14 240 KM**

DURAÇÃO: **222 HORAS E 47 MINUTOS**

1. Que planos é que o Hugo e o Ricardo têm para as férias?
2. Onde e quando começa a viagem?
3. Onde e quando é que a viagem acaba?
4. Quantos dias dura a viagem?

Moscovo
Berlim
Varsóvia
Novosibirsk
Ulan-Ude
Paris
Lisboa
Vladivostok

B. Leia a entrevista com o Hugo e o Ricardo. Complete-a com as perguntas a-i.

a. A vossa viagem começa na próxima semana, não é?

b. Como é que vão voltar para Lisboa?

c. ~~O que é que vocês vão fazer nas férias este ano?~~

d. Então, essa vai ser a única noite que vão passar num hotel, e não no comboio?

e. E que cidades vão ver no caminho?

f. É uma grande viagem! Não vai ser cansativo?

g. Quanto tempo vão estar lá?

h. Quanto tempo vai durar a viagem?

i. Vão ter de mudar de comboio algumas vezes, não vão?

IMPORTANTE!
mudar de comboio
mudar de casa

VÁ À GRAMÁTICA NA PÁGINA 136
E FAÇA O EXERCÍCIO A.

C. Leia a entrevista mais uma vez. A seguir, leia as frases abaixo. São verdadeiras ou falsas? Assinale.

O Hugo e o Ricardo...

1. ... vão visitar Paris. V F

2. ... vão dormir em Berlim. V F

3. ... vão passar uma noite na Mongólia. V F

4. ... vão chegar a Lisboa de comboio. V F

---

1. *O que é que vocês vão fazer nas férias este ano?*
Hugo: Vamos atravessar toda a Europa e toda a Ásia de comboio.

2. _____?
Hugo: Vão ser dez dias. Vamos começar em Lisboa e acabar em Vladivostok, na costa do Pacífico. São 14 mil quilómetros.

3. _____?
Ricardo: Talvez sim. Mas penso que vai ser também interessante. Vamos conhecer outras pessoas e outros países.

4. _____?
Ricardo: Sim, vamos mudar de comboio sete vezes.

5. _____?
Hugo: Vamos passar por Paris, Berlim e Moscovo. Mas quase nunca vamos ter tempo para ver as cidades. Vamos chegar num comboio e esperar pelo comboio seguinte na estação. A única cidade onde vamos ter tempo para fazer turismo é Berlim.

6. _____?
Hugo: Um dia e uma noite. Vamos chegar a Berlim às 4h30 da manhã e o nosso comboio de Berlim para Moscovo vai partir às 9h00 do dia seguinte.

7. _____?
Ricardo: Não. Vai haver outra, na cidade de Ulan-Ude, perto da fronteira com a Mongólia.

8. _____?
Hugo: De avião. Em Vladivostok vamos apanhar o avião para Moscovo. Vamos descansar algumas horas no aeroporto de Moscovo e depois vamos voltar para Lisboa num avião da TAP.

9. _____?
Hugo: Não, não. É hoje. O nosso comboio parte daqui a quatro horas.

Entrevistador: Então, têm de ir já. Não podem perder o comboio. Boa sorte e boa viagem!

IMPORTANTE!
de avião
no/num avião da TAP

D. Sabe o que significam as palavras destacadas no texto da entrevista? Consulte o glossário ou pergunte ao seu colega.

VÁ À GRAMÁTICA NA PÁGINA 136 E FAÇA OS EXERCÍCIOS B E C.

E. O que é que acha das férias do Hugo e do Ricardo? Gosta da ideia? Fale com o seu colega sobre isso.

F. Em grupos, façam o plano para uma viagem tão interessante e original como a viagem do Hugo e do Ricardo. Decidam onde e como vão, quanto tempo vai durar a viagem, onde vão ficar, o que vão ver e visitar, o que vão fazer, etc. A seguir, apresentem o vosso plano a toda a turma.

▶▶▶ VÁ ÀS ◣ ATIVIDADES DE COMUNICAÇÃO ◥ NA PÁGINA 231 (A) OU 241 (B) E FAÇA O EXERCÍCIO 13.

COMO É QUE VAIS PARA O TRABALHO?

G. Faça a correspondência entre os meios de transporte e as fotografias.

| ☐ táxi | ☐ elétrico | ☐ barco | ☐ autocarro | ☐ camioneta | ☐ metro |

H. Faça a correspondência entre as colunas.

1. estação
2. paragem
3. parque
4. meio
5. carta

a. de estacionamento
b. de elétrico
c. de condução
d. de comboios
e. de transporte

IMPORTANTE!
ir
aqui ⟷ aí
vir ali

A98))) **I.** Ouça quatro pessoas a falar sobre o transporte que usam no dia a dia. Que meios de transporte usam? Complete as frases com as palavras da caixa abaixo.

barco   táxi   bicicleta   avião

1. O André viaja de _____.
2. O Samuel gosta de andar de _____.
3. A Flávia vai para o trabalho de _____.
4. O Rúben usa _____.

▶▶ VÁ À GRAMÁTICA NA PÁGINA 136
E FAÇA OS EXERCÍCIOS D, E E F.

J. Use alguns dos adjetivos da caixa abaixo para caracterizar meios de transporte. Compare as suas frases com as dos seus colegas.

caro   barato   agradável   saudável
confortável   desconfortável   lento   rápido

1. Andar de metro é _____.
2. Andar de táxi é _____.
3. Andar de bicicleta é _____.
4. Andar de barco é _____.
5. Andar de avião é _____.
6. Andar a pé é _____.

K. Faça estas perguntas ao seu colega.

1. Como é que vais todos os dias para o escritório/a escola? Quanto tempo levas?
2. De que meio de transporte é que gostas mais? Porquê?
3. De que meio de transporte é que não gostas? Porquê?

PRONÚNCIA

A99))) **A.** Ouça e repita as palavras com -ão.

estação   pão   feijão   vão   refeição

A99))) **B.** Ouça os pares de palavras e escreva o número de acordo com a ordem de audição.

a. sal [ ]   são [ ]
b. mal [ ]   mão [ ]
c. tal [ ]   tão [ ]

A99))) **C.** Ouça e repita as palavras com gui.

guitarra   seguinte   sportinguista

A99))) **D.** Ouça os pares de palavras e escreva o número de acordo com a ordem de audição.

a. vem [ ]   vêm [ ]
b. tem [ ]   têm [ ]

UNIDADE 22

QUERO UMA CASA COM JARDIM

COMUNICAÇÃO
falar sobre habitação, interagir numa agência imobiliária

VOCABULÁRIO
tipos de habitação, divisões da casa, mobiliário

PRONÚNCIA
letra **â**, letra **e**, sons [aɫ] e [aw]

GRAMÁTICA
dizer e **subir**, verbos em -**air**, **nenhum**, **ser** *vs.* **estar**

ESTA CASA TEM GARAGEM?

A. Faça a correspondência entre as palavras/expressões e as fotografias.

	o jardim		a garagem		o aquecimento central		o chão
7	~~a moradia~~		a vista		a varanda		o terraço		as escadas

B. Olhe para a planta e faça a correspondência entre as divisões da casa e as palavras.

1 ~~a casa de banho~~
☐ o quarto
☐ a cozinha
☐ a sala de estar
☐ a entrada

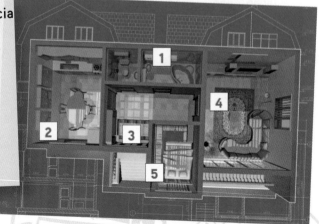

QUE TIPO DE CASA PROCURAM?

B1)) **C.** A M.ª João e o Manuel são um casal. Vão a uma agência imobiliária porque querem comprar uma casa. Ouça o diálogo. O que é que é importante para a M.ª João e o Manuel? Sublinhe a opção certa.

> preço / localização / bons transportes

B1)) **D.** Ouça o diálogo mais uma vez e complete com as palavras que faltam.

Agente: Então, que tipo de casa procuram? Querem alugar ou comprar?

M.ª João: Queremos comprar. Estamos a pensar numa _____¹ com um jardim. Num bairro tranquilo, com árvores, sem muito _____².

Agente: Querem uma casa no centro ou fora do centro?

Manuel: Fora do centro. Mas também não muito longe.

Agente: Com quantas assoalhadas?

Manuel: Três ou quatro. Uma sala de estar, dois ou três quartos e uma _____³ grande.

Agente: Com estacionamento para o carro?

Manuel: Precisamos de uma _____⁴.

IMPORTANTE!
comprar ≠ vender

IMPORTANTE!
tranquilo = calmo

B2)) **E.** Leia os anúncios de casas que estão à venda. Qual das casas é a melhor para a M.ª João e o Manuel? Escolha uma. Compare a sua escolha com a do seu colega. A seguir, ouça para confirmar.

1. MORADIA T2, fora do centro, rua calma, jardim, vista para o rio, aquecimento central, sala de estar 30 m², cozinha 10 m².

2. MORADIA T3, ao lado do aeroporto, 2 casas de banho, sala de estar 40 m², cozinha 18 m², c/garagem e jardim.

3. MORADIA T3, a 10 minutos de carro do centro, sala 35 m², cozinha 18 m², c/garagem, 2 casas de banho, jardim.

4. MORADIA T3, em frente ao mercado de peixe, s/garagem, 2 casas de banho, sala de estar 30 m², cozinha 20 m².

F. Faça a correspondência entre os adjetivos e as fotografias.

☐ seco
☐ sujo
☐ perigoso

G. Faça a correspondência dos adjetivos abaixo com os seus opostos no exercício F.

1. limpo ≠ _____   2. seguro ≠ _____   3. húmido ≠ _____

B3))) **H.** A M.ª João e o Manuel vão ver com o agente a casa que escolheram. Leia as frases abaixo. Na sua opinião, quem diz estas frases durante a visita à casa? A M.ª João e o Manuel ou o agente? Assinale três frases com **A** (agente) e três frases com **M** (M.ª João/Manuel). Ouça para confirmar.

1. A rua é pouco segura. E está suja. [A] [M]

2. Este bairro é muito seguro. [A] [M]

3. A casa tem muitas janelas. [A] [M]

4. A cozinha é grande e tem muito espaço. [A] [M]

5. Esta cozinha é muito fria e húmida. [A] [M]

6. Estas escadas são perigosas. [A] [M]

➤➤ VÁ À GRAMÁTICA NA PÁGINA 137 E FAÇA O EXERCÍCIO A.

B3))) **I. Ouça o diálogo mais uma vez e responda às perguntas.**

1. Porque é que não há flores no jardim?

2. O que é que há no rés do chão?

3. Porque é que o Manuel e a M.ª João não gostam da cozinha?

4. Porque é que o Manuel e a M.ª João não vão ver os quartos em cima?

5. Porque é que o Manuel e a M.ª João não ouvem o preço da casa?

J. Leia as frases. O que significam as palavras destacadas?

1. A rua não tem trânsito nenhum.

2. Esta rua não tem carros nenhuns.

3. Não há flores nenhumas no jardim.

4. A casa não tem luz nenhuma.

IMPORTANTE!
subir ≠ descer

IMPORTANTE!
entrar no quarto ≠ sair do quarto

➤➤ VÁ À GRAMÁTICA NA PÁGINA 137 E FAÇA OS EXERCÍCIOS B E C.

B4))) **K. Ouça as frases do diálogo e complete com os verbos que faltam.**

1. A cozinha _____ um bocado fria hoje porque o dia _____ frio. Mas, normalmente, não _____ fria.

2. A casa não _____ nada escura. _____ um pouco escura agora porque estamos em janeiro e o dia acaba cedo.

➤➤ VÁ À GRAMÁTICA NA PÁGINA 137 E FAÇA O EXERCÍCIO D.

QUE MÓVEIS HÁ NA SALA?

L. Faça a correspondência entre as palavras e as fotografias.

☐ o fogão ☐ a banheira ☐ o tapete ☐ o forno ☐ o espelho ☐ a máquina de lavar loiça
☐ o sofá ☐ a estante ☐ o chuveiro ☐ a máquina de lavar roupa ☐ o candeeiro ☐ o frigorífico

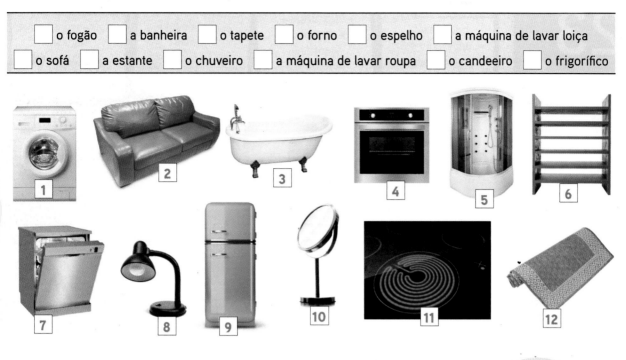

M. Faça estas perguntas ao seu colega.

1. Moras sozinho/a?

2. Moras num prédio ou numa moradia?

3. Alugas o apartamento em que moras?

4. Quantas assoalhadas tem a tua casa?

5. Quantas casas de banho há na tua casa?

6. A(s) casa(s) de banho tem/têm chuveiro ou banheira?

7. Que móveis há na sala de estar?

Moras sozinho?

Não. Moro com os meus pais.

▶▶ VÁ ÀS **ATIVIDADES DE COMUNICAÇÃO**
NA PÁGINA 232 (A) OU 241 (B) E FAÇA O EXERCÍCIO 14.

PRONÚNCIA

B5))) **A.** Ouça e repita as palavras com a letra *â*.

> trânsito   distância   Ucrânia

B5))) **B.** Ouça e repita as palavras que começam com a letra *e*.

> elétrico elevador ementa exercício

B5))) **C.** Ouça e repita as palavras com o ditongo [aw].

> aula   bacalhau   mau   ao

B5))) **D.** Ouça a diferença na pronúncia de *au* [aw] e *al* [aɫ]. Repita as palavras.

> saudável   autocarro   restaurante
>
> talvez   Portugal   natural   alto

UNIDADE 23

NÃO TENHO PLANOS PARA SÁBADO

COMUNICAÇÃO
organizar
um evento ou
uma festa,
planear e dividir
as tarefas

VOCABULÁRIO
organização
de eventos,
utensílios
de cozinha

PRONÚNCIA
pares mínimos,
formas
do imperativo

GRAMÁTICA
imperativo informal
regular,
verbos em -**ear**

QUE TAL UMA SARDINHADA?

A. Faça a correspondência entre os verbos e as imagens.

| 1 preparar | convidar | planear | estragar | ajudar | discutir | avisar |

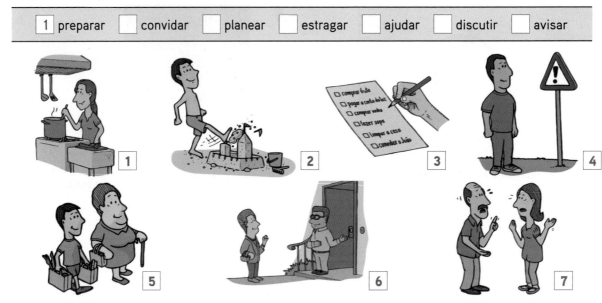

B. O Ruben e o Bruno trocam mensagens por telefone. Ordene-as.

☐ Ótimo☺ Mas olha, não posso preparar tudo sozinho. Vou precisar da tua ajuda☺

☐ Está combinado, então. Amanhã, a gente encontra-se e planeia tudo.

☐ Divertida!? Estás a brincar, não estás? Não sei porque é que gostas dela. Mas tudo bem☺ Convidamos a Margarida.

☐ Margarida? Aquela chata? Ela vai estragar a festa, como sempre☹

1 Olá Bruno, tudo bem? Olha, quero fazer uma sardinhada no próximo fim de semana. O que achas? Estás livre no sábado?

☐ Está bem! Mas quero convidar a Margarida. Posso?

9 OK☺ Grande abraço☺ Até amanhã!

☐ Olá Ruben! Boa ideia! Tenho planos para sábado, mas vou mudar, não há problema.

☐ Não vai estragar nada. Ela é muito divertida.

C. Leia a conversa entre o Ruben e o Bruno mais uma vez e sublinhe a opção correta.

1. O Bruno **gosta/não gosta** da ideia da sardinhada.
2. O Bruno **tem/não tem** planos para sábado.
3. O Ruben **quer/não quer** preparar a sardinhada sozinho.
4. O Ruben **gosta/não gosta** da Margarida.
5. O Bruno **vai/não vai** ajudar o Ruben.

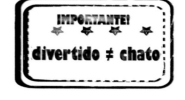

IMPORTANTE!
divertido ≠ chato

IMPORTANTE!
a gente vai = nós vamos

▶▶▶ VÁ À GRAMÁTICA NA PÁGINA 138 E FAÇA O EXERCÍCIO A.

COMES COM UM GARFO OU COM UMA COLHER?

D. Faça a correspondência entre as palavras e as fotografias.

☐ garfo ☐ faca ☐ colher ☐ guardanapo ☐ chávena ☐ talheres ☐ prato ☐ copo

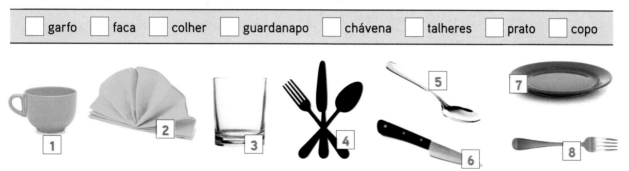

PODES FAZER UMA SALADA?

B6))) **E.** Os amigos falam sobre a festa que vão fazer. Ouça a conversa. Quantas pessoas vão ajudar o Ruben a preparar a sardinhada?

B6))) **F.** Ouça a conversa mais uma vez e complete o quadro.

Quem...	Ruben	Bruno	Cláudia	Quem...	Ruben	Bruno	Cláudia
...compra as sardinhas?		✓		...limpa a casa?			
...compra o pão?				...escolhe a música?			
...faz a salada?				...prepara o terraço?			
...compra os pratos?				...avisa os vizinhos?			
...põe a mesa?				...faz uma sopa?			

PASSAPORTE PARA PORTUGUÊS 129

B6 🔊 **G.** Leia e ouça a conversa mais uma vez. Sabe o que significam as palavras/expressões destacadas? Consulte o glossário ou pergunte ao seu colega.

R: Então, quem faz o quê?

B: Eu posso comprar sardinhas. Quantos quilos? Três? Ou quatro?

R: Três ou quatro, tanto faz.

C: Compra quatro quilos, Bruno. Vamos ser oito ou nove pessoas. Mas não compres no supermercado. No supermercado só há sardinhas congeladas e elas não são boas.

R: Mas a gente vai precisar de mais coisas. Bruno, compra também pão e coisas para a salada.

C: Eu posso fazer a salada em casa.

R: Está bem. Bruno, podes também comprar as bebidas?

B: Não há problema. Vou às compras com a Margarida.

C: Margarida? Aquela chata? Ela também vai lá estar? Não convidem a Margarida, por favor!

B: Agora tu? Mas porque é que ninguém gosta dela? Não percebo.

C: Desculpa lá, Bruno, mas ela é muito chata. E mal-educada também. Toda a gente sabe isso.

B: Eu não acho.

R: Não discutam, por favor! Bruno, tu vais convidar a Margarida, está bem? Mas não quero problemas com ela. Não te esqueças.

B: Está bem, está bem. Não te preocupes.

R: Vamos também ter de comprar pratos de plástico porque não tenho tantos pratos em casa. Pratos e também garfos, facas, colheres e copos. Cláudia, podes comprar?

C: Posso. E tu, o que vais fazer, Ruben?

R: Eu? Eu vou pôr a mesa. Vou escolher a música. E vou preparar o terraço.

B: Sim, prepara o terraço. Limpa também a casa e avisa os vizinhos. Vai haver barulho.

R: Sim, claro. E ainda vou fazer mais alguma coisa para comer, mas não sei o quê.

C: Podes fazer uma coisa simples. Que tal uma sopa?

R: Boa ideia. Vou fazer uma sopa.

B: Pronto, então já sabemos quem faz o quê. Eu faço as compras e levo tudo para tua casa no sábado de manhã. À tarde estou ocupado. Vou chegar à festa com atraso.

R: Não faz mal. A festa vai, com certeza, começar mais tarde.

H. Encontre na conversa acima as formas do Imperativo dos verbos que estão na tabela abaixo. Copie-as para a respetiva coluna.

INFINITIVO	IMPERATIVO INFORMAL			
	Singular (tu)		Plural (vocês)	
falar	Fala!	Não fales!	Falem!	Não falem!
comprar				
convidar				
preocupar-se				
preparar				
limpar				
avisar				
comer	Come!	Não comas!	Comam!	Não comam!
esquecer-se				
discutir				

I. Preencha o resto da tabela com as formas corretas do Imperativo.

▶▶▶ VÁ À **GRAMÁTICA** NA PÁGINA 138 E FAÇA OS EXERCÍCIOS B E C.

B7 🔊 **J.** Ouça a continuação da história sobre a sardinhada na casa do Ruben. Porque é que o Ruben não sabe o que dizer?

B8 🔊 **K.** Ouça a última parte da história. Responda às perguntas.

1. Que horas são?

3. O que há no *facebook*?

2. Quem mais chega à festa?

4. O que diz o Ruben?

▶▶▶ VÁ ÀS **ATIVIDADES DE COMUNICAÇÃO** NA PÁGINA 232 (A) OU 242 (B) E FAÇA O EXERCÍCIO 15.

QUANDO É QUE VENS À MINHA CASA?

L. Leia o convite para uma festa que recebeu de um amigo. Complete o texto com o seu nome e com as palavras da caixa.

Escreva o seu nome aqui.

Olá _____ ! Estás _____¹?

Já estou na casa nova! Tens de _____² cá e _____³ como é linda! Que _____⁴ no próximo sábado? Vou _____⁵ uma pequena festa, só para amigos. Podes _____⁶ algo para beber?

Um _____⁷

José

ver
bom/boa
tal
beijo/abraço
trazer
vir
fazer

M. Infelizmente, não pode ir à festa do José no próximo sábado. Escreva a resposta.

PRONÚNCIA

B9 🔊 **A.** Ouça os pares de palavras e escreva o número de acordo com a ordem de audição.

a. sá ☐   sã ☐

b. faz ☐   fãs ☐

c. lá ☐   lã ☐

B9 🔊 **B.** Leia as palavras. Sublinhe todas as letras a vermelho pronunciadas como [ɐ]. Ouça para confirmar.

passar   passa   gastar   gasta
apagar   apaga   nadar   nada

B9 🔊 **C.** Leia as palavras. Sublinhe todas as letras a vermelho pronunciadas como [ɐ]. Ouça para confirmar.

Não partas!   Não acendas!   Não atendas!

B9 🔊 **D.** Leia as palavras. Sublinhe todas as letras a vermelho pronunciadas como [i]. Ouça para confirmar.

beber   bebe   perder   perde   comer   come

B9 🔊 **E.** Leia as palavras. Sublinhe todas as letras a vermelho pronunciadas como [i]. Ouça para confirmar.

Não prepares!   Não entres!   Não penses!

QUERO VISITAR ESTE MUSEU

COMUNICAÇÃO
falar sobre atrações turísticas,
ler informação turística,
escrever um postal

VOCABULÁRIO
lugares de interesse turístico na cidade, acessos, horários e bilheteira

PRONÚNCIA
sons [i] e [ĩ]

GRAMÁTICA
trazer,
preposição + pronome pessoal

CONHECES ESTE PALÁCIO?

A. Faça a correspondência entre as palavras e as fotografias.

☐ o castelo	☐ o palácio	☐ o museu	☐ o miradouro	☐ o parque	☐ a torre
5 a avenida	☐ a praça	☐ a mesquita	☐ a igreja	☐ o estádio	☐ a ponte

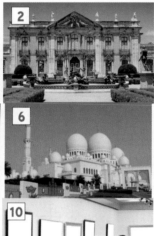

B. Gosta de viajar e visitar cidades? Leia as perguntas do concurso de televisão *Quem sabe, ganha!* **e sublinhe a resposta correta.**

1. Champs-Élysées, em Paris, é <u>uma avenida</u> ou um castelo?
2. Tiananmen, em Pequim, é um palácio ou uma praça?
3. Rialto, em Veneza, é um museu ou uma ponte?
4. Maracanã, no Rio de Janeiro, é um estádio ou um palácio?
5. São Jorge, em Lisboa, é um palácio ou um castelo?
6. Hermitage, em São Petersburgo, é uma igreja ou um museu?
7. El Retiro, em Madrid, é um parque ou uma praça?
8. Sacré-Cœur, em Paris, é uma igreja ou um palácio?
9. Topkapi, em Istambul, é uma mesquita ou um palácio?
10. Zócalo, na Cidade do México, é um castelo ou uma praça?

IMPORTANTE!
errado ≠ correto

B10))) **C. Ouça o concurso para confirmar as suas respostas.**

D. Que tipo de turista é? Que lugares têm interesse para si quando visita uma cidade pela primeira vez? Assinale com ☺ os três lugares que acha mais interessantes e com ☹ os dois lugares menos interessantes. Compare as suas escolhas com as do seu colega.

As ruas antigas do centro histórico.	O maior centro comercial da cidade.
A discoteca com a melhor música na cidade.	Um parque para passear.
A avenida com os melhores hotéis e lojas.	O museu de história da cidade.
O miradouro com vista sobre a cidade.	O estádio do seu clube de futebol preferido.
Um bar para conhecer pessoas.	A igreja/mesquita mais bonita da cidade.

A QUE HORAS FECHA O OCEANÁRIO?

E. Leia o folheto informativo sobre o Oceanário de Lisboa. Sabe o significado das palavras destacadas? Escreva-as abaixo, ao lado da definição ou sinónimo correto.

O Oceanário de Lisboa fica no Parque das Nações. É um dos maiores e mais importantes oceanários do mundo.
Um milhão de pessoas visita o oceanário **anualmente**.

Acessos:
Metro - Estação do Oriente (linha vermelha)
Autocarro - 5, 25, 28, 44

Horários:
Aberto **diariamente** das 10h00 às 19h00.
De maio a setembro, **encerramos** uma hora mais tarde.

Bilheteira:
Adultos - 10 euros
Crianças até aos 3 anos - entrada **gratuita**.
Na compra do bilhete *online* tem 10% de **desconto**.

1. por ano   *anualmente*

2. todos os dias   _____

3. pessoas com mais de 18 anos _____

4. sem pagar   _____

5. fechamos   _____

6. pagar menos   _____

7. como chegar   _____

F. Leia o folheto mais uma vez e responda às perguntas.

1. Quantas pessoas visitam o Oceanário por ano? _____

2. O Oceanário abre ao domingo? _____

3. A que horas fecha o Oceanário em julho? _____

4. Quem é que não paga a entrada? _____

5. Qual é o preço do bilhete *online*? _____

6. Como se pode chegar ao Oceanário? _____

HÁ MUITOS TURISTAS NESTA CIDADE?

G. Faça a correspondência entre as fotografias que mostram três atrações turísticas de Lisboa e os textos abaixo.

Rua Augusta

Castelo de São Jorge

Torre de Belém

1. É um edifício muito bonito e famoso. Fica na margem do Rio Tejo. Para chegar aqui do centro, é preciso apanhar o elétrico n.º 15.

2. Fica numa das colinas mais altas da cidade. A vista dos seus terraços é fantástica. A entrada é gratuita para as pessoas que vivem em Lisboa.

3. Fica no centro de Lisboa. Tem muitos restaurantes, lojas e cafés que estão sempre cheios de turistas. Os carros não podem entrar aqui.

H. Trabalhe em pares. Faça perguntas ao seu colega sobre a cidade/região dele.

- Há muitos turistas na tua cidade/região?
- Há muitas igrejas/mesquitas históricas?
- Há muitos museus? São interessantes?
- Que clubes ou bares recomendas?

- De onde são os turistas? Há muitos estrangeiros?
- Há ruas, praças ou bairros interessantes?
- Há castelos ou palácios?
- Há outras coisas interessantes? O quê?

I. Leia o postal. Sabe onde estão a Mafalda e o Eduardo?

Querida Fátima,

A cidade é moderna e tem muitas coisas para ver. É muito verde. A igreja da fotografia fica numa praça no centro. Hoje à tarde vamos a uma sauna. Amanhã vamos alugar um carro e vamos aos lagos. Voltamos para Lisboa na terça.

Beijinhos e saudades,

Mafalda e Eduardo

Fátima Fernandes

Rua da Rosa, 23, 1.º Esq.

1300-213 Lisboa

PORTUGAL

J. Imagine que está de férias. Escolha um colega da sua turma e escreva um postal para ele.

TRAZ UMA GARRAFA DE VINHO PARA MIM!

B11 🔊 **K. Ouça e leia o diálogo. Sabe qual é a diferença no uso de *trazer* e *levar*?**

A: Joana, vens jantar cá hoje à noite?

B: Sim, Miguel, vou.

A: Ótimo. Podes trazer o vinho?

B: Claro. Levo duas garrafas.

➤➤➤ VÁ À **GRAMÁTICA** NA PÁGINA 139 E FAÇA OS EXERCÍCIOS A E B.

B12 🔊 **L. Ouça os diálogos e complete com as palavras da caixa.**

| mim comigo si connosco ti contigo |

1
A: Sara, não queres ir _____ ao cinema amanhã?

B: Amanhã? Quero!

2
A: Rodrigo! Podes ir _____ às compras?

B: _____? Agora não posso.

3
A: O que é isto?

B: Isso? É para _____.

A: Para _____? Obrigado!

4
A: Temos que falar!

B: Sobre o quê?

A: Sobre _____. E sobre o seu trabalho.

M. Complete com as formas de preposição + pronome que se encontram nos diálogos do exercício L.

1. com + eu = *comigo*
2. com + tu = _____
3. com + nós = _____
4. para + eu = _____
5. sobre + você = _____
6. para + tu = _____

➤➤➤ VÁ À **GRAMÁTICA** NA PÁGINA 139 E FAÇA OS EXERCÍCIOS C E D.

PRONÚNCIA

B13 🔊 **A. Ouça e repita as palavras com o som [i].**

| igreja livro linha turista colina |

B13 🔊 **B. Ouça e repita as palavras com o som [ĩ].**

| jardim limpo mim simples domingo |

B13 🔊 **C. Ouça os pares de palavras e escreva o número de acordo com a ordem de audição.**

a. si ☐ sim ☐

b. vi ☐ vim ☐

c. ri ☐ rim ☐

Ir + Infinitivo

eu	vou	
tu	vais	
você / ele / ela	vai	beber
nós	vamos	
vocês / eles / elas	vão	

- Para falar sobre o futuro usamos:

  1. Presente do Indicativo: *Amanhã faço uma festa.*

  2. *Ir* + Infinitivo: *Amanhã vou fazer uma festa.*

- Usa-se com *ir* + Infinitivo: *amanhã, depois de amanhã, no próximo mês/sábado/ano, etc.*

Contração de *por* + artigo definido

por + o = pelo	por + os = pelos
por + a = pela	por + as = pelas

Outro

Outro concorda em género e número com o nome (*outra mulher, outro homem*, etc.) e contrai-se com a preposição *em* (*noutro*).

Presente do Indicativo dos verbos *vir* e *perder*

	vir	*perder*
eu	venho	perco
tu	vens	perdes
você / ele / ela	vem	perde
nós	vimos	perdemos
vocês / eles / elas	vêm	perdem

- Usamos o verbo *vir* quando o sujeito da frase se aproxima do falante:
  Ele vem aqui à minha casa hoje à tarde.

- Usamos o verbo *ir* quando o sujeito da frase se afasta ou não se aproxima do falante:
  Vamos ao Algarve! Lá temos as melhores praias!

- Com o verbo *vir* usamos as preposições *a* (permanência curta) e *para* (permanência longa).

Preposições com meios de transporte

ir, vir, andar, voltar, chegar	de (transporte não específico)
	em (transporte específico)

Vou a Faro de carro.

Vou a Faro no carro do meu pai.

A. Complete com *ir* + Infinitivo na forma correta.

1. O que é que vais fazer amanhã? (*tu/fazer*)
2. _____ com a Ana amanhã. (*nós/falar*)
3. _____ com o João. (*eu/encontrar-se*)
4. Eles não _____ neste hotel. (*ficar*)
5. A Rita _____ fora hoje. (*jantar*)

B. Complete com *por* + artigo definido.

1. Onde vais esperar pelo João?
2. Espero _____ comboio das 18h00.
3. Vamos passar _____ cidade do Porto.
4. Temos que esperar _____ malas aqui.

C. Complete com *outro* na forma correta.

1. Quero outra caneta.
2. Não conheço _____ pessoas aqui.
3. Posso ter _____ café?
4. Onde estão os _____ livros?

D. Sublinhe a palavra correta.

1. Queres **ir/vir** ao cinema no sábado?
2. O avião de Barcelona **vai/vem** às 8h30.
3. **Vou/Venho** à casa de banho.
4. Podes **ir/vir** aqui agora?

E. Complete com o verbo na forma correta.

1. Ela nunca vem cá. (*vir*)
2. A que horas _____ para casa? (*tu/vir*)
3. Eles _____ no comboio das 21h30. (*vir*)
4. Nunca _____ as minhas chaves. (*eu/perder*)
5. _____ muito a este café. (*eu/vir*)
6. _____ para casa tarde. (*nós/vir*)

F. Complete com a preposição em falta.

1. Como vais ao Porto? De comboio?
2. Venho _____ avião da TAP.
3. Vou para o trabalho _____ elétrico n.º 15.
4. Posso ir a Évora _____ teu carro?
5. Detesto andar _____ barco.

Presente do Indicativo do verbo *dizer*

	dizer
eu	digo
tu	dizes
você / ele / ela	diz
nós	dizemos
vocês / eles / elas	dizem

Nenhum

Nenhum concorda em género e número com o nome (*nenhuma água, nenhuns livros, nenhum dinheiro, nenhumas revistas*).

Presente do Indicativo do verbo *subir*

	subir
eu	subo
tu	sobes
você / ele / ela	sobe
nós	subimos
vocês / eles / elas	sobem

Presente do Indicativo dos verbos terminados em *-air*

	sair	cair
eu	saio	caio
tu	sais	cais
você / ele / ela	sai	cai
nós	saímos	caímos
vocês / eles / elas	saem	caem

Uso dos verbos *ser* e *estar*

Os verbos *ser* e *estar* podem ser usados com os mesmos adjetivos/advérbios dependendo do contexto:

A água no Atlântico é fria. (normalmente, sempre)

O leite está frio. (agora, neste momento)

A. Complete com o verbo *dizer* na forma correta.

1. Como se diz *voyage* em português?
2. O que é que eles _____?
3. Porque é que não _____ nada? (*tu*)
4. Depois, _____ o que quero. (*eu*)

B. Complete com *ninguém* ou *nenhum* na forma correta.

1. Não tenho dinheiro nenhum.
2. Não está aqui _____.
3. Aqui não há cadeiras _____.
4. Ele não tem amigos _____.
5. _____ tem cinco euros?
6. Não tenho fome _____.

C. Complete com o verbo na forma correta.

1. A Paula sai do escritório às 16h00. (*sair*)
2. Os preços dos hotéis _____ em agosto. (*subir*)
3. _____ do escritório às 16h00. (*eu/sair*)
4. Esse livro _____ sempre para o chão. (*cair*)
5. _____ sempre por esta rua. (*eu/subir*)
6. Os meus pais _____ de casa muito cedo. (*sair*)
7. A que horas _____ da escola? (*tu/sair*)

D. Sublinhe o verbo correto.

1. O meu chá **é/está** frio. Quero outro.
2. A Noruega **é/está** um país frio.
3. **És/Estás** tão vermelho! O que é que tens?
4. O carro da Inês **é/está** vermelho.
5. O mar **é/está** muito calmo hoje.
6. O Rodrigo **é/está** um rapaz calmo.

Presente do Indicativo dos verbos em -ear

	passear
eu	passeio
tu	passeias
você / ele / ela	passeia
nós	passeamos
vocês / eles / elas	passeiam

	planear
eu	planeio
tu	planeias
você / ele / ela	planeia
nós	planeamos
vocês / eles / elas	planeiam

Modo Imperativo informal

	Modo Indicativo 1.ª pessoa singular	Modo Imperativo singular	
		afirmativo	negativo
-ar	(eu) **falo**	Fala!	Não fales!
-er	(eu) **como**	Come!	Não comas!
-ir	(eu) **parto**	Parte!	Não partas!

	Modo Indicativo 1.ª pessoa singular	Modo Imperativo plural	
		afirmativo	negativo
-ar	(eu) **falo**	Falem!	Não falem!
-er	(eu) **como**	Comam!	Não comam!
-ir	(eu) **parto**	Partam!	Não partam!

• Os verbos que terminam com -car, -cer e -gar têm alterações ortográficas:

ficar - Fica! Não fiques! Fiquem! Não fiquem!

descer - Desce! Não desças! Desçam! Não desçam!

pagar - Paga! Não pagues! Paguem! Não paguem!

• O pronome reflexo vem depois do verbo no Imperativo afirmativo e antes do verbo no Imperativo negativo (*Levanta-te! Não te levantes!*).

A. Complete com a forma correta dos verbos *passear* ou *planear*.

1. De manhã passeio sempre com o meu cão. *(eu)*
2. A gente _____ tudo amanhã.
3. Ela, às vezes, _____ à noite.
4. _____ o nosso trabalho à 2ª feira. *(nós)*

B. Complete as frases com o verbo na forma correta do Imperativo singular (tu) ou plural (vocês).

1. Fala com ela! *(tu/falar)*
2. _____ um café! *(vocês/tomar)*
3. _____ aqui! *(tu/escrever)*
4. _____ cedo! *(vocês/levantar-se)*
5. _____ o teu carro! *(tu/limpar)*
6. _____ as luzes! *(vocês/acender)*
7. _____ de trabalho! *(tu/mudar)*
8. _____ esta casa! *(vocês/vender)*

C. Transforme o Imperativo afirmativo em Imperativo negativo.

1. Lava aqueles pratos.

   Não laves aqueles pratos.

2. Aluguem este quarto.

   Não _____.

3. Casa com ela.

   Não _____.

4. Desce as escadas.

   Não _____.

5. Senta-te aqui.

   Não _____.

6. Pensem nisso.

   Não _____.

7. Escolhe os livros.

   Não _____.

Presente do Indicativo do verbo *trazer*

	trazer
eu	trago
tu	trazes
você / ele / ela	traz
nós	trazemos
vocês / eles / elas	trazem

- Usamos o verbo *trazer* quando o sujeito da frase se aproxima do falante:

  Podes trazer a tua mala para aqui?

- Usamos o verbo *levar* quando o sujeito da frase se afasta ou não se aproxima do falante:

  Podes levar isto para ali?

Preposição + pronome pessoal

		para
singular	eu	para mim
	tu	para ti
	você / o senhor	para si
	ele / ela	para ele / ela
plural	nós	para nós
	vocês	para vocês
	os senhores	para os senhores
	as senhoras	para as senhoras
	eles / elas	para eles / elas

		com
singular	eu	comigo
	tu	contigo
	você / o senhor	consigo
	ele / ela	com ele / ela
plural	nós	connosco
	vocês	com vocês
	os senhores	convosco
	as senhoras	convosco
	eles / elas	com eles / elas

- Com todas as outras preposições (*sobre, de, por, em, a*, etc.) as formas são como com *para*.

Atenção: as preposições *de* e *em* contraem-se com os pronomes *ele(s)* e *ela(s)*:

Gosto muito dele.

Penso muito nela.

A. Sublinhe o verbo correto.

1. Quando **levas/trazes** o Rui cá para casa?

2. Vais sair? Podes **levar/trazer** o cão à rua?

3. Podes ir ao supermercado e **levar/trazer** um pacote de manteiga?

4. Pode **levar/trazer** a conta? *(num restaurante)*

5. O senhor vai **levar/trazer** este relógio ou quer ver outro mais barato? *(numa loja)*

B. Complete com o verbo *trazer* na forma correta.

1. O que é que vocês trazem nessa mala?

2. _____ já a conta. *(eu)*

3. Vais à cozinha? Podes _____ o pão?

4. Quando _____ o seu irmão para Portugal? *(você)*

5. _____ sempre muita coisa de Espanha. *(nós)*

C. Complete com a preposição *com* + pronome.

1. Ela preocupa-se muito com vocês. *(vocês)*

2. Estou a falar _____. Estás a ouvir? *(tu)*

3. Ela não pode ir _____. *(você)*

4. Queres ir _____ ao cinema? *(eu)*

5. A minha avó mora _____. *(nós)*

6. Está tudo bem _____? *(os senhores)*

D. Complete com o pronome pessoal.

1. Não vou ao cinema sem ti. *(tu)*

2. Esta casa é boa para _____. *(você)*

3. Porque é que não gostas de _____? *(eu)*

4. Olha para _____! *(eu)*

5. Esta flor não é para _____. *(tu)*

6. Nunca tens tempo para _____. *(ele)*

NA ESTAÇÃO DE COMBOIOS

A. Faça a correspondência entre as colunas.

1. segunda   a. rápido
2. sala   b. de comboios
3. bilhete   c. classe
4. horário   d. de ida e volta
5. comboio   e. de espera

B14))) B. A Sílvia e a Raquel vão ao Porto. Ouça a conversa na estação e responda às perguntas.

1. Que horas são?
2. Quantas noites as amigas vão passar no Porto?
3. A que horas parte o comboio do Porto?
4. Quanto custam os bilhetes?

B14))) C. Leia o diálogo e complete com as palavras que faltam. A seguir, ouça para confirmar.

Funcionário: Diga.

Raquel: A que horas é o _____[1] comboio para o Porto?

Funcionário: Às 7h45.

Raquel: Daqui a 10 minutos! Então, são dois bilhetes em segunda classe, faz favor. Ida e _____[2].

Funcionário: Quando é o regresso?

Raquel: Amanhã. A que horas _____[3] o último comboio para Lisboa?

Funcionário: Às 22h45.

Sílvia: Pode ser esse, sim.

Funcionário: São 94 euros e 40 cêntimos.

Raquel: Faz favor. Qual é a linha?

Funcionário: Parte da linha 6.

Raquel: Obrigada. Sílvia, rápido! Despacha-te! É a carruagem 4, _____[4] 81 e 83.

D. Pratique este diálogo com o seu colega.

A. Corrija as frases como nos exemplos.

1. Vou para casa ~~de~~ pé.   *a*
2. Espera / mim na estação.   *por*
3. Aquele prato é para tu.   _____
4. Vamos mudar casa em agosto.   _____
5. Não te preocupas comigo! Estou bem. _____
6. Não gosto nada de ela.   _____
7. A gente vamos ao cinema.   _____
8. Vou a Évora no carro.   _____
9. Vais ao cinema com nós?   _____
10. Eles veem a Lisboa amanhã.   _____

B. Escreva a palavra que falta.

1. Ela chega *a* Lisboa às 23h15.
2. O comboio _____ Sintra está a partir.
3. Espero _____ ti na estação.
4. Saio _____ casa de manhã muito cedo.
5. Vou a Évora _____ carro do meu irmão.
6. Tem de mudar _____ comboio em Coimbra.
7. Temos que falar _____ o seu trabalho.
8. Estou a entrar _____ comboio.
9. Esta camioneta vem _____ Lisboa.
10. Vou ao Porto _____ camioneta.

C. Complete as letras que faltam nos verbos.

1. Quantas pessoas *visitam* este museu?
2. A minha casa é muito grande. Quero a_ _ _ _ _ um quarto a estudantes.
3. Tu não a_ _ _ _ _ em nada em casa. Faço tudo sozinha!
4. Quero fazer um jantar no sábado e vou c_ _ _ _ _ _ _ a nossa professora.
5. Porque é que tu tens de d_ _ _ _ _ _ _ sempre comigo? Porque é que não fazes o que eu digo?
6. Normalmente, entramos no escritório às 9h00 e s_ _ _ _ _ às 17h00.
7. Vamos v_ _ _ _ _ este carro e comprar outro mais pequeno. Este é muito grande.
8. Temos de nos d_ _ _ _ _ _ _ _! Rápido!

D. Assinale a palavra que não pertence ao grupo.

1. (igreja)   quarto   cozinha   entrada
2. prédio   moradia   chuveiro   edifício
3. tapete   garagem   candeeiro   sofá
4. garfo   colher   faca   manteiga
5. fogão   forno   banheira   frigorífico
6. camioneta   elétrico   autocarro   paragem

E. Complete as letras que faltam nas palavras.

1. A televisão está na sala de estar.
2. A esta hora nunca apanhamos t_ _ _ _ _ _o.
3. A casa tem um t_ _ _ _ _o com vista para o rio.
4. A cozinha não tem máquina de lavar r_ _ _a.
5. Trabalho numa agência i_ _ _ _ _ _ _ _ _a.
6. Quantas a_ _ _ _ _ _ _ _ _s tem esta casa?
7. Bebo um c_ _o de vinho tinto todos os dias.
8. Este hotel é o e_ _ _ _ _ _o mais alto da cidade.
9. Esta rua não tem trânsito nenhum.
   É muito t_ _ _ _ _ _ _a.

F. Escreva o adjetivo oposto.

1. bem-educado   *mal-educado*
2. confortável   _____
3. rápido   _____
4. seco   _____
5. seguro   _____
6. limpo   _____

B15)) G. Ouça as frases e sublinhe a resposta correta.

1. a. Com o Paulo.   b. De carro.
2. a. Desculpa!   b. De nada.
3. a. Está bem!   b. Fica bem!
4. a. Que bonito!   b. Boa sorte.
5. a. Quero.   b. Tanto faz.

B16)) H. Ouça os diálogos e escolha a opção correta.

1. A casa
   a. é grande.
   b. tem muitas divisões.
   b. tem muito espaço.

2. Os amigos
   a. vão ao Museu dos Transportes.
   b. vão ao Museu de Arte Moderna.
   c. não vão a museu nenhum.

I. Assinale a palavra que tem o som nasal.

1. elétrico   entrada   estragar
2. subir   jardim   vista
3. vai   vir   vem

J. Leia o texto sobre o Museu dos Transportes e responda às perguntas abaixo.

O Museu dos Transportes é o melhor lugar para conhecer a história dos transportes da cidade de Lisboa. O museu, que fica no bairro de Alcântara, tem duas secções. Os visitantes viajam entre a primeira e a segunda secção num elétrico histórico que faz lembrar a Lisboa antiga. Na segunda secção, as pessoas podem ver todos os tipos de autocarros e elétricos que andam pelas ruas da cidade.

1. Onde é o Museu dos Transportes?
2. O que é que os visitantes podem conhecer neste museu?
3. Quantas secções tem o museu?
4. Como é que os visitantes viajam entre as secções do museu?
5. O que é que os visitantes podem ver na segunda secção?

VISTO PARA AS UNIDADES 25-28

O PORTADOR DESTE MANUAL JÁ SABE:

- FAZER PLANOS
- FALAR SOBRE MEIOS DE TRANSPORTE
- LER ANÚNCIOS IMOBILIÁRIOS
- FALAR SOBRE HABITAÇÃO
- LER INFORMAÇÃO TURÍSTICA
- ESCREVER UM POSTAL

E TEM DIREITO A PROSSEGUIR PARA AS UNIDADES 25-28

PASSAPORTE PARA PORTUGUÊS<<<<<<<<<<<<<<<<<
NÍVEIS A1/A2<<<<<<<<<<<<<<<<<<<<<<<<<

COMUNICAÇÃO	VOCABULÁRIO	PRONÚNCIA	GRAMÁTICA
interagir nos serviços de utilidade pública, dar e pedir direções	serviços de utilidade pública, orientação na cidade	vogais duplas, som [e], formas do imperativo	**pedir** e **seguir**, imperativo formal dos verbos regulares e de **ir**

QUER MANDAR ESTA CARTA EM CORREIO AZUL?

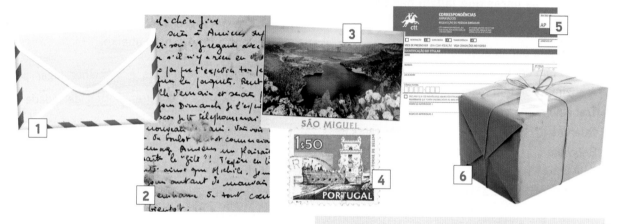

A. A que espaço associa as fotografias acima? Sublinhe o nome do espaço certo abaixo.

banco   esquadra de polícia

correios   hospital

câmara municipal   restaurante

B. Faça a correspondência entre as fotografias acima e as palavras abaixo.

☐ postal   ☐ encomenda

☐ impresso   ☐ selo

☐ envelope   ☐ carta

B17))) **C.** Ouça o diálogo nos correios. O que é que o cliente compra? Para onde é que ele quer mandar a encomenda e a carta?

D. Pratique este diálogo com o seu colega.

> **IMPORTANTE!**
> enviar = mandar

QUAL É O NÚMERO DA SUA CONTA?

E. Faça a correspondência entre as colunas.

1. abrir   a. dinheiro no multibanco
2. depositar   b. um cartão de crédito
3. fazer   c. euros por dólares
4. pedir   d. o impresso
5. preencher   e. dinheiro
6. levantar   f. uma conta
7. trocar   g. uma transferência

B18)) **F.** Leia as frases abaixo. Faça a correspondência entre as perguntas/pedidos do cliente do banco e as respostas do funcionário. Ouça para confirmar.

cliente

1. O que é que tenho que fazer para abrir uma conta?

2. Como posso fazer uma transferência para o estrangeiro?

3. Queria depositar este dinheiro na minha conta.

funcionário

a. Com certeza. Qual é o número da conta?

b. Tem que preencher um formulário e trazer o seu B.I.

c. Tem de preencher este impresso e assinar aqui.

G. Faça estas perguntas ao seu colega.

1. Tens conta no banco? É um banco português?

2. Usas frequentemente cartões de crédito ou de multibanco? Tens muitos?

3. Quando estás no estrangeiro, levantas dinheiro no multibanco ou trocas dinheiro que levas contigo?

SABE ONDE É A EMBAIXADA DA NORUEGA?

H. Faça a correspondência entre as imagens e as expressões.

☐ seguir/ir em frente	☐ virar à direita ☐ virar à esquerda ☐ parar na esquina
☐ atravessar a rua	8 ~~ir até ao fim da rua~~ ☐ passar o semáforo ☐ ir ao longo do rio

▶▶▶ VÁ À **GRAMÁTICA** NA PÁGINA 158 E FAÇA O EXERCÍCIO A.

B19)) **I.** O Piotr quer visitar o Oceanário de Lisboa, mas não sabe como lá chegar. Leia as frases abaixo. A seguir, ouça a conversa telefónica do Piotr com o funcionário do Oceanário. As frases abaixo são verdadeiras ou falsas? Assinale.

1. O Piotr está perdido.　　　　　　　　　　　　☐ V ☐ F

2. O Piotr tem de mudar de linha de metro.　　　☐ V ☐ F

3. O Oceanário fica atrás do Pavilhão do Conhecimento.　☐ V ☐ F

4. O Piotr vai ter pouco tempo para ver o Oceanário.　☐ V ☐ F

5. No fim, o Piotr muda de planos.　　　　　　　☐ V ☐ F

© Lidel – Edições Técnicas, Lda.

B19)) **J. Leia e ouça o diálogo outra vez. A seguir, olhe para os verbos destacados no texto. Estão no Indicativo ou no Imperativo?**

Oceanário: Oceanário de Lisboa, boa tarde.

Piotr: Boa tarde. Queria saber como chego ao Oceanário.

Oceanário: O senhor está onde, agora?

Piotr: Estou um bocado perdido. Estou na estação de metro Baixa-Chiado.

Oceanário: Então, apanhe a linha verde e saia na Alameda.

Piotr: Alameda?

Oceanário: Sim, é a estação de metro que se chama Alameda. Na Alameda, mude para a linha vermelha e vá até à estação do Oriente. Saia da estação e vá para o centro comercial Vasco da Gama.

Piotr: Centro comercial?

Oceanário: Sim, entre no centro, atravesse todo o centro e saia do outro lado. Depois de sair, vire à direita.

Piotr: À direita?

Oceanário: Sim. Siga até ver um edifício grande, que é o Pavilhão do Conhecimento. Logo antes do Pavilhão, vire à esquerda e depois já vai ver o Oceanário à sua esquerda.

Piotr: Muito obrigado pela informação.

Oceanário: De nada. Mas olhe, despache-se porque daqui a uma hora e meia vamos fechar.

Piotr: Já? Então, se calhar, vou amanhã.

Oceanário: Pois, acho que é melhor. Venha mais cedo. Há muita coisa para ver aqui.

Piotr: Obrigado e até amanhã então.

▶▶▶ VÁ À **GRAMÁTICA** NA PÁGINA 158 E FAÇA O EXERCÍCIO B.

K. Olhe para os percursos e complete as indicações abaixo usando as expressões da caixa. Use os verbos no Imperativo.

---

passar o cruzamento / contornar a rotunda / virar à direita

ir até ao fim da rua / virar na segunda à direita / virar na segunda à esquerda

---

A
1. Siga em frente.
2. _____
3. _____

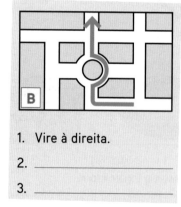

B
1. Vire à direita.
2. _____
3. _____

C
1. Vire à esquerda.
2. _____
3. _____

L. Complete o texto com as preposições que faltam.

Para chegar à[1] estação de comboios, vá _____[2] frente por aquela rua, vire _____[3] segunda _____[4] esquerda, atravesse a praça e, a seguir, vire na Rua da Boavista e vá _____[5] longo da linha de comboio _____[6] ver um edifício azul _____[7] sua direita. É a estação.

B20 🔊 **M.** Leia e ouça os diálogos. Encontre e corrija as diferenças entre os textos abaixo e as gravações.

1
A: Desculpe! Sabe onde é a Embaixada da Noruega?
B: Sei. Suba esta rua e vire à direita. É logo na esquina.
A: Obrigada!

2
A: Desculpe! Há aqui perto um multibanco?
B: Há. Do outro lado da rua, ao lado da loja chinesa.
A: Aquele não funciona. Está avariado.
B: Então, não sei. Desculpe.

3
A: Desculpe! A casa de banho é onde?
B: Em baixo. Tem de descer as escadas e virar à esquerda.

N. Faça estas perguntas ao seu colega.

1. Onde é o banco mais próximo? Como é que vou para lá?

2. Onde é a casa de banho?

3. Há um café aqui por perto? Onde?

4. Onde é a paragem de autocarro mais próxima? Como é que vou para lá?

PRONÚNCIA

B21 🔊 **A.** Ouça e repita as palavras com vogais duplas.

candeeiro preencho compreendo álcool voo

B21 🔊 **C.** Ouça e repita as palavras com a letra ê.

transferência silêncio agência
mês português cêntimo

B21 🔊 **B.** Ouça e repita os verbos. Preste atenção à pronúncia correta das vogais destacadas.

para - pare   vira - vire   trata - trate
come - coma   bebe - beba   abre - abra

B21 🔊 **D.** Ouça e repita os verbos terminados em -er.

fazer trazer vender dizer perder

COMUNICAÇÃO	VOCABULÁRIO	PRONÚNCIA	GRAMÁTICA
falar sobre atividades turísticas, ler uma receita culinária	experiências e atividades turísticas, receitas culinárias	sons [e] e [ɛ]	**descobrir**, **servir**, **sentir-se** e **conseguir**, locuções conjuncionais

COISAS A NÃO PERDER!

A. Faça a correspondência entre as palavras/expressões e as fotografias. A que países ou cidades associa estas fotografias?

☐ caves de vinho	☐ azulejos	☐ elevador	☐ água de coco
☐ francesinha	☐ teleférico	☐ fado	☐ calçada portuguesa

B. Olhe para os dois grupos de verbos nas caixas abaixo e sublinhe os que não conhece. Verifique o seu significado no glossário ou pergunte ao seu colega. A seguir, leia as sugestões para turistas sobre coisas a não perder no Porto e no Rio de Janeiro. Complete as frases com o Imperativo dos verbos das caixas.

A NÃO PERDER NO RIO DE JANEIRO

beber
assistir
~~admirar~~
divertir-se
explorar

1. Admire a vista do Pão de Açúcar.
2. _____ o Parque Nacional da Tijuca.
3. _____ com os cariocas na praia.
4. _____ água de coco.
5. _____ a um jogo de futebol.

A NÃO PERDER NO PORTO

visitar
~~descobrir~~
atravessar
fazer
provar

1. Descubra a beleza dos azulejos.
2. _____ um cruzeiro no Rio Douro.
3. _____ uma francesinha.
4. _____ a Ponte D. Luís.
5. _____ as caves do vinho do Porto.

B22 🔊 **C.** Ouça uma brasileira e um português a falar sobre coisas a não perder nas cidades deles para confirmar as suas respostas no exercício B.

D. Leia o texto com as sugestões sobre coisas a não perder em Lisboa. Complete com os verbos da caixa na forma do Imperativo.

ouvir	perder-se	apanhar	viver	esquecer-se

Tiago: Cinco coisas a não perder em Lisboa? Primeiro, _____[1] o famoso elétrico 28 e atravesse o centro histórico da cidade. Depois, vá a Alfama e _____[2] nas ruas do bairro mais antigo de Lisboa. Não _____[3] de olhar para os passeios em Lisboa: a calçada portuguesa é muito bonita. A seguir, _____[4] o fado numa casa de fado. Finalmente, _____[5] a noite lisboeta no Bairro Alto e no Cais do Sodré.

E. Onde pode ter estas experiências? Complete com o nome da cidade e o verbo no Imperativo.

Istambul	Roma	Praga	Estocolmo	~~Havana~~	Buenos Aires

1. Em Havana, beba um *mojito*. *(beber)*
2. Em _____, _____ o bar de gelo. *(visitar)*
3. Em _____, _____ pela Ponte Carlos. *(passear)*
4. Em _____, _____ o tango. *(dançar)*
5. Em _____, _____ compras no Grande Bazar. *(fazer)*
6. Em _____, _____ o Papa. *(ver)*

F. Faça uma lista de cinco coisas a não perder na sua cidade/na capital do seu país.

A não perder em _____:

1. _____
2. _____
3. _____
4. _____
5. _____

G. Use a lista que fez no exercício F para escrever um texto com as sugestões sobre coisas a não perder na sua cidade/na capital do seu país. Use as expressões *primeiro*, *a seguir*, *depois* e *finalmente*.

COMO FAZER UMA FRANCESINHA?

H. Faça a correspondência entre os verbos e as fotografias.

☐ misturar ☐ servir ☐ cozer ☐ tapar ☐ 3 juntar

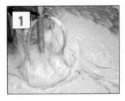    

I. Leia o texto sobre a francesinha. O que é que acha sobre este prato?

A francesinha é uma sandes. Mas é uma sandes muito diferente das outras. Com muita carne e molho de cerveja, a francesinha é uma das dez melhores sandes do mundo. Algumas pessoas servem a francesinha com batatas fritas e um ovo em cima. Não é, de certeza, um prato saudável, mas é muito saboroso!

IMPORTANTE!
★ ★ ★
colocar o prato no forno
= pôr o prato no forno

J. Leia a lista dos ingredientes necessários para fazer uma francesinha. É difícil encontrar algum destes ingredientes no seu país?

INGREDIENTES:

2 fatias de pão

Carne assada

Bacon

Salsichas

2 fatias de fiambre

2 fatias de queijo

PARA O MOLHO:

1 cerveja

Meio copo de leite

Meio copo de sumo de tomate

3 colheres de azeite

Um pouco de vinho do Porto

K. Leia a receita para fazer uma francesinha. Complete-a com os verbos na forma do Imperativo formal singular.

Primeiro, *faça*[1] o molho: *(fazer)*

✓ _____[2] a cerveja, o leite, o sumo de tomate, o azeite e o vinho. *(juntar)*

✓ _____[3] bem. *(misturar)*

✓ _____[4] tudo durante 30 minutos. *(cozer)*

A seguir, _____[5] **a sandes:** *(preparar)*

✓ _____[6] uma fatia de pão num prato. *(colocar)*

✓ _____[7] a carne assada em cima do pão. *(pôr)*

✓ _____[8] o fiambre, as salsichas e o *bacon* em cima da carne. *(pôr)*

✓ _____[9] tudo com a outra fatia do pão. *(tapar)*

✓ _____[10] o queijo em cima. *(pôr)*

✓ _____[11] o molho. *(pôr)*

✓ _____[12] o prato com a francesinha no forno durante 2 minutos. *(colocar)*

✓ _____[13] com uma Super Bock. *(servir)*

Bom apetite!

L. Trabalhe em pares. Invente a receita de uma sandes tão rica e interessante como a francesinha. Escreva todos os ingredientes e o modo de preparação.

M. O Hugo e o Ricardo estão no Porto. Leia os diálogos e ponha-os por ordem de acordo com os acontecimentos. Onde se passam estes diálogos? Num supermercado? Numa pastelaria? Ou num hotel?

Ricardo: Não me sinto muito bem.
Hugo: A sério? Mas o que é que tens?
Ricardo: Acho que é por causa daquela francesinha.
Hugo: Vou pedir uma água com gás. Vais sentir-te melhor!

A ☐

Ricardo: Acho que não consigo comer isto.
Hugo: Não consegues? Porquê?
Ricardo: Porque é muito grande. Queres um bocado? É bom!
Hugo: Não, obrigado. Não tenho fome nenhuma.

B ☐

Ricardo: Achas que aqui servem francesinhas?
Hugo: Acho que sim. Mas vais pedir uma francesinha ao pequeno-almoço?
Ricardo: Porque não? Estamos no Porto, por isso tenho de comer uma.

C ☐

▶▶▶ VÁ À **GRAMÁTICA** NA PÁGINA 158 E FAÇA O EXERCÍCIO C.

N. Olhe para as palavras/expressões destacadas nos diálogos. Sabe o que significam? Use-as para completar as frases abaixo.

1. O Ricardo tem fome, *por isso* quer comer uma francesinha.

2. O Ricardo quer comer uma francesinha _____ tem fome.

3. O Ricardo sente-se mal _____ da francesinha.

4. Fico em casa hoje à noite _____ quero ver um jogo.

5. Quero ver um jogo, _____ fico em casa hoje à noite.

6. Fico em casa hoje à noite _____ do jogo de futebol.

7. Tenho problemas na escola _____ da matemática.

8. Tenho problemas na escola _____ não gosto de estudar.

9. Não gosto de estudar, _____ tenho problemas na escola.

▶▶▶ VÁ ÀS **ATIVIDADES DE COMUNICAÇÃO**
NA PÁGINA 232 (A) OU 242 (B) E FAÇA O EXERCÍCIO 16.

PRONÚNCIA

B23 🔊 **A.** Ouça e repita as palavras com o som [ɛ].

| prédio elétrico crédito café médico |

B23 🔊 **B.** Leia as palavras e sublinhe todas as que têm o som [ɛ]. A seguir, ouça para confirmar.

| sê sé vê lê dê fé quê pé Zé |

B23 🔊 **C.** Ouça os pares de palavras e escreva o número de acordo com a ordem de audição.

a. sê ☐   sé ☐

b. dê ☐   de ☐

c. quê ☐   que ☐

UNIDADE   DEVES ESTUDAR MAIS

27

COMUNICAÇÃO	VOCABULÁRIO	PRONÚNCIA	GRAMÁTICA
dar conselhos, expressar probabilidade, falar sobre práticas culturais	tarefas domésticas, práticas culturais	sons [e] e [ɛ], letras **b** e **p**	**dever** e **dar**, imperativo irregular, complemento indireto e direto, advérbios

GOSTAS DE PASSAR A FERRO?

A. Faça a correspondência entre as tarefas domésticas e as fotografias.

☐ aspirar   ☐ passar a ferro   ☐ pôr o lixo na rua   ☐ lavar a roupa   ☐ lavar a louça   ☐ arrumar o quarto

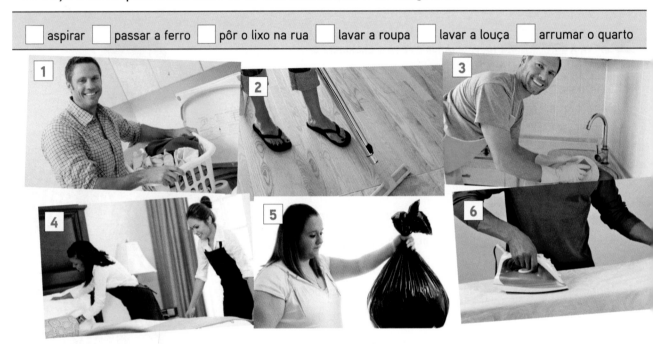

B. Pergunte ao seu colega se faz tarefas domésticas. De quais é que gosta e de quais é que não gosta?

DEVO ESTAR DOENTE.

B24 🔊 **C.** Ouça os diálogos. Qual deles é entre duas irmãs e qual é entre mãe e filha?

B24 🔊 **D.** Leia e ouça os diálogos mais uma vez. Complete com as palavras que faltam.

1

A: O que é que estás a fazer na cama a esta hora?

B: Não me sinto bem hoje. _____¹ estar doente.

A: Doente? Doente de quê? _____² passar menos tempo em frente ao computador e mais na escola. Vai para a escola já!

B: Agora? Já é tarde. _____³ ser dez ou onze horas!

2

A: A Andreia não faz nada em casa, não achas?

B: É verdade. Ela _____⁴ ajudar mais nas tarefas domésticas. Não aspira, não passa a ferro, não põe o lixo na rua... Somos sempre nós!

A: Onde é que ela está agora? Com a mãe?

B: Claro que não. _____⁵ estar na praia com os amigos.

E. Observe nos diálogos do exercício D o uso das formas do verbo *dever*. Quais delas podem ser substituídas por *ter de*? Sublinhe-as.

▶▶▶ VÁ À GRAMÁTICA NA PÁGINA 159 E FAÇA O EXERCÍCIO A.

F. Olhe para as imagens. O que é que as pessoas nas imagens (não) devem fazer? Complete as frases abaixo usando o verbo *dever* e as expressões da caixa.

> ~~comprar menos livros~~ / limpar a cozinha / falar tanto ao telemóvel
>
> fumar tanto / falar menos / ir ao médico

1. O André *deve comprar menos livros.*

2. O Jorge _____
_____

3. O Marco _____
_____

4. A Rita _____
_____

5. A Sara _____
_____

6. O Vasco _____
_____

G. Faça uma lista de coisas que deve e que não deve fazer. Compare com as dos seus colegas.

1. Devo _____

2. Devo _____

3. Não devo _____

4. Não devo _____

▶▶▶ VÁ ÀS ATIVIDADES DE COMUNICAÇÃO NA PÁGINA 233 (A) OU 242 (B) E FAÇA O EXERCÍCIO 17.

H. Observe o exemplo e complete as frases.

1. Ela, provavelmente, está na praia.　　Ela *deve estar* na praia.

2. O Afonso, provavelmente, está no trabalho.　　O Afonso _____.

3. Eles, _____.　　Eles devem estar perdidos.

4. Hoje, no Porto, provavelmente, está frio.　　_____.

5. Provavelmente, não vais gostar deste filme.　　_____.

6. Ele, _____.　　Ele deve querer ficar em casa.

O QUE É QUE NÃO DEVO FAZER EM PORTUGAL?

I. Olhe para as fotografias. O que é que estas pessoas estão a fazer? Porque é que estão a fazê-lo de maneiras diferentes?

J. Leia o texto.

Quando visitamos ou vamos viver noutro país, temos que conhecer os costumes das pessoas que lá vivem. Muito frequentemente, o que é normal na cultura e no país em que vivemos não é normal num país e numa cultura diferente da nossa. Leia o que não devemos fazer quando estamos em Portugal ou entre os portugueses.

1. Não tire os sapatos na casa de alguém.
2. Não dê flores amarelas a uma amiga/namorada.
3. Não escreva a vermelho.
4. Não chegue a casa de alguém antes da hora marcada.
5. Não brinde com água.
6. Não coma com a mão esquerda.
7. Não feche a porta sem dizer *Com licença*.

B25))) **K.** Duas frases na caixa acima são falsas – não se referem a Portugal. Sabe quais são? Sublinhe-as. A seguir, ouça o texto para confirmar.

L. Como é no seu país? Escreva o que um estrangeiro não deve fazer no seu país.

1. Não _____ 2. Não _____

▶▶▶ VÁ À GRAMÁTICA NA PÁGINA 159 E FAÇA OS EXERCÍCIOS B E C.

A QUEM VAIS DAR ESTAS FLORES?

M. Leia as frases. Olhe para as partes das frases que foram sublinhadas. Sabe qual é a diferença entre as partes das frases sublinhadas a <u>azul</u> e a <u>cor de laranja</u>?

1. Vejo <u>as árvores</u>.
2. Bebo <u>leite</u>.
3. Visito <u>o João</u>.
4. Ajudo <u>o meu amigo</u>.
5. Digo <u>isto</u> <u>ao professor</u>.
6. Mando <u>o livro</u> <u>à Sara</u>.
7. Dou <u>as flores</u> <u>à minha mãe</u>.
8. Recomendo <u>um bar</u> <u>a um turista</u>.

N. Complete as frases com as palavras entre parêntesis.

1. O Jorge está a dar *comida ao gato.* (comida/o gato)
2. Vou vender _____. (esta casa/o teu filho)
3. Ele nunca dá _____. (dinheiro/ninguém)
4. Quando vais dizer _____? (isso/a Rita)
5. Não te esqueças de levar _____. (as chaves/o Sr. Costa)
6. O empregado serve _____. (as refeições/os clientes)
7. O aluno escreve _____. (uma carta/o professor)

➤➤➤ VÁ À **GRAMÁTICA** NA PÁGINA 159 E FAÇA O EXERCÍCIO D.

PORQUE É QUE ESTÁS A FALAR TÃO ALTO?

O. Olhe para as fotografias e complete as frases com os advérbios da caixa. A que adjetivos correspondem estes advérbios?

rápido   alto   devagar   baixo

> Porque é que ela tem de falar tão _____[1]?

> Não consigo andar mais _____[2].

> Não achas que deves andar mais _____[3]?

> Não ouço nada. Estás a falar muito _____[4].

PRONÚNCIA

B26))) **A.** Ouça e repita as palavras com o som [e].

mesa   preço   cinema   vez   caneta

B26))) **B.** Ouça e repita as palavras com o som [ɛ].

neto   perto   janela   metro   amarelo

B26))) **C.** Ouça e sublinhe todas as palavras com o som [ɛ].

festa   preto   chefe   verde   gelo   mulher

B26))) **D.** Ouça e repita as palavras com a letra *b*.

banco   abrir   bilhete   subir   beijo

B26))) **E.** Ouça e repita as palavras com a letra *p*.

passar   rápido   mapa   pedir   espera

B26))) **F.** Ouça os pares de palavras e escreva o número de acordo com a ordem de audição.

a. rouba ☐   roupa ☐
b. bar ☐   par ☐
c. Berna ☐   perna ☐

COMUNICAÇÃO
descrever carácter,
descrever clima,
falar sobre tempo
meteorológico

VOCABULÁRIO
adjetivos de carácter,
estações do ano,
tempo meteorológico,
clima,
pontos cardeais

PRONÚNCIA
acento,
ditongos [ew] e [ɛw],
som [õ]

GRAMÁTICA
superlativo
absoluto

ÉS UMA PESSOA ROMÂNTICA?

A. Complete as frases com os adjetivos da caixa na forma correta.

~~calado~~ desarrumado indeciso falador impaciente preguiçoso sociável trabalhador

Uma pessoa...

1. calada não fala muito.
2. _____ não gosta de trabalhar.
3. _____ trabalha muito.
4. _____ adora estar com pessoas.

Uma pessoa...

5. _____ não gosta de esperar.
6. _____ não sabe o que deve fazer.
7. _____ não sabe arrumar coisas.
8. _____ fala muito.

B. Olhe para as imagens abaixo e sublinhe o adjetivo correto.

1. teimoso / inteligente / romântico
2. teimoso / organizado / bem-disposto
3. organizado / bem-disposto / tímido
4. bem-disposto / inteligente / tímido
5. romântico / teimoso / inteligente
6. organizado / bem-disposto / romântico

C. Dos adjetivos da página anterior, escolha e escreva três positivos (bons) e três negativos (maus).

Bons:

1. _____

2. _____

3. _____

Maus:

1. _____

2. _____

3. _____

D. Como é que você é? Escolha e escreva três adjetivos sobre si em cada coluna.

Sou...

1. _____

2. _____

3. _____

Não sou...

1. _____

2. _____

3. _____

NUNCA MAIS CHEGA O VERÃO!

E. Como são as estações do ano em Portugal? Faça a correspondência entre os meses e as estações. A seguir, assinale com ✓ a sua estação do ano preferida.

1. dezembro, janeiro, fevereiro

2. março, abril, maio

3. junho, julho, agosto

4. setembro, outubro, novembro

a. a primavera

b. o outono

c. o inverno

d. o verão

F. Olhe para as fotografias das quatro estações do ano em Portugal. Escreva os nomes das estações.

1. _____ 2. _____ 3. _____ 4. _____

G. No seu país, as estações correspondem aos mesmos meses que em Portugal?

QUAL É A SUA ESTAÇÃO DO ANO PREFERIDA?

B27 🔊 **H.** Ouça o programa de rádio no qual a jornalista Clara Correia fala com o psicólogo José Amaral sobre as estações do ano e o carácter das pessoas. Qual é a estação do ano preferida da jornalista e do José Amaral?

B27 🔊 **I.** Ouça outra vez o programa de rádio e preencha o quadro abaixo com os adjetivos que faltam.

OUTONO			teimoso
INVERNO	organizado		
PRIMAVERA		simpático	
VERÃO			impaciente

J. Olhe para os adjetivos que escolheu para se descrever a si próprio no exercício D e a estação do ano que assinalou no exercício E. O resultado está de acordo com a opinião do psicólogo?

COMO É QUE ESTÁ O TEMPO?

K. Faça a correspondência entre as frases e as fotografias.

☐ Está a nevar. ☐ Está a chover. ☐ Faz/Está calor. ☐ Faz/Está frio.

☐ Há/Está vento. ☐ Está sol. ☐ O céu está com nuvens. ☐ Há/Está nevoeiro.

B28))) L. Ouça os diálogos. Como é que está o tempo em cada um deles?

B28))) M. Leia as frases e ouça os diálogos mais uma vez. As frases são verdadeiras ou falsas? Assinale.

1. No diálogo 1 as pessoas vão tomar banho no mar. ☐ V ☐ F

2. No diálogo 2 as pessoas vão ficar em casa. ☐ V ☐ F

3. No diálogo 3 as pessoas não gostam de neve. ☐ V ☐ F

N. Leia a frase abaixo e sublinhe a opção correta.

A água está quentíssima significa que...

1. ... a água está quente.   2. ... a água não está muito quente.   3. ... a água está muito quente.

▶▶▶ VÁ À GRAMÁTICA NA PÁGINA 159 E FAÇA O EXERCÍCIO E.

O. Leia o que quatro pessoas dizem sobre o clima nas cidades delas. Que cidades são? Faça a correspondência entre a cidade e o texto.

☐ Cairo ☐ Lisboa ☐ Rio de Janeiro ☐ Pequim

1 Na minha cidade os verões são muito quentes e húmidos. As temperaturas em julho, agosto e setembro são de 30 °C. Os invernos são frios, secos e com temperaturas abaixo de zero. Todos os invernos temos um pouco de neve.

2 A minha cidade tem um clima bastante agradável. Os verões são secos e quentes. Nos meses de verão chove muito pouco. Os invernos são húmidos, com muita chuva, mas não são muito frios. A temperatura média em janeiro é de 10 °C.

3

Na minha cidade faz calor todo o ano. Janeiro e fevereiro são os meses mais quentes, com 30 °C. O mês mais frio é julho, com uma temperatura média de 23 °C. De dezembro a abril chove muito.

4

Na minha cidade chove muito pouco. O calor no verão pode ser muito desagradável. As temperaturas acima dos 30 °C são normais de março a setembro. Nos meses mais frios, em dezembro e janeiro, a temperatura é de 20 °C.

P. Fale com o seu colega sobre o clima na cidade/região dele.

> Como é que é o clima na tua cidade?

> Na minha cidade...

Q. Olhe para o mapa à direita e complete as frases com *norte, sul, este* ou *oeste*.

1. Vila Real fica no _____ de Portugal.
2. Viseu fica a _____ de Aveiro.
3. Faro fica no _____ de Portugal.
4. Lisboa fica a _____ de Évora.

➤➤➤ VÁ ÀS ▰ ATIVIDADES DE COMUNICAÇÃO ▰
NA PÁGINA 233 (A) OU 243 (B) E FAÇA O EXERCÍCIO 18.

PRONÚNCIA

B29))) **A.** Ouça e repita as palavras com o ditongo [ew].

eu seu meus museu adeus

B29))) **B.** Ouça e repita as palavras com o ditongo [ɛw].

céu chapéu

B29))) **C.** Ouça e repita as palavras com [õ].

som onde conta longe compra

B29))) **D.** Ouça e repita as palavras. Preste atenção à sílaba acentuada.

quentíssimo lindíssimo altíssimo
interessantíssimo caríssimo

Presente do Indicativo dos verbos *pedir* e *seguir*

	pedir	*seguir*
eu	peço	sigo
tu	pedes	segues
você / ele / ela	pede	segue
nós	pedimos	seguimos
vocês / eles / elas	pedem	seguem

Modo Imperativo formal

	Indicativo 1.ª pessoa singular	Imperativo singular	
		afirmativo	negativo
-ar	(eu) **falo**	Fale!	Não fale!
-er	(eu) **como**	Coma!	Não coma!
-ir	(eu) **parto**	Parta!	Não parta!

O modo imperativo formal plural é igual ao informal.

Modo Imperativo do verbo *ir*

Imperativo informal singular		Imperativo formal singular	Imperativo plural
afirmativo	negativo		
Vai!	Não vás!	(Não) Vá!	(Não) Vão!

Presente do Indicativo dos verbos *descobrir*, *servir* e *sentir-se*

	descobrir	*servir*	*sentir-se*
eu	descubro	sirvo	sinto-me
tu	descobres	serves	sentes-te
você / / ele / / ela	descobre	serve	sente-se
nós	descobrimos	servimos	sentimo-nos
vocês / / eles / / elas	descobrem	servem	sentem-se

O verbo *conseguir* conjuga-se como *seguir*.

A. Complete com o verbo na forma correta.

1. Tu nunca pedes ajuda para nada! *(pedir)*
2. _____ muita desculpa! *(eu/pedir)*
3. O que é que vais _____ para comer? *(pedir)*
4. Eu _____ por esta rua e tu _____ por aquela. *(seguir)*

B. Transforme o Imperativo informal em Imperativo formal.

1. Pede ajuda!   *Peça ajuda!*
2. Apanha o barco! _____
3. Traz um lápis! _____
4. Vem cá! _____
5. Sobe esta rua! _____
6. Vai ao mercado! _____
7. Segue em frente! _____
8. Desce as escadas! _____
9. Pede outro café! _____
10. Põe isso aqui! _____
11. Muda de roupa! _____
12. Olha para mim! _____
13. Entra aqui! _____

C. Complete com o verbo na forma correta.

1. Ela não consegue pôr o carro aqui. *(conseguir)*
2. Como é que _____? *(você/sentir-se)*
3. Não _____ carne. *(nós/servir)*
4. Não _____ falar com o Miguel. *(eu/conseguir)*
5. Vocês _____ bem? *(sentir-se)*
6. _____ muito mal. *(eu/sentir-se)*
7. Tu _____ sempre coisas interessantes. *(descobrir)*

Uso do verbo *dever*

Usamos o verbo *dever* para expressar probabilidade (*O comboio deve estar a chegar*) ou obrigação/ /conselhos (*Deves estudar mais*).

Presente do Indicativo do verbo *dar*

	dar
eu	dou
tu	dás
você / ele / ela	dá
nós	damos
vocês / eles / elas	dão

Modo Imperativo dos verbos *ser*, *estar* e *dar*

Imperativo informal singular		Imperativo formal singular	Imperativo plural
afirmativo	negativo		
Sê!	Não sejas!	(Não) Seja!	(Não) Sejam!
Está!	Não estejas!	(Não) Esteja!	(Não) Estejam!
Dá!	Não dês!	(Não) Dê!	(Não) Deem!

Complemento indireto e direto

O complemento indireto é introduzido pela preposição *a* (*Dou as chaves ao meu pai*). O complemento direto não tem preposição (*Vejo o João*).

Superlativo absoluto dos adjetivos

regular	barato	baratíssimo
	interessante	interessantíssimo
irregular	bom	ótimo
	mau	péssimo
	fácil	facílimo
	difícil	dificílimo

A. Complete com a forma correta do verbo *dever*.

1. Não deves trabalhar tanto. (*tu*)
2. _____ esperar por ele. (*nós*)
3. A gente _____ falar com o chefe.
4. Não _____ comer isto. (*eu*)

B. Complete com a forma correta do verbo *dar*.

1. Podes dar esta carteira ao José?
2. O Samuel _____ aulas de inglês.
3. Quando é que _____ dinheiro ao João? (*tu*)
4. Estes carros _____ problemas.

C. Complete com o verbo no Imperativo.

1. Não dês flores à Joana. (*tu/dar*)
2. _____ este livro à sua mãe. (*você/dar*)
3. _____ bem-vindos! (*ser*)
4. Não _____ assim! (*tu/estar*)
5. _____ isto ao cão. (*vocês/dar*)

D. Complete com os artigos definidos e as preposições onde necessário.

1. Visito os meus pais.
2. Eu vou levar _____ Filipa à escola.
3. Podes trazer _____ dicionário _____ pai?
4. Ajuda _____ teu irmão!
5. Manda isto _____ João!
6. Aluga _____ casa _____ Susana!
7. Não vou convidar _____ Rui para a festa.
8. Pede _____ conta _____ empregado!

E. Complete com o superlativo absoluto.

1. Esta casa é feíssima. (*feia*)
2. A sopa está _____. (*boa*)
3. Este exercício é _____. (*fácil*)
4. Este relógio é _____. (*caro*)
5. O teu inglês é _____. (*mau*)

NO HOTEL

A. Faça a correspondência entre as palavras e as fotografias.

☐ quarto duplo	☐ garagem	☐ corredor
☐ quarto individual	☐ receção	☐ elevador

B30))) **B.** A Sílvia e a Raquel estão no Porto. Ouça a conversa na receção do hotel onde vão ficar. Porque é que não vão tomar o pequeno-almoço no hotel?

B30))) **C.** Leia o diálogo. Lembra-se das palavras que faltam? Complete e ouça para confirmar.

Raquel:	Boa tarde. Temos uma _____ ¹ para esta noite.
Rececionista:	Em que nome?
Raquel:	Raquel Vaz.
Rececionista:	Quarto _____ ², uma noite.
Raquel:	É isso.
Rececionista:	Vão tomar o pequeno-almoço?
Sílvia:	Está incluído no _____ ³?
Rececionista:	Não, não. São 12 euros por pessoa.
Raquel:	12 euros? Acho que vamos tomar o pequeno-almoço na rua. Obrigada.
Rececionista:	Aqui tem a chave. Quarto 511. O _____ ⁴ é ao fundo do corredor.

D. Pratique este diálogo com o seu colega.

A. Corrija as frases como nos exemplos.

1. Tem de virar ✗ direita. *à*
2. Não / sinto nada bem. *me*
3. Podes pôr o lixo à rua? _____
4. Siga sempre a frente! _____
5. Dou flores a minha mãe. _____
6. O senhor é perdido? _____
7. Hoje está nevar. _____
8. Lisboa é no sul do Porto. _____
9. Isto é incluído no preço? _____

B. Escreva a palavra que falta.

1. Tens de parar *na* esquina.
2. Não estou sozinho, por _____ não posso falar.
3. Sinto-me mal _____ causa da fome.
4. Vá em frente _____ aquela rua.
5. Muito obrigado _____ informação.
6. Vá _____ ao fim desta rua.
7. Detesto passar _____ ferro!
8. Vire _____ segunda _____ direita.

C. Complete as letras que faltam nas palavras.

1. Podes *lavar* a louça?
2. Os meus pais d_ _ _ _ estar em casa agora.
3. Neste restaurante não s_ _ _ _ _ carne.
4. Tu nunca a_ _ _ _ _ _ estes tapetes. Olha aqui! Estão tão sujos!
5. Agora está sol, mas à tarde deve n_ _ _ _.
6. Acho que o avô não se s_ _ _ _ nada bem. Olha para ele!
7. Queria d_ _ _ _ _ _ _ _ este dinheiro na minha conta.
8. O senhor tem de p_ _ _ _ _ _ _ _ este formulário.
9. Eu não c_ _ _ _ _ _ fazer este exercício. É muito difícil.

D. Assinale a palavra que não pertence ao grupo.

1. rotunda   semáforo   (selo)   cruzamento
2. multibanco   conta   trânsito   transferência
3. neve   vento   lixo   nevoeiro
4. oeste   céu   sul   norte
5. outono   abril   verão   inverno
6. cozer   provar   servir   visitar
7. postal   envelope   esquina   encomenda
8. magro   teimoso   indeciso   tímido

E. Complete as letras que faltam nas palavras.

1. Podes ver no m*apa* onde estamos?
2. Queria fechar a minha c_ _ _ _ no vosso banco.
3. Em Paris, queremos fazer um c_ _ _ _ _ _ _ no Rio Sena.
4. Estás a ver aquelas n_ _ _ _ _? Acho que vai chover.
5. O meu gato adora estar com pessoas. É muito s_ _ _ _ _ _.
6. Queremos visitar as c_ _ _ _ do vinho do Porto.
7. A francesinha leva m_ _ _ _ de cerveja.
8. Esta mesa está suja. Podes limpar o p_?
9. Queria uma f_ _ _ _ deste bolo.
10. Há aqui perto uma e_ _ _ _ _ _ _ de polícia?
11. A e_ _ _ _ _ _ _ _ da Índia fica nesta rua?
12. Aqui só pode pagar com m_ _ _ _ _ _ _ _ _.

F. Escreva a palavra com o significado oposto.

1. levar   *trazer*
2. depositar   _____
3. oeste   _____
4. trabalhador   _____
5. receber   _____
6. norte   _____
7. calado   _____
8. devagar   _____
9. inverno   _____

B31))) **G. Ouça os textos e escolha a opção correta.**

1. O homem
   a. vai perguntar no café onde é o hotel.
   b. vive noutra cidade.
   c. vive noutro bairro.

2. A Joana fica em casa porque
   a. está doente.
   b. está frio.
   c. vai dar um filme bom na TV.

H. Assinale a palavra que tem o som diferente.

1. elétrico   cinema   mês
2. janela   mesa   médico

I. Leia a previsão do tempo para Portugal e as frases abaixo. São verdadeiras ou falsas? Assinale.

Previsão para sábado, 10 de novembro:
Céu com muitas nuvens durante todo o dia. Chuvas fortes no norte do país. No centro e no sul, chuvas fracas. Vento fraco do sul e sudeste. A temperatura máxima vai subir.

1. Amanhã não vai haver sol.   V   F
2. Amanhã, se calhar, vai chover.   V   F
3. Amanhã não vai haver muito vento.   V   F
4. Amanhã vai estar mais frio.   V   F

VISTO PARA AS UNIDADES 29-32

O PORTADOR DESTE MANUAL JÁ SABE:

- INTERAGIR NOS CORREIOS E NUM BANCO
- PEDIR DIREÇÕES
- LER UMA RECEITA CULINÁRIA
- DAR CONSELHOS E EXPRIMIR PROBABILIDADE
- DESCREVER CARÁCTER
- DESCREVER CLIMA E TEMPO METEOROLÓGICO

E TEM DIREITO A PROSSEGUIR PARA AS UNIDADES 29-32

PASSAPORTE PARA PORTUGUÊS<<<<<<<<<<<<<<<<
NÍVEIS A1/A2<<<<<<<<<<<<<<<<<<<<<<<<<<<

MUDEI-ME PARA LISBOA EM 2004

COMUNICAÇÃO
descrever ações
do passado
e momentos
marcantes da vida

VOCABULÁRIO
momentos
marcantes da vida

PRONÚNCIA
acento,
ditongo [ɐj],
formas verbais

GRAMÁTICA
P.P.S. dos verbos
regulares em –**ar**
e do verbo **ser**,
advérbios,
acabar de

COMO COMEÇOU O "FÁBULAS"?

A. Vai ler uma entrevista com Belarmino Teixeira, que é o dono do café "Fábulas". As frases abaixo foram retiradas do texto. Coloque-as no espaço certo.

a. Procurámos o espaço durante uns 8 meses.

b. E adorámos este espaço imediatamente.

c. Primeiro limpámos tudo e depois decorámos as salas.

d. Podem também comer, beber e ver arte.

Jornalista: O que é que é o "Fábulas"?
BT: O "Fábulas" é muita coisa. É um bar, um café, uma galeria de arte e um restaurante. É, simplesmente, um lugar onde as pessoas podem encontrar-se com amigos. _____
                                                                    1

Jornalista: Como e quando é que isto tudo começou?
BT: Isto começou ainda em 2005, em Itália. Eu e a minha namorada Kamila morámos um ano em Roma. Durante a nossa estadia lá começámos a pensar em abrir um negócio em Lisboa. Depois do nosso regresso a Portugal em 2006, começámos a ver espaços. Isso levou muito tempo. _____
                                                          2

Jornalista: Pois. Procuraram durante muito tempo, mas finalmente encontraram.

BT: Sim, encontrámos. _____
                                              3
Até me lembro desse dia! Cheguei aqui e pensei: "Isto vai ser o meu café".
Jornalista: E começou a funcionar logo?
BT: Não, não. _____
                                         4
Foi um trabalho imenso! A mobília, os quadros, as paredes, o chão.... Tudo isso demorou um ano e meio. O "Fábulas" só começou a funcionar em dezembro de 2008.
Jornalista: E foi um êxito imediato?
BT: Sim, foi e continua a ser! Acho que os nossos clientes gostam do "Fábulas" porque se sentem em casa.
Jornalista: Eu também adorei estar aqui. Venho cá frequentemente e gosto sempre. Parabéns por este espaço tão bonito e obrigada pela entrevista.

B. Sabe o que significam as palavras destacadas no texto? Pergunte ao seu colega ou consulte o glossário.

C. Procure as frases 1-3 no texto sobre o café "Fábulas" e complete-as com o verbo. Qual é a diferença entre as frases 1-3 e as frases a-c?

1. Isso _____ muito tempo.

2. _____ um trabalho imenso!

3. Eu também _____ estar aqui.

a. Isso leva muito tempo.

b. É um trabalho imenso!

c. Eu também adoro estar aqui.

D. Encontre no texto da entrevista as formas do passado (P.P.S.) dos verbos que estão na tabela abaixo. Copie-as para a respetiva coluna.

INFINITIVO	P.P.S.				
	eu	tu	você/ele/ela	nós	vocês/eles/elas
voltar	voltei	voltaste	voltou	voltámos	voltaram
começar					
morar					
levar					
procurar					
encontrar					
adorar					
chegar					
pensar					
limpar					
decorar					
demorar					

E. Preencha o resto da tabela com as formas corretas.

▶▶▶ VÁ À GRAMÁTICA NA PÁGINA 178 E FAÇA OS EXERCÍCIOS A E B.

F. Encontre no texto da entrevista os advérbios que correspondem aos adjetivos abaixo.

1. simples   *simplesmente*

2. final   _____

3. imediato   _____

4. frequente   _____

▶▶▶ VÁ À GRAMÁTICA NA PÁGINA 178 E FAÇA O EXERCÍCIO C.

G. Complete as frases com os adjetivos/advérbios da caixa.

> frequentemente   frequente   simplesmente   simples   infelizmente   infeliz

1. Visitei a Itália em 2010 e, _____, adorei.

2. Este prato é muito _____ de fazer.

3. O senhor tem cartão de cliente _____?

4. O João está _____.

5. _____, não vou poder ir à festa.

6. Vou a Madrid _____.

H. Tem algum café ou bar onde gosta de se encontrar com amigos e onde vai frequentemente? Porque é que gosta de ir lá? Fale sobre isso com o seu colega.

ACABEI DE ME LEVANTAR!

I. Complete as frases com *acabar de* na forma correta. A seguir, faça a correspondência entre as frases e as fotografias.

4̲ A Louise *acabou de* acordar.

☐ A Joana e o Filipe _____ se casar.

☐ O Jorge _____ tomar banho.

☐ O Rui e o Hugo _____ chegar de Roma.

EM QUE ANO CASASTE?

B32 🔊 **J.** Ouça os diálogos e complete com as palavras que faltam.

1
A: Lembras-te em que _____ casaste?

B: Claro. Em 1998.

2
A: Em que ano é que o Pedro _____ para a universidade?

B: Em 2004.

3
A: Em que ano compraste esta casa?

B: Acho que _____ em 2008.

B33 🔊 **K.** Leia e ouça a Maria Carlos a falar sobre a vida dela. Há quatro diferenças entre a gravação e o texto. Encontre-as e corrija-as.

> Entrei para a universidade em 1974 e terminei o curso em 1979.
> Encontrei o meu primeiro emprego num escritório de advogados em Lisboa alguns meses depois. Em 1987, comprei o primeiro carro e mudei-me para Évora, onde comecei a trabalhar como secretária na universidade. Um ano depois, casei com o Jorge, meu colega de trabalho. Em 2001, comprámos uma casa no Algarve. Reformei-me em 2012.

L. Escreva frases sobre si utilizando as expressões da caixa. Não escreva o ano.

> entrar para a universidade / terminar o curso / começar a trabalhar / comprar a casa
>
> divorciar-se / reformar-se / mudar-se / deixar de fumar
>
> ~~começar a estudar português~~ / casar(-se) / comprar o carro

1. *Comecei a estudar português em* _____   3. _____

2. _____   4. _____

M. Leia as frases que o seu colega escreveu no exercício L. Faça-lhe perguntas de acordo com o esquema abaixo. A seguir, complete as frases no livro do colega com o ano.

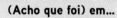

Em que ano compraste a tua casa?

(Acho que foi) em...

IMPORTANTE!
Deixei o livro em casa.
Deixei de falar com o Rui.

▶▶▶ VÁ ÀS ATIVIDADES DE COMUNICAÇÃO NA PÁGINA 234 (A) OU 243 (B) E FAÇA O EXERCÍCIO 19.

PRONÚNCIA

B34))) **A.** Ouça e repita as palavras com o ditongo [ɐj].

> feira   estreito   azeite   perfeito   queijo

B34))) **B.** Ouça e repita as formas verbais com o ditongo [ɐj].

> falei   parei   deitei   dei   lembrei   sentei

B34))) **C.** Ouça e repita as formas verbais do Presente do Indicativo e do P.P.S.

> falamos - falámos   provamos - provámos
>
> ficamos - ficámos   pensamos - pensámos

B34))) **D.** Ouça os pares de palavras e escreva o número de acordo com a ordem de audição.

a. levamos [ ]   levámos [ ]

b. voltamos [ ]   voltámos [ ]

B34))) **E.** Ouça e repita as formas verbais do Presente do Indicativo e do P.P.S. Preste atenção à sílaba acentuada.

> entram - entraram   mudam - mudaram
>
> dançam - dançaram   esperam - esperaram

B34))) **F.** Ouça e repita as formas verbais com o som [o]. Preste atenção à sílaba acentuada.

> entrou   cantou   ficou   andou   nadou

ONTEM DIVERTI-ME MUITO

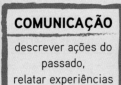

COMUNICAÇÃO

descrever ações do passado, relatar experiências

VOCABULÁRIO

tempos livres

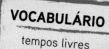

PRONÚNCIA

acento, ditongos [ew] e [iw], formas verbais

GRAMÁTICA

P.P.S. dos verbos regulares em –**er**, -**ir** e do verbo **ir**, **costumar**, **andar** (**a**) + inf./adj.

SAIS MUITO À NOITE?

A. Sai muito à noite? Com que frequência sai? Onde vai? Como passa o tempo? Normalmente, quanto dinheiro gasta? Faça estas perguntas ao seu colega.

IMPORTANTE!

Ando a aprender árabe.
Ando muito cansado.

B35))) **B.** Vai ouvir quatro pessoas a falar sobre os hábitos de sair à noite. Leia as perguntas abaixo e assinale a resposta correta.

1. Quem não gosta e não sai à noite?   TIAGO   ANA   INÊS   SÓNIA
2. Quem não gosta, mas sai à noite?   TIAGO   ANA   INÊS   SÓNIA
3. Quem gosta, mas não sai à noite?   TIAGO   ANA   INÊS   SÓNIA
4. Quem gosta e sai muito à noite?   TIAGO   ANA   INÊS   SÓNIA

Sónia   Inês   Tiago   Ana

B35)) **C. Leia e ouça mais uma vez as entrevistas com o Tiago, a Ana, a Inês e a Sónia. Sublinhe as palavras e expressões desconhecidas. Verifique o significado no glossário ou pergunte ao seu colega.**

TIAGO

A: Costuma sair à noite?

B: Sim, saio com muita frequência.

A: Porquê?

B: Bem, sou jovem, tenho que viver a vida. Saio todos os fins de semana. Quando não saio alguns dias, começo a sentir a falta do pessoal, do ambiente, da música...

ANA

A: Sai muito à noite?

B: Eu? Não. Claro que não.

A: Porquê?

B: Então, meu filho, vou sair à noite para quê? Eu sou casada, tenho dois filhos, tenho o meu trabalho. A minha vida não é sair à noite. Não tenho tempo nem idade para isso.

INÊS

A: Costuma sair muito à noite?

B: Agora, infelizmente, não.

A: Porquê?

B: Porque ando muito ocupada. Ando a tirar um curso de gestão e tenho que estudar. Não posso sair. Mas gosto. E já tenho muitas saudades de sair.

SÓNIA

A: Sai muito à noite?

B: Eu? Nem pensar.

A: Mas porquê?

B: Não tenho interesse. Na verdade, detesto aquilo. Detesto o barulho e as conversas estúpidas. Prefiro ficar em casa e ler um livro.

▶▶▶ VÁ À **GRAMÁTICA** NA PÁGINA 179 E FAÇA O EXERCÍCIO A.

D. Quem tem as opiniões e os hábitos mais parecidos com os seus? O Tiago? A Ana? A Inês? Ou a Sónia? Porquê? Fale sobre isso com o seu colega.

A QUE HORAS SAÍSTE DE CASA?

E. Leia o texto.

O Luís, o Fábio e o Guilherme são três lisboetas que escrevem para uma revista de estudantes. Os três decidiram sair à noite e escrever um relatório depois. O Luís saiu de casa com 5 euros para gastar, o Fábio com 20 euros e o Guilherme com 100 euros. Como é que passaram a noite?

LUÍS

dinheiro para gastar: 5 euros

FÁBIO

dinheiro para gastar: 20 euros

GUILHERME

dinheiro para gastar: 100 euros

B36)) **F. Ouça os relatórios. Qual é o relatório do Luís, qual é o do Fábio e qual é o do Guilherme? Escreva os nomes nas caixas abaixo.**

Relatório 1: _____ Relatório 2: _____ Relatório 3: _____

G. Leia os relatórios para confirmar as suas respostas no exercício anterior. A seguir, encontre no texto as formas do passado (P.P.S.) dos verbos que estão na tabela abaixo. Escreva as formas na respetiva coluna.

FÁBIO

Saí de casa às 20h. Fui de metro. Primeiro, fui ao "Fábulas". É um restaurante no Chiado. Encontrei-me lá com o meu amigo Rui. No "Fábulas", comi uma salada e bebi um sumo. O Rui pediu um prato de bacalhau. Depois, fomos ao Cais do Sodré. Encontrámos lá muitos amigos e conheci também uma rapariga alemã, a Anke, muito simpática. Infelizmente, esqueci-me de pedir o número de telefone dela. Bebi três imperiais. Por volta das 3 da manhã despedi-me do pessoal e voltei para casa de táxi.

Gastei 18 euros e 75 cêntimos.

LUÍS

Saí de casa às 20h. Fui de metro até à estação Baixa-Chiado. Encontrei-me com a minha amiga Teresa nos Armazéns do Chiado, que é um centro comercial. Fomos os dois ao restaurante chinês. A Teresa comeu carne de porco com tomate e bebeu sumo. Eu não comi nada, bebi apenas uma água e tomei um café. Depois, fomos ao Bairro Alto. Bebi uma imperial. Por volta da 1 da manhã senti-me um bocado mal (acho que foi por causa da fome) e despedi-me da Teresa. Voltei para casa a pé.

Gastei 4 euros e 95 cêntimos.

GUILHERME

Saí de casa às 20h. Fui de táxi. Encontrei-me com os meus amigos em frente ao restaurante "Bota Alta", no Bairro Alto. No restaurante, comi peixe ao sal e bebi vinho. Os meus amigos pediram carne de porco. Depois, fomos a um bar que fica ao lado do restaurante. Bebi três caipirinhas. À 1 da manhã apanhámos um táxi e fomos ao "Lux", que é uma das melhores discotecas em Lisboa. Dançámos e bebemos muito. Divertimo-nos imenso. Voltei para casa de táxi às 6 da manhã.

Gastei 89 euros e 10 cêntimos.

INFINITIVO	P.P.S.				
	eu	tu	você/ele/ela	nós	vocês/eles/elas
comer	comi	comeste	comeu	comemos	comeram
beber					
conhecer					
esquecer-se					
pedir	pedi	pediste	pediu	pedimos	pediram
despedir-se					
sentir-se					
divertir-se					
sair					

H. Preencha o resto da tabela com as formas corretas do P.P.S.

 VÁ À **GRAMÁTICA** NA PÁGINA 179 E FAÇA OS EXERCÍCIOS B E C.

B37 🔊 **I.** Ouça os diálogos e complete com os verbos que faltam. Quais são os infinitivos destes verbos?

1

A: Onde _____[1] ontem à noite?

B: _____[2] ver uma exposição de fotografia.

A: E gostaste?

B: Sim. _____[3] interessante.

2

A: Onde _____[4] no sábado?

B: _____[5] ao teatro.

A: E como _____[6] a peça?

B: _____[7] muito boa.

▶▶▶ VÁ À **GRAMÁTICA** NA PÁGINA 179 E FAÇA O EXERCÍCIO D.

B38 🔊 **J.** Ouça e repita as perguntas.

K. Faça uma entrevista ao seu colega sobre a última saída à noite dele. Use as palavras e expressões abaixo para construir as perguntas.

1. A que horas/de casa? *(sair)*
2. Como/? De carro? *(ir)*
3. Onde/? *(ir)*
4. Com quem/? *(encontrar-se)*
5. O que/? *(beber e comer)*

6. /alguém interessante? *(conhecer)*
7. A que horas/para casa? *(ir-se embora)*
8. Como/para casa? *(ir)*
9. Quanto/? *(gastar)*
10. /muito? *(divertir-se)*

A que horas saíste de casa?

Às dez.

PRONÚNCIA

B39 🔊 **A.** Ouça e repita as formas verbais. Preste atenção à sílaba acentuada.

| bebi parti corri senti saí caí |

B39 🔊 **B.** Ouça e repita as formas verbais com o ditongo [ew]. Preste atenção à sílaba acentuada.

| bebeu choveu cozeu percebeu viveu |

B39 🔊 **C.** Ouça e repita as formas verbais com o ditongo [iw]. Preste atenção à sílaba acentuada.

| partiu sentiu decidiu abriu saiu |

B39 🔊 **D.** Ouça e repita as formas verbais. Preste atenção à sílaba acentuada.

| comem - comeram   vivem - viveram |
| bebem - beberam   ouvem - ouviram |

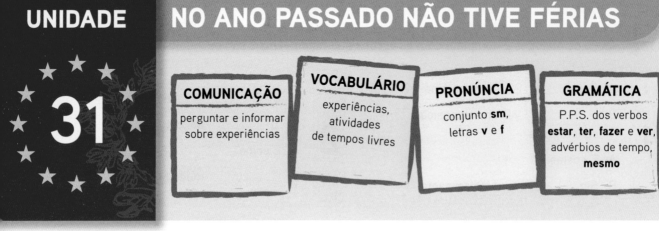

NO ANO PASSADO NÃO TIVE FÉRIAS

COMUNICAÇÃO
perguntar e informar sobre experiências

VOCABULÁRIO
experiências, atividades de tempos livres

PRONÚNCIA
conjunto **sm**, letras **v** e **f**

GRAMÁTICA
P.P.S. dos verbos **estar**, **ter**, **fazer** e **ver**, advérbios de tempo, **mesmo**

VISTE ESTE FILME?

B40))) **A.** Ouça os diálogos e faça a correspondência com as imagens.

A Diálogo _____

B Diálogo _____

C Diálogo _____

D Diálogo _____

B. Agora leia os diálogos. Quais são os infinitivos dos verbos destacados?

1
A: Quando é que fez anos?
B: Ontem.
A: Fez uma grande festa, não fez?
B: Fiz, fiz! Ainda não tive tempo para limpar a casa.

2
A: Quando é que tiveste férias?
B: Há dois anos. Porque é que perguntas?
A: Andas muito cansado. Precisas de tirar férias.

3
A: Eu acho que já vi este filme.
B: Viste? A sério? Não pode ser. Este filme é novo.
A: Não é nada. Vi este filme no ano passado.

4
A: Estiveste na praia anteontem?
B: Estive. Como é que sabes? Estou muito bronzeado?
A: Bastante. Mas não é por isso. A minha irmã também esteve e viu o teu carro.

C. Encontre e sublinhe nos diálogos as expressões que descrevem *quando* algo aconteceu. Há uma expressão em cada um dos diálogos.

▶▶ VÁ À GRAMÁTICA NA PÁGINA 180 E FAÇA OS EXERCÍCIOS A, B E C.

QUANDO É QUE FOSTE AO CINEMA PELA ÚLTIMA VEZ?

D. Leia a introdução ao concurso de televisão *Conhecem-se Bem?*. Sabe o que significam as palavras destacadas? Consulte o glossário ou pergunte ao seu colega.

Olá! Boa noite a todos! Bem-vindos ao concurso para casais *Conhecem-se Bem?*. O nosso casal de hoje é o José e a Filipa. O José e a Filipa ainda não são casados, mas já namoram há três anos. Conhecem-se bem? Vamos ver. Vamos fazer seis perguntas primeiro ao José e depois à Filipa. Vão ser as mesmas perguntas. A Filipa não vai ouvir as respostas do José, mas as respostas dela têm de ser iguais às respostas dele. Seis respostas certas e o nosso casal ganha uma viagem à Turquia!

 VÁ À **GRAMÁTICA** NA PÁGINA 180 E FAÇA O EXERCÍCIO D.

B41))) **E.** Ouça o concurso *Conhecem-se Bem?* e complete a tabela com as respostas do José e da Filipa.

Perguntas	Respostas
1. Quando é que a Filipa viu a melhor amiga dela pela última vez?	
2. Quando é que a Filipa foi ao cinema pela última vez?	
3. Quando é que a Filipa fez um bolo pela última vez?	
4. Quando foi a última vez que o José foi ao médico?	
5. Quando foi a última vez que o José fez compras?	
6. Quando foi a última vez que o José foi ao estrangeiro?	

F. Faça perguntas ao seu colega. Use as expressões da caixa.

> ir à praia / fazer uma festa em casa / ir ao cinema / ir ao teatro
>
> fazer compras / fazer um bolo / ter férias / ir ao médico

Quando é que fizeste um bolo pela última vez?

Há dois meses.

ou

Quando foi a última vez que fizeste um bolo?

JÁ ARRUMASTE O TEU QUARTO?

G. A Ana Gomes é dona de casa. Leia as frases que a Ana diz ao filho e ao marido dela. Complete as frases com os verbos da caixa na forma correta. Como se chama o filho da Ana e como se chama o marido?

~~arrumar~~ sair lavar comer comprar fazer

1. Nuno, já **arrumaste** o teu quarto?　　　　　*Ainda não!*
2. Rui, já _____ as flores para a minha mãe?　_____
3. Nuno, já _____ o trabalho de casa?　_____
4. Rui, já _____ o carro?　_____
5. Nuno, já _____ a sopa?　_____
6. Rui, já _____ do escritório?　_____

B42))) **H.** Olhe para as imagens abaixo e complete o exercício G com as respostas do Rui e do Nuno. Escolha entre *Já!* e *Ainda não!*
A seguir, ouça os diálogos para confirmar.

B43))) **I.** Leia os diálogos e complete com as frases da caixa. A seguir, ouça para confirmar.

Sim, muitas vezes. / Não, nunca. / Sim, uma vez.

1
A: Já alguma vez foste ao Brasil?

B: _____

A: Quando?

B: No ano passado.

2
A: Já alguma vez estiveste num bar de gelo?

B: _____

A: Onde?

B: Vivi dois anos em Estocolmo.

3
A: Já alguma vez tiveste aulas de fotografia?

B: _____

A: Porquê?

B: Não sei. Nunca pensei nisso.

J. Faça a correspondência entre as expressões e as fotografias.

☐ fazer campismo   ☐ roubar algo num supermercado   ☐ chorar no cinema

☐ fazer esqui   ☐ adormecer numa aula   ☐ escrever uma carta ao Pai Natal

☐ partir a perna   ☐ fazer mergulho   ☐ andar a cavalo

☐ chumbar num exame   ☐ perder um voo   ☐ ficar num hotel de cinco estrelas

K. Faça perguntas ao seu colega. Use as expressões da caixa acima.

Já alguma vez fizeste campismo?

Não. Nunca.

IMPORTANTE!
chumbar num exame ≠ passar num exame

PRONÚNCIA

B44))) **A.** Ouça e repita as palavras com *sm*. Preste atenção à pronúncia da letra *s* como [ʒ].

mesmo   campismo   turismo   simplesmente

B44))) **B.** Ouça e repita as palavras com a letra *v*.

cavalo   revista   verão   volta   verdade

B44))) **C.** Ouça e repita as palavras com a letra *f*.

falta   fácil   fatia   garfo   frigorífico   sofá

B44))) **D.** Ouça as palavras e escreva o número de acordo com a ordem de audição.

a. feio ☐   veio ☐

b. fila ☐   vila ☐

c. fez ☐   vez ☐

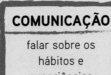
COMUNICAÇÃO
falar sobre os hábitos e experiências de dar prendas e emprestar coisas

VOCABULÁRIO
prendas, adjetivos

PRONÚNCIA
letras **t** e **d**, pronome **lhe(s)**, pares mínimos

GRAMÁTICA
P.P.S. do verbo **dar**, **pouco/um pouco**, pronome **lhe(s)**

PREFERES DAR OU RECEBER PRENDAS?

A. Leia os textos. Sublinhe todas as palavras que não conhece. Verifique o significado no glossário ou pergunte ao seu colega.

Todos gostamos de receber e dar prendas. Mas, muitas vezes, não sabemos o que comprar. Aqui tem algumas ideias:

COMPRE UM PEDAÇO DA LUA!

Já sabe que pode dar à sua namorada ou namorado um pedaço da Lua? E não é nada caro! Quatro mil metros quadrados da Lua custam apenas 31,50 euros! Depois da compra, o dono vai receber um mapa que mostra onde fica o seu pedaço da Lua.

COMPRE UM RELÓGIO DE SALVADOR DALI!

Lembra-se dos quadros de Salvador Dali? Gosta deles? Então, de certeza que vai adorar este relógio! Com este relógio a sua sala de estar vai ficar ainda mais bonita!
O relógio custa apenas 35,95 euros!

ADOTE UM ANIMAL DO JARDIM ZOOLÓGICO!

Quer ter um papagaio ou até um urso? Então, adote um animal do jardim zoológico!
O animal vive no zoo, mas você paga a sua alimentação. O preço depende do animal.
Um animal grande, como, por exemplo, um urso, é um pouco caro (150 euros por mês), mas já um papagaio custa só 10 euros por mês.

LEIA UM ROMANCE SOBRE SI!

Este romance é sobre si e sobre a pessoa que ama. Pode ser a sua namorada ou... a mulher do seu vizinho! Quando encomenda o romance, só tem que nos enviar informação sobre si e sobre a outra pessoa (nome, profissão, cor do cabelo, etc.) e nós inserimos esta informação no romance. O preço é de 31,95 euros.

COMPRE UMA AÇÃO!

Quer ser um dos donos da Microsoft ou da Boeing? Acha que não tem dinheiro para isso? Não é verdade! Agora já pode comprar uma ação das maiores empresas do mundo! O preço muda todos os dias. De momento, uma ação custa desde 34,83 euros (Ford) até 1.211,19 euros (Google).

B. De qual das prendas apresentadas na página anterior gosta mais? De qual gosta menos? Porquê? Dê a sua opinião usando os adjetivos da caixa abaixo.

útil / inútil / interessante / especial / banal / prático / estúpido / bonito / pouco prático

C. Leia os pares de frases. Têm o mesmo significado ou diferente?

1a. Falo **um pouco** de inglês.   2a. Temos **um pouco** de vinho.   3a. A sala está **um pouco** quente.

1b. Falo **pouco** inglês.   2b. Temos **pouco** vinho.   3b. A sala está **pouco** quente.

 VÁ À **GRAMÁTICA** NA PÁGINA 181 E FAÇA O EXERCÍCIO A.

D. A quem costuma dar prendas? Em que ocasiões dá/recebe prendas? Fale sobre isso com o seu colega.

1 A quem costumas dar prendas?

2 À minha namorada e aos meus pais.

3 Em que ocasiões dás/recebes prendas?

4 Dou/Recebo prendas no Natal.

B45 **E.** Vai ouvir três pessoas a falar sobre prendas. A quem é que estas pessoas dão prendas? Complete as frases.

1. O António dá prendas _____.

2. A Cristina dá prendas _____.

3. A Raquel dá prendas _____.

B45 **F.** Ouça as entrevistas outra vez e decida qual das prendas da página anterior é boa para a Sofia, para o Miguel e para o Afonso. Assinale com √ na tabela.

	Sofia	Miguel	Afonso
Lua			
Relógio			
Animal			
Romance			
Ação			

António   Cristina   Raquel

G. Leia as entrevistas. Sabe o que significam as palavras destacadas? Consulte o glossário ou pergunte ao seu colega.

Entrevistador: Prefere receber ou dar prendas? A quem costuma dar prendas?

António: Acho que prefiro dar. Dou muitas prendas à Sofia, a minha mulher. Ela adora ler, por isso compro-lhe muitos livros. Viajo muito em trabalho e nunca me esqueço de lhe trazer um presente. Quando estou muito tempo fora não lhe posso dar nada, mas telefono-lhe quase todos os dias e digo-lhe que é o amor da minha vida. Ela adora isso.

Entrevistador: Qual foi a última prenda que lhe deu? Um livro?

António: Não. Dei-lhe um bilhete para um concerto de música clássica.

Entrevistador: Prefere receber ou dar prendas? A quem costuma dar prendas?

Cristina: Adoro receber prendas! Toda a gente adora, não é? Mas também gosto de dar. Dou prendas, sobretudo, ao meu amigo Miguel. O Miguel é artista, por isso gosta de coisas diferentes. Detesta coisas banais, que toda a gente oferece, como um livro ou um CD. Às vezes, é difícil escolher um presente para ele, mas isso não é um problema. Simplesmente pergunto-lhe e ele diz o que quer.

Entrevistador: Qual foi a última prenda que lhe deu?

Cristina: Dei-lhe um candeeiro antigo.

Entrevistador: Prefere receber ou dar prendas? A quem costuma dar prendas?

Raquel: Gosto muito de receber e de dar prendas. Infelizmente, quase sempre dou e quase nunca recebo. Sou mãe solteira e a minha família vive longe. O meu filho, o Afonso, tem 6 anos. Este miúdo é tudo o que tenho, por isso dou-lhe muitas prendas. Mas não posso oferecer-lhe tudo o que ele quer. Por exemplo, ele quer ter um animal, mas não pode porque é alérgico.

Entrevistador: Qual foi a última prenda que lhe deu?

Raquel: Acho que foi um livro.

VÁ À **GRAMÁTICA** NA PÁGINA 181 E FAÇA O EXERCÍCIO B.

H. As frases abaixo foram retiradas das entrevistas. Olhe para as palavras destacadas. Que palavras substituem? Encontre as frases nas entrevistas e reescreva-as substituindo *lhe* pelo nome da pessoa.

1. Compro-lhe muitos livros.

    Compro à *Sofia muitos livros.*

2. Dou-lhe muitas prendas.

    Dou _____.

3. Não posso oferecer-lhe tudo.

    _____.

4. Dei-lhe um bilhete para um concerto.

    _____.

5. Pergunto-lhe e ele diz o que quer.

    _____.

VÁ À **GRAMÁTICA** NA PÁGINA 181 E FAÇA OS EXERCÍCIOS C E D.

B46 **I.** Leia e ouça o diálogo. Onde é que se passa?

A: Pode embrulhar, por favor?

B: Com certeza. É para oferta?

A: É, é.

QUE PRENDAS GOSTAS DE RECEBER?

J. Faça a correspondência entre as palavras e as fotografias.

☐ roupa ☐ CD ☐ brinquedos ☐ produtos de beleza
☐ perfumes ☐ doces ☐ flores

B47 🔊 **L.** Ouça e complete o diálogo com os verbos da caixa.

devolveu / pediu emprestado / emprestei

A: O Rui _____[1] o meu livro preferido e agora diz que não se lembra e não sabe onde está.

B: Ele é assim. Já lhe _____[2] muitas coisas e ele nunca _____[3] nada.

K. Lembra-se das pessoas a quem o seu colega dá prendas? Faça-lhe perguntas.

1
Que tipo de prendas dás à tua namorada?

2
Dou-lhe livros. Às vezes um CD ou um perfume.

3
Qual foi a última prenda que lhe deste?

4
Dei-lhe um livro.

M. Faça estas perguntas ao seu colega.

1. Que coisas emprestas aos teus amigos?
2. Conheces alguém que costuma não devolver o que pede emprestado?
3. Que coisas nunca emprestas a ninguém?
4. Esqueces-te de devolver coisas que pedes emprestado?

➤➤ VÁ ÀS **ATIVIDADES DE COMUNICAÇÃO** NA PÁGINA 246 E FAÇA O EXERCÍCIO 20.

PRONÚNCIA

B48 🔊 **A.** Ouça e repita os verbos e os pronomes.

dou-lhe	trago-lhes	ofereci-lhe
pergunta-lhes	comprei-lhe	empresta-lhes

B48 🔊 **B.** Ouça as palavras e escreva o número de acordo com a ordem de audição.

a. lhe ☐ li ☐ lê ☐

b. lhes ☐ lês ☐

B48 🔊 **C.** Ouça e repita as palavras com *t*.

prático útil entrevista apetite turista

B48 🔊 **D.** Ouça e repita as palavras com *d*.

prenda doce decido dados cidade

B48 🔊 **E.** Ouça as palavras e escreva o número de acordo com a ordem de audição.

a. demos ☐ temos ☐

b. nada ☐ nata ☐

Pretérito Perfeito Simples dos verbos regulares em -ar

	falar
eu	fal**ei**
tu	fal**aste**
você / ele / ela	fal**ou**
nós	fal**ámos**
vocês / eles / elas	fal**aram**

Atenção: Os verbos que terminam em -*car*, -*çar* e -*gar* têm alterações ortográficas:

trocar - *eu troquei, tu trocaste*, etc.
começar - *eu comecei, tu começaste*, etc.
pagar - *eu paguei, tu pagaste*, etc.

Pretérito Perfeito Simples do verbo *ser*

	ser
eu	fui
tu	foste
você / ele / ela	foi
nós	fomos
vocês / eles / elas	foram

Formação de advérbios em -*mente*

normal	normal*mente*
frequente	frequente*mente*
completo	completa*mente*

Acabar de

Usamos o verbo *acabar* com a preposição *de* para descrever ações terminadas no passado muito recente:
Acabei de jantar.

A. Complete com o verbo na forma correta do P.P.S.

1. Ele *voltou* para casa às 2h00. *(voltar)*
2. _____ com o chefe? *(tu/falar)*
3. Não _____ o chão. *(eu/lavar)*
4. A que horas _____? *(vocês/deitar-se)*
5. _____ o trabalho cedo. *(nós/acabar)*
6. Quem _____ esta mala? *(comprar)*
7. Porque é que não _____ a mãe? *(tu/ajudar)*
8. _____ dinheiro no multibanco? *(tu/levantar)*
9. Eles não _____ a porta. *(fechar)*

B. Complete com a forma correta do verbo *ser* no P.P.S.

1. A viagem *foi* muito longa.
2. Os exames não _____ fáceis.
3. _____ muito simpático. *(tu)*
4. O filme _____ muito interessante.
5. _____ mal-educados com ela. *(nós)*
6. As férias _____ boas, mas cansativas.

C. Escreva os advérbios.

1. fácil — *facilmente*
2. completo — _____
3. normal — _____
4. feliz — _____
5. igual — _____
6. livre — _____
7. difícil — _____
8. lindo — _____

Costumar/Andar a + Infinitivo e *Andar* + adjetivo

- Para descrever ações habituais que se repetem usamos *costumar* + Infinitivo:
  Ela costuma deitar-se cedo.

- Para descrever ações que começaram no passado e que continuam ou se repetem com frequência usamos *andar a* + Infinitivo:
  Porque é que vocês andam sempre a discutir?

- Para descrever estados que se prolongam usamos *andar* + adjetivo:
  Ando muito ocupado.

Pretérito Perfeito Simples dos verbos regulares em *-er* e *-ir*

	comer	*partir*
eu	comi	parti
tu	comeste	partiste
você / ele / ela	comeu	partiu
nós	comemos	partimos
vocês / eles / elas	comeram	partiram

Atenção: Os verbos que terminam em *-air* têm irregularidades:
sair - saí, saíste, saiu, saímos, saíram

Pretérito Perfeito Simples do verbo *ir*

O P.P.S. do verbo *ir* é igual ao P.P.S. do verbo *ser*.

	ir
eu	fui
tu	foste
você / ele / ela	foi
nós	fomos
vocês / eles / elas	foram

A. Complete com *costumar* ou *andar (a)* na forma correta.

1. Ele anda a tirar um curso de arte.
2. Não _____ vir a este restaurante. *(eu)*
3. Os portugueses _____ tomar café depois do almoço.
4. Tu agora _____ aprender japonês?
5. Todos _____ muito cansados.
6. A Joana não _____ chegar atrasada aos encontros.

B. Complete com a forma correta do verbo no P.P.S.

1. Não comemos nada. *(nós/comer)*
2. O comboio _____ às 8h00. *(partir)*
3. Tu _____ esta mensagem? *(escrever)*
4. Ele não _____ leite. *(beber)*
5. Eles _____ de casa às 9h00. *(sair)*
6. Onde é que _____ a Joana? *(tu/conhecer)*
7. Porque é que você não _____ à noite? *(dormir)*

C. Responda às perguntas afirmativamente usando só o verbo da pergunta.

1. Perdeste a carteira? *Perdi.*
2. Escreveste o e-mail? _____
3. Ele ficou neste hotel? _____
4. Dormiste bem? _____
5. Percebeste o que ele disse? _____
6. Viveste em França? _____
7. Eles venderam a casa? _____

D. Complete as frases da direita com o mesmo verbo das frases da esquerda, mas no P.P.S.

1. Ela é rica. — Ela *foi* rica.
2. Vais ao cinema? — _____ ao cinema?
3. O exercício é fácil. — O exercício _____ fácil.
4. Vou ao quarto. — _____ ao quarto.
5. Onde é que eles vão? — Onde é que eles _____?

© Lidel – Edições Técnicas, Lda.

Pretérito Perfeito Simples dos verbos irregulares *estar*, *ter*, *fazer* e *ver*

	estar
eu	estive
tu	estiveste
você / ele / ela	esteve
nós	estivemos
vocês / eles / elas	estiveram

	ter
eu	tive
tu	tiveste
você / ele / ela	teve
nós	tivemos
vocês / eles / elas	tiveram

	fazer
eu	fiz
tu	fizeste
você / ele / ela	fez
nós	fizemos
vocês / eles / elas	fizeram

	ver
eu	vi
tu	viste
você / ele / ela	viu
nós	vimos
vocês / eles / elas	viram

Os advérbios/locuções adverbiais de tempo usados habitualmente com o P.P.S. são: *ontem, anteontem, (no mês) passado, há (um ano)*.

Uso de *mesmo*

O adjetivo *mesmo* concorda em género e número com o nome e é precedido por artigo definido (*o mesmo prato, a mesma semana, os mesmos dias, as mesmas horas*).

A. Complete com o verbo na forma correta do P.P.S.

1. Quem esteve aqui ontem? *(estar)*
2. Não _____ tempo para falar consigo. *(eu/ter)*
3. O João _____ os teus pais. *(ver)*
4. Vocês _____ um jantar muito bom. *(fazer)*
5. Quem _____ esta sopa? *(fazer)*
6. O que é que vocês _____ no cinema? *(ver)*
7. A Ana _____ um cão? *(ter)*
8. Não _____ o teu carro. *(eu/ver)*
9. Quando é que _____ em casa do Hugo? *(tu/estar)*

B. Complete com *fiz, fez, tive, teve, estive* ou *esteve*.

1. Onde é que ele esteve ontem?
2. Você _____ muito barulho ontem.
3. No sábado, _____ com os meus pais. *(eu)*
4. Na sexta, não _____ aulas. *(eu)*
5. Ela não _____ filhos.
6. Sabes que _____ anos ontem, não sabes? *(eu)*

C. Sublinhe a forma verbal correta.

1. Anteontem, **fiz/faço** uma festa.
2. Eles **vão estar/estiveram** em casa daqui a uma hora.
3. **Vimos/Vemos** este filme na semana passada.
4. Na próxima sexta, **tive/tenho** um encontro.
5. Ele **foi/vai** ao Canadá há três anos.

D. Complete com a forma correta de *o mesmo*.

1. Vou comer a mesma coisa que tu.
2. Estas lojas têm _____ preços.
3. Eles viram _____ filme.
4. Fizemos _____ viagem.
5. Vêm sempre _____ pessoas a este bar.

Uso de *pouco* e *um pouco (de)*

• Usamos *pouco* no contexto negativo ou como sinónimo de *quase nada/quase nenhum(a)*, em quantidade insuficiente:

Esta prenda é pouco prática. Compra outra coisa.

Temos pouco vinho. Precisamos de comprar algumas garrafas.

• Usamos *um pouco* no contexto positivo ou como sinónimo de *algo/algum(a)*, em quantidade suficiente ou significativa. Antes dos nomes e línguas, *um pouco* é seguido por *de*:

Este exercício é um pouco difícil.

Posso oferecer-lhe um pouco de vinho?

Sei um pouco de árabe.

Pretérito Perfeito Simples do verbo *dar*

	dar
eu	dei
tu	deste
você / ele / ela	deu
nós	demos
vocês / eles / elas	deram

Pronomes pessoais complemento indireto (3.ª pessoa)

sujeito	objeto
você / ele / ela / o(a) senhor(a)	lhe
vocês / eles / elas / os(as) senhores(as)	lhes

• O pronome *lhe* vem, normalmente, depois do verbo: *Dei-lhe um livro.*

• O pronome *lhe* surge antes do verbo depois do pronome interrogativo e depois de algumas palavras, como *não, nunca, que, também, já, ainda, sempre, só* e *todos*:

Quando é que lhe deste as flores?

Não lhe dei as flores.

Já lhe deste as flores?

A. Complete com *pouco* ou *um pouco (de)*.

1. Não compres esse livro. É *pouco* interessante.

2. Ganho _____ dinheiro. Preciso de encontrar outro trabalho.

3. Estes sapatos estão _____ sujos.

4. Podes ir ao supermercado? Temos _____ leite.

5. Esta sopa fica melhor com _____ azeite.

B. Complete as frases com o verbo *dar* na forma correta do P.P.S.

1. Quem *deu* isto ao cão?

2. O que _____ à Joana no Natal? *(nós)*

3. Os pais _____ dinheiro ao filho.

4. _____ um livro ao meu namorado. *(eu)*

5. A quem é que _____ esse formulário? *(tu)*

C. Reescreva as frases substituindo a parte sublinhada por *lhe(s)*.

1. Vou vender este relógio <u>ao Rui</u>.

   Vou vender-lhe este relógio.

2. Diz <u>aos rapazes</u> que não estou em casa.

   _____.

3. Dou muitas prendas <u>à minha mulher</u>.

   _____.

4. Mostra <u>ao Rui</u> o que fizeste.

   _____.

5. Podes escrever um *e-mail* <u>aos teus pais</u>?

   _____?

D. Escreva *lhe* no lugar correto.

1. Eu não *lhe* dei ____ um livro.

2. Quando é que ____ mostraste ____ esta carta?

3. Quero ____ fazer ____ um bolo.

4. Não posso ____ dar ____ dinheiro.

5. Podes ____ trazer ____ uma cadeira?

6. Nunca ____ deste ____ nada.

NUMA LOJA DE ROUPA

A. Faça a correspondência entre os adjetivos e as imagens.

- ☐ largo
- ☐ curto
- ☐ apertado
- ☐ comprido

B49))) **B.** A Raquel e a Sílvia estão numa loja. Ouça a conversa. O que é que a Sílvia acha das calças que a Raquel compra?

B49))) **C.** Leia o diálogo. Lembra-se das palavras que faltam? Complete e ouça para confirmar.

Raquel: Sílvia, que tal estas calças? Gostas?

Sílvia: Gosto da cor. Mas você tem de experimentar.

Funcionária: Boa tarde. Posso _____¹?

Raquel: Pode, sim. Queria experimentar estas calças mas não _____² o meu tamanho.

Funcionária: Qual é o seu _____³?

Raquel: 28.

Funcionária: Vamos lá ver então. Aqui estão.

Raquel: Onde posso experimentar?

Funcionária: Os gabinetes de prova são ali.

- -

Raquel: O que é que achas, Sílvia?

Sílvia: Está um pouco _____⁴, não acha?

Raquel: Não, nada disso! Eu gosto assim!

Sílvia: Não quer experimentar um tamanho maior? Esse não lhe fica bem.

Raquel: Eu gosto! Vou _____⁵ estas.

D. Pratique este diálogo com o seu colega.

A. Corrija as frases como nos exemplos.

1. Acabei/falar com a Ana. *de*
2. Onde é que ele ~~foi~~? *foi*
3. Isto não depende por mim. _____
4. Deixei beber café. _____
5. Mudei para o Porto em 2011. _____
6. Lhe traz um copo de água! _____
7. Nunca mostrei-lhe estas fotos. _____
8. Fazes sempre mesmas perguntas. _____
9. Estamos pouco atrasados. _____

B. Escreva a palavra que falta.

1. Estou a pensar *em* abrir um café.
2. Chumbei _____ exame de italiano.
3. Rita! Despede-te _____ avó!
4. Quando foste a Lisboa _____ última vez?
5. Adoro andar _____ cavalo.
6. _____ quem vais dar esse livro?
7. Já _____ vez foste ao Canadá?
8. Continuo _____ trabalhar nesta empresa.
9. Tenho saudades _____ estar contigo.

C. Complete as letras que faltam nos verbos.

1. Gosto muito de *fazer* mergulho.
2. O meu avô r _ _ _ _ _ _ _-se há 5 anos.
3. O Rui p _ _ _ _ _ a perna na semana passada.
4. Esta roupa f _ _ _-lhe mal.
5. Tu, agora, a _ _ _ _ sempre muito ocupada.
6. Ana! Não e _ _ _ _ _ _ _ _ dinheiro nenhum à tua irmã!
7. Deves d _ _ _ _ _ de fumar.
8. Pode e _ _ _ _ _ _ _ _ isto para mim? É para oferta.
9. Quero d _ _ _ _ _ _ _ estas calças. Já não gosto da cor.

D. Assinale a palavra que não pertence ao grupo.

1. papagaio   (brinquedo)   urso   cavalo
2. estúpido   prático   inútil   banal
3. exposição   tamanho   concerto   filme
4. mergulho   campismo   esqui   revista
5. comprido   bronzeado   largo   curto
6. oferecer   emprestar   receber   dar

E. Complete as letras que faltam nas palavras.

1. O Rui tem uma galeria de arte.
2. O Jorge chumbou no e_ _ _ _ de português.
3. Ontem fomos ao teatro. A p_ _ _ foi muito boa.
4. Quem é o d_ _ _ deste cão?
5. O Jorge está a tirar o c_ _ _ _ de fotografia.
6. Onde são os gabinetes de p_ _ _ _?
7. Temos de parar numa bomba de g_ _ _ _ _ _ _.
8. No fim de semana, vimos uma e_ _ _ _ _ _ _ _ de fotografia.

B50)) **F.** Ouça as perguntas e sublinhe a resposta correta.

1. a. Não tens fome?   b. Nem pensar!
2. a. Gostou.   b. Gostei.
3. a. Não, não falou.   b. Não, não fale.
4. a. Não. E você?   b. E como foi?
5. a. Há dois dias.   b. Dois dias.

G. Escreva a palavra com o significado oposto.

1. inteligente   *estúpido*
2. chumbar   _____
3. acordar   _____
4. resposta   _____
5. útil   _____
6. apertado   _____
7. casar   _____
8. igual   _____
9. terminar   _____

B51)) **H.** Ouça os textos e escolha a opção correta.

1. O casal
   a. vai comprar sapatos como prenda.
   b. vai comprar talheres como prenda.
   c. não sabe que prenda vai comprar.

2. O Jorge
   a. já esteve nas montanhas mas nunca fez esqui.
   b. vai aos Alpes com o irmão.
   c. aprendeu a fazer esqui nos Alpes.

I. Leia o relato sobre o fim de semana do Miguel. Depois, leia as frases abaixo. São verdadeiras ou falsas? Assinale.

No domingo passado fui à praia. Encontrei-me com o meu amigo Rui lá. Falámos muito sobre os problemas que o Rui tem no trabalho e também sobre a casa que comprou há duas semanas. Depois da praia, fomos tomar um copo num bar perto da praia. No bar, encontrámos o irmão do Rui com a namorada. Divertimo-nos muito naquele dia. No próximo domingo, vamos fazer a mesma coisa.

1. O Miguel esteve na praia com o Rui.   V   F
2. O Rui acabou de comprar uma casa.   V   F
3. No bar, o Miguel encontrou a namorada do Rui.   V   F
4. No próximo domingo, o Miguel também vai à praia.   V   F

VISTO PARA AS UNIDADES 33-36

O PORTADOR DESTE MANUAL JÁ SABE:

- DESCREVER AÇÕES DO PASSADO
- DESCREVER MOMENTOS MARCANTES DA VIDA
- RELATAR EXPERIÊNCIAS
- FALAR SOBRE OS HÁBITOS DE DAR PRENDAS E EMPRESTAR COISAS
- INTERAGIR NUMA LOJA DE ROUPA

E TEM DIREITO A PROSSEGUIR PARA AS UNIDADES 33-36

PASSAPORTE PARA PORTUGUÊS<<<<<<<<<<<<<<<<<
NÍVEIS A1/A2<<<<<<<<<<<<<<<<<<<<<<<<<<<

ESTAS CALÇAS FICAM-TE BEM!

33

COMUNICAÇÃO	VOCABULÁRIO	PRONÚNCIA	GRAMÁTICA
dar conselhos e opiniões sobre roupa, descrever o modo de se vestir	lojas, compras, vestuário	sons [k] e [g]	**vestir** e **despir**, **lá** como negação, pronomes pessoais complemento indireto

GOSTAS DE FAZER COMPRAS?

A. Faça a correspondência entre as lojas e os artigos.

1. quiosque
2. papelaria
3. padaria
4. livraria
5. talho
6. sapataria
7. farmácia

a. carne
b. pão
c. sapatos
d. caderno
e. livros
f. aspirina
g. pilhas para a máquina fotográfica

B. Gosta de fazer compras? Responda ao inquérito sublinhando as opções verdadeiras para si.

1. ADORO / GOSTO DE / NÃO ME IMPORTO DE / NÃO GOSTO DE / DETESTO comprar roupa.

2. ADORO / GOSTO DE / NÃO ME IMPORTO DE / NÃO GOSTO DE / DETESTO ajudar a comprar roupa.

3. ADORO / GOSTO DE / NÃO ME IMPORTO DE / NÃO GOSTO DE / DETESTO experimentar roupa numa loja.

4. Normalmente, pago as compras de roupa com CARTÃO DE CRÉDITO / CARTÃO MULTIBANCO / DINHEIRO.

5. Na internet compro BILHETES DE AVIÃO / MÚSICA / PRENDAS / LIVROS / ROUPA / OUTRAS COISAS.

6. Prefiro fazer compras de roupa SOZINHO(A) / COM UM AMIGO / COM A FAMÍLIA / COM O(A) NAMORADO(A).

7. COSTUMO / NÃO COSTUMO ir aos saldos.

8. GOSTO DE / NÃO GOSTO DE / DETESTO centros comerciais.

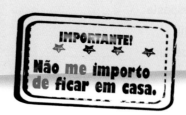

IMPORTANTE!
Não me importo de ficar em casa.

C. Compare o seu inquérito com os dos seus colegas. Quem tem hábitos de compras parecidos com os seus?

COMO É QUE ESTÁS VESTIDO HOJE?

D. Faça a correspondência entre as palavras e as fotografias.

☐ as calças	☐ os sapatos	☐ os ténis	☐ as botas	☐ os chinelos
☐ a camisa	☐ a *t-shirt*	☐ o fato	☐ a camisola	☐ a saia	☐ o vestido
☐ a gravata	☐ os calções	☐ o fato de banho	☐ a blusa	☐ o casaco

E. Leia as frases e olhe para as fotografias abaixo. As frases são verdadeiras ou falsas? Assinale.

1. Dois homens estão de calções. ☐ V ☐ F
2. Uma pessoa tem chinelos. ☐ V ☐ F
3. Duas pessoas estão vestidas com um casaco. ☐ V ☐ F
4. Dois homens têm camisa. ☐ V ☐ F

5. Ninguém tem botas. ☐ V ☐ F
6. Ambas as mulheres estão de saia. ☐ V ☐ F
7. Uma mulher tem uma blusa. ☐ V ☐ F
8. Nenhum homem está de fato. ☐ V ☐ F

▶▶▶ VÁ À **GRAMÁTICA** NA PÁGINA 200 E FAÇA O EXERCÍCIO A.

F. Faça estas perguntas ao seu colega.

1. Que tipo de roupa gostas de vestir?
2. Tens alguma cor de roupa preferida?
3. Há alguma cor que não usas?
4. *(para homens)* Gostas de andar de fato e gravata?
5. Como te vestes para ir trabalhar?
6. O que vestes nos dias de muito calor?
7. *(para mulheres)* Preferes andar de saia ou de calças?

O QUE É QUE DEVO VESTIR?

B52))) G. A Vanda vai a um jantar romântico, mas não sabe o que vestir.
Olhe para os três conjuntos de roupa que a Vanda escolheu.
Ouça a conversa da Vanda com a amiga.
Complete as frases abaixo com o número do conjunto.

1. Primeiro, as amigas falam sobre o conjunto _____.

2. Depois, falam sobre o conjunto _____.

3. No fim, falam sobre o conjunto _____.

B52))) H. Ouça a conversa outra vez. Leia as frases e complete com o número.

1. A Milena diz que o conjunto _____ é bom para ir trabalhar.

2. A Milena acha que a Vanda vai ter calor com o conjunto _____.

3. As amigas não falam da cor do conjunto _____.

4. A Vanda diz que o conjunto _____ é romântico.

I. Leia as frases que a Vanda e a Milena dizem. A seguir, complete as frases à direita.

1. Vanda: **Apetece-me** vestir outra coisa. | A Vanda diz que *lhe apetece* vestir outra coisa.
2. Milena: *A saia* **parece-me** *castanha.* | A Milena diz que a saia _____ castanha.
3. Vanda: *Os calções* **ficam-me** *bem.* | A Vanda diz que os calções _____ bem.

> ►►► VÁ À GRAMÁTICA NA PÁGINA 200 E FAÇA OS EXERCÍCIOS B E C.

J. Faça estas perguntas ao seu colega.

1. O teu marido (mulher, mãe, namorado, etc.) compra-te roupa às vezes? O quê?

2. As pessoas dizem-te, às vezes, que pareces mais novo/a ou mais velho/a do que és? O que é que respondes?

3. Achas que a roupa que tens hoje te fica bem? Porquê?

K. Faça a correspondência entre os verbos e as imagens.

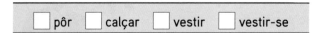

▢ pôr   ▢ calçar   ▢ vestir   ▢ vestir-se

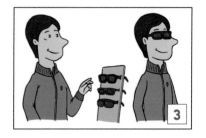

L. Use os verbos do exercício K para completar os pares de opostos.

1. tirar os óculos ≠ _____ os óculos

2. descalçar/tirar as botas ≠ _____ as botas

3. despir/tirar a camisa ≠ _____ a camisa

4. despir-se ≠ _____

IMPORTANTE!
★ ★ ★
**Sei lá! (inf.) =
Não sei!**

M. Lembra-se da dona de casa Ana Gomes? Leia as frases que a Ana diz ao filho. Complete as frases com o verbo correto na forma do Imperativo.

1. Nuno, veste-te já! São oito horas! (*vestir/vestir-se/tirar*)

2. Nuno, _____ essas calças! Estão sujas! (*pôr/não vestir/não calçar*)

3. Nuno, _____ essas calças já! (*despir-se/calçar/tirar*)

4. Nuno, _____ essa camisa! Fica-te mal. (*vestir/não vestir/despir-se*)

5. Nuno, _____ esses ténis. São do teu irmão! (*vestir/não calçar/despir*)

6. Nuno, _____ esses ténis já! (*despir/tirar/vestir*)

7. Nuno, _____ e vai para a cama! (*vestir/despir/despir-se*)

B53))) **N.** Leia as respostas do Nuno e faça a correspondência com as frases da Ana. Escreva o número da frase junto da resposta. A seguir, ouça para confirmar.

☐ Mãe, mas não sei onde estão os meus.

☐ Mãe, mas as raparigas na escola dizem que me fica bem.

☐ Mãe, deixa-me ficar a ver televisão mais um bocado.

☐ Mãe, não são nada. São sete e cinquenta. Faltam dez minutos.

☐ Onde, mãe? Não estão nada!

☐ Mãe, mas eu gosto tanto delas.

☐ Mãe, mas porque é que eu nunca posso calçar o que me apetece?

PRONÚNCIA

B54))) **A.** Ouça e repita as palavras com o som [k].

camisa parque coração quente quilo

B54))) **B.** Ouça e repita as palavras com o som [g].

gravata devagar garfo seguro lago

B54))) **C.** Ouça as palavras e escreva o número de acordo com a ordem de audição.

a. seco	☐	cego	☐
b. checa	☐	chega	☐
c. costa	☐	gosta	☐
d. cato	☐	gato	☐

© Líder – Edições rectil.ds, Lda.

UNIDADE 34

DÓI-ME A CABEÇA

COMUNICAÇÃO
perguntar e informar sobre o estado de saúde, dar conselhos a um doente

VOCABULÁRIO
partes do corpo, problemas de saúde, alimentação saudável

PRONÚNCIA
letra **ô**, som [ẽ], formas verbais

GRAMÁTICA
doer, P.P.S. de **dizer, vir, pôr, trazer** e **querer**, **há quanto tempo** e **desde quando**

O QUE SE PASSA? SENTES-TE BEM?

A. Faça a correspondência entre as palavras e as partes do corpo.

☐ a cabeça ☐ os dedos ☐ o peito ☐ o braço ☐ o olho ☐ os dentes

☐ a boca ☐ o pescoço ☐ o pé ☐ a mão ☐ o ombro ☐ o nariz

☐ a barriga ☐ a perna ☐ a orelha ☐ a cara

B. Olhe para as fotografias. Eles sentem-se bem? Quais são os problemas que têm? Faça a correspondência com as frases.

☐ Dói-me a garganta.

☐ Tenho tosse.

☐ Doem-me as costas.

4 ~~Estou constipada.~~

☐ Tenho dores de estômago.

☐ Estou com febre.

VÁ À GRAMÁTICA NA PÁGINA 201 E FAÇA O EXERCÍCIO A.

B55)) **C.** Ouça os diálogos. Quais são os problemas de saúde da Inês, do Paulo e da Rita?

B55)) **D.** Leia os diálogos. As frases abaixo foram retiradas dos textos. Coloque-as no espaço certo. A seguir, ouça para confirmar.

a. Estou no hospital.

c. Há uma hora.

e. Não, não estou.

b. És um querido. Obrigada.

d. Eu acabo o teu trabalho.

f. Não tenho quase nada.

1.

A: Não me sinto bem.

B: Porquê? Qual é o problema, Inês?

A: Tenho umas dores de cabeça horríveis.

B: A sério? Coitada! Se calhar estás com gripe!

A: Pois, se calhar estou.

B: Então, vai para casa.

A: Achas que posso?

B: Claro. _____ ¹.

Toma uma aspirina e deita-te.

A: _____ ².

B: De nada. As melhoras!

2.

A: Paulo, tu estás bem?

B: _____ ³.

A: O que é que se passa?

B: Tenho uma dor fortíssima no peito.

A: Há quanto tempo tens isso?

B: _____ ⁴.

A: Isso pode ser muito grave.

B: Pois pode. Tenho que ir ao médico. Vou marcar a consulta para a semana.

A: Não, não. Tem que ser agora. Vou chamar uma ambulância. Vamos já ao hospital.

3.

A: Rita! Finalmente! Onde é que estás?

B: _____ ⁵.

A: Porquê? O que é que aconteceu?

B: Tive um acidente de carro.

A: O quê? Que horror! Mas como é que tu estás? O que é que tens?

B: Estou bem. _____

_____ ⁶.

Só parti o braço. Não posso falar agora. Depois ligo-te, está bem?

E. Sabe o que significam as palavras/expressões destacadas nos textos dos diálogos acima? Consulte o glossário ou pergunte ao seu colega.

F. Encontre nos diálogos acima sete perguntas sobre o estado de saúde/bem-estar e copie-as para a tabela abaixo.

1. Qual é o problema?
2.
3.
4.
5.
6.
7.

G. Escolha um problema de saúde e faça diálogos com o seu colega. Nos seus diálogos não se esqueçam de:

1. perguntar sobre o problema de saúde.
2. dizer qual é o problema.
3. mostrar interesse.
4. oferecer ajuda ou dar conselhos.

DESDE QUANDO TENS ESSAS DORES?

H. Complete as perguntas e as respostas como no exemplo.

1
A: Há *quanto tempo* tens estas dores?
B: *Há* dois dias.

A: *Desde* quando tens essas dores?
B: Desde *anteontem*.

2
A: Há _____ trabalhas aqui?
B: _____ quatro anos.

A: _____ quando trabalhas aqui?
B: Desde _____.

3
A: _____?
B: _____.

A: _____ conheces o João?
B: _____ fevereiro.

4
A: _____ estás em casa?
B: _____ duas horas.

A: _____?
B: _____.

▶▶▶ VÁ À GRAMÁTICA NA PÁGINA 201 E FAÇA O EXERCÍCIO B.

I. Faça uma lista de perguntas que comecem com *há quanto tempo* e *desde quando*. A seguir, faça estas perguntas ao seu colega.

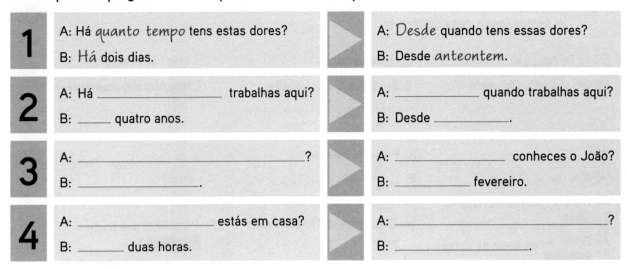

Desde quando moras em Lisboa?
ou
Há quanto tempo moras em Lisboa?

Desde 2011.
ou
Há dois anos.

Há quanto tempo começaste a aprender português?

Há quase um ar

COMO COMER DE FORMA MAIS SAUDÁVEL?

J. Leia os conselhos da Dra. Paula Atalaia. Verifique o significado das palavras destacadas no glossário.

Dicas para emagrecer e comer de forma mais saudável

1 Coma pouco à noite. Os jantares não devem ser pesados. Depois das 20h, evite pão, massas, batatas e arroz. 2 Evite fritos, molhos e queijos gordos, carne vermelha e doces. 3 Comece a refeição com uma salada ou fruta. 4 Evite o sal. O sal não engorda, mas faz mal à saúde. 5 Beba muita água. Evite bebidas com gás e com açúcar. 6 Coma pouco, mas muitas vezes por dia. 7 Coma todos os dias as mesmas coisas. Assim, o seu estômago trabalha melhor. 8 Não exagere no álcool, mas não se esqueça de que um copo de vinho tinto à refeição faz bem ao coração. 9 Compre comida mais vezes, mas menos. O frigorífico cheio convida a comer mais.

K. Um dos conselhos acima é falso. Sabe qual é? Quais dos conselhos verdadeiros lhe parecem mais úteis ou importantes?

PORQUE É QUE NÃO QUISESTE COMER SOBREMESA?

B56)) **L.** Lembra-se da dona de casa Ana Gomes? Ouça as conversas dela com o filho. As perguntas do filho referem-se ao futuro, ao presente ou ao passado?

B56)) **M.** Leia as conversas e complete-as com as formas verbais da caixa. A seguir, ouça para confirmar.

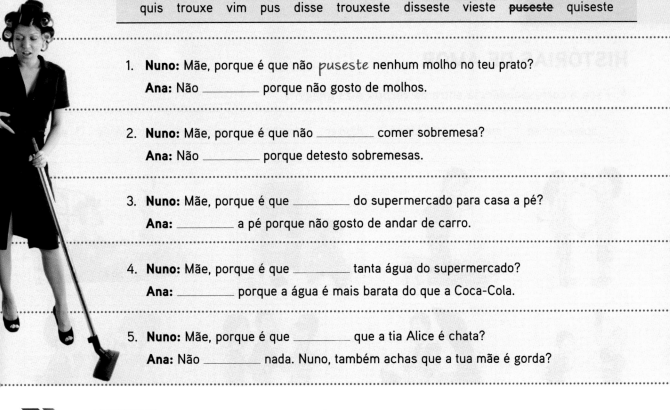

| quis | trouxe | vim | pus | disse | trouxeste | disseste | vieste | ~~puseste~~ | quiseste |

1. **Nuno:** Mãe, porque é que não *puseste* nenhum molho no teu prato?
   Ana: Não _____ porque não gosto de molhos.

2. **Nuno:** Mãe, porque é que não _____ comer sobremesa?
   Ana: Não _____ porque detesto sobremesas.

3. **Nuno:** Mãe, porque é que _____ do supermercado para casa a pé?
   Ana: _____ a pé porque não gosto de andar de carro.

4. **Nuno:** Mãe, porque é que _____ tanta água do supermercado?
   Ana: _____ porque a água é mais barata do que a Coca-Cola.

5. **Nuno:** Mãe, porque é que _____ que a tia Alice é chata?
   Ana: Não _____ nada. Nuno, também achas que a tua mãe é gorda?

➤➤➤ VÁ À **GRAMÁTICA** NA PÁGINA 201 E FAÇA OS EXERCÍCIOS C E D.

N. Acha que a Ana está a dizer a verdade ao filho? Porque é que não pôs molho no prato, não quis comer sobremesa, etc.? Qual é a verdadeira razão? Fale sobre isso com o seu colega.

PRONÚNCIA

B57)) **A.** Ouça e repita as palavras com ô.

| estômago | pôr | avô | pôde | pôs |

B57)) **B.** Ouça e repita as palavras com [ẽ].

| vento | centro | atende | dente | imenso |

B57)) **C.** Ouça e repita as formas do verbo *doer*.

| doer | dói | doem | doeu | doeram |

B57)) **D.** Ouça as formas verbais do P.P.S.

| disse | trouxe | pus | pôs | quis | vim | veio |

COMUNICAÇÃO
contar uma história, falar sobre relacionamentos, ler avisos públicos

VOCABULÁRIO
relacionamentos, sentimentos, avisos públicos

PRONÚNCIA
pronome **o/a/os/as**, dígrafo **ou**, som [o]

GRAMÁTICA
pronome **o/a/os/as**, frases interrogativas

HISTÓRIAS DE AMOR

A. Faça a correspondência entre os verbos e as imagens.

☐ apaixonar-se   ☐ contar   ☐ descobrir   ☐ morrer   ☐ mostrar   ☐ encontrar   ☐ apresentar   ③ ~~deixar~~

B. Leia uma história de amor. Quantas pessoas há nesta história? Quem são?

O Ricardo é um ator de teatro e vive em Lisboa. Um dia, conhece na praia a Clara. Começam a namorar. Ela ama-o muito. Ele não a ama, mas quer casar com ela porque o pai dela é dono de uma grande empresa. Algum tempo depois, o Ricardo conhece no teatro a Sandra, uma atriz brasileira. Convida-a para casa e apaixona-se por ela. Durante algumas semanas, a Sandra vai a casa do Ricardo todas as sextas-feiras. A Clara não sabe nada disto. Um dia, a Sandra diz ao Ricardo que quer casar com ele. Ele responde que não pode porque precisa do dinheiro do pai da Clara. Logo depois desta conversa, a Sandra decide acabar com o Ricardo e vai-se embora para o Brasil. O Ricardo não sabe de nada. Procura-a em Lisboa durante muito tempo, mas não a encontra. Casa com a Clara e esquece a Sandra. Mas alguns meses mais tarde vê-a, completamente por acaso, numa festa em casa do pai da Clara. O pai da Clara apresenta a Sandra ao Ricardo e à Clara e diz que é a nova namorada dele. Diz também que perdeu todo o dinheiro e que a família da Sandra é muito rica e vai ajudar a empresa dele. Infelizmente para o Ricardo, a Sandra conta à Clara que no passado namorou com ele e que ele casou com a Clara apenas por dinheiro. Depois disso, a Clara já não quer continuar casada com o Ricardo e deixa-o alguns dias depois.

C. Leia a história do Ricardo outra vez e ponha as imagens por ordem de acordo com os acontecimentos.

D. As frases abaixo foram retiradas da história do Ricardo. Olhe para as palavras destacadas. Que palavras substituem? Encontre estas frases no texto e reescreva-as substituindo -o e -a pelo nome da pessoa.

1. Ela ama-o muito.   Ela *ama muito o Ricardo.*

2. Ele não a ama.   Ele _____.

3. Convida-a para casa.   _____.

4. Procura-a em Lisboa.   _____.

5. Não a encontra.   _____.

6. Vê-a numa festa.   _____.

7. Deixa-o alguns dias depois.   _____.

▶▶ VÁ À **GRAMÁTICA** NA PÁGINA 202 E FAÇA OS EXERCÍCIOS A E B.

E. Tape o texto na página anterior e conte a história do Ricardo ao seu colega olhando apenas para as imagens do exercício C.

F. Acha que o final da história do Ricardo é feliz ou infeliz? Porquê?

© Lidel – Edições Técnicas, Lda.

G. Leia mais uma história de amor. É uma história verdadeira. Complete-a com as palavras da caixa.

| vê-o | visita-a | lê-o | compra-o | abre-o |

Ela chama-se Pilar e é uma jornalista espanhola. Um dia, em 1986, entra numa livraria em Sevilha e vê um romance com um título interessante. _____[1] e lê a primeira página. Acha o livro muito bom. _____[2] e leva-o para casa. _____[3] todo apenas num dia. No dia seguinte, volta à livraria e compra todos os livros do mesmo autor. Começa a pensar em ir a Lisboa, onde vive o autor, para fazer uma entrevista com ele. _____[4] pela primeira vez algumas semanas mais tarde, no Hotel Mundial, em Lisboa. Durante a entrevista, descobre que ambos gostam dos mesmos livros e das mesmas coisas. Alguns meses mais tarde, ele _____[5] em Espanha. Apaixonam-se e começam a namorar. Casam em 1988 e vão viver para Espanha. São muito felizes e vivem juntos até à morte dele em 2010.

H. Leia a história mais uma vez e responda às perguntas abaixo.

1. O que é que a Pilar acha do romance?
2. Porque é que a Pilar vai a Lisboa?
3. O que é que a Pilar descobre durante a entrevista?

I. Sabe qual é o nome do autor por quem a Pilar se apaixonou? Pergunte aos seus colegas ou use a internet para encontrar a resposta.

J. Escreva, em pares, uma história de amor. Use alguns dos verbos da caixa.

| conhecer | gostar | apaixonar-se | amar | namorar | casar |
| descobrir | divorciar-se | deixar | morrer | acabar |

B58))) K. Ouça e complete os diálogos.

1

A: Ana, amanhã à noite fazes _____[1]?
B: Nada. Estou em casa. Estás a perguntar _____[2]?
A: Porque quero apresentar-te o meu namorado.
B: Finalmente!

2

A: Rita, a tua saia é bem bonita. Compraste-a _____[3]?
B: Na Rua Augusta.
A: E foi cara? Custou _____[4]?
B: 40 euros, acho eu.

▶▶ VÁ À GRAMÁTICA NA PÁGINA 202 E FAÇA O EXERCÍCIO C.

▶▶ VÁ ÀS ATIVIDADES DE COMUNICAÇÃO NA PÁGINA 234 (A) OU 244 (B) E FAÇA O EXERCÍCIO 21.

CUIDADO COM O CÃO!

L. Leia os avisos públicos. Sabe o que significam? Consulte o glossário ou pergunte ao seu colega. Dê exemplos de espaços/lugares em que pode ver estes avisos.

PRONÚNCIA

B59))) **A.** Ouça e repita os verbos e os pronomes.

compra-as	visita-o	bebe-a	come-os

B59))) **B.** Sublinhe as palavras que ouve.

1. a. vejo   b. vejo-o
2. a. alugo   b. alugo-o
3. a. leia   b. leia-a
4. a. compras   b. compra-as
5. a. toma   b. toma-a

B59))) **C.** Ouça e repita as palavras com *ou*.

amou	roupa	roubou
pouco	outro	poupou

B59))) **D.** Ouça e repita as palavras com o som [o].

pôr	ou	avô	ouvi
pôs	achou	pôde	sou

© Lidel – Edições Técnicas, Lda.

COMUNICAÇÃO	VOCABULÁRIO	PRONÚNCIA	GRAMÁTICA
descrever hotéis e serviços hoteleiros, escrever um *e-mail* formal	hotéis, viagens	sons [o] e [ɔ]	P.P.S. de **saber**, **poder** e **haver**, pronomes pessoais complemento direto, **ser** + adjetivo + infinitivo

QUANDO FOI A ÚLTIMA VEZ QUE FICASTE NUM HOTEL?

A. Quando foi a última vez que ficou num hotel? Onde foi? Quantas noites ficou lá? Gostou de estar lá? Faça estas perguntas ao seu colega.

Quando foi a última vez que ficaste num hotel?

Foi no verão passado.

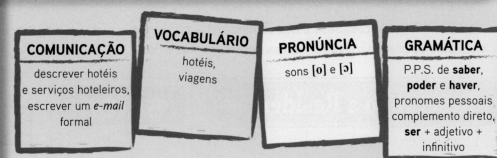

HOTEL BRASIL

B. As fotografias abaixo mostram hotéis localizados em lugares pouco comuns. Faça a correspondência entre as fotografias e a localização do hotel.

☐ dentro da terra ☐ debaixo de água ☐ em cima das árvores

1

2

3

C. Leia as descrições de três hotéis. Sabe o que significam as palavras destacadas? Escreva-as na página seguinte, ao lado da definição ou sinónimo correto.

JULES LODGE

O Jules Lodge, em Miami, é o único hotel nos Estados Unidos que fica debaixo de água. Não é um lugar para todos. Os hóspedes têm de ter o coração saudável e têm que saber nadar e mergulhar. Para chegar ao hotel é preciso descer sete metros debaixo de água. Para conseguir quarto, é melhor fazer a reserva pelo menos dois meses antes da estadia porque o hotel só tem oito quartos. Um quarto duplo no Jules Lodge custa 500 euros. O hotel tem um cozinheiro que todos os dias prepara as refeições. Também é possível encomendar comida fora, mas isso custa 120 euros a mais por pessoa!

ARIAÚ AMAZON

O Ariaú Amazon fica no meio da floresta, a 60 km da cidade de Manaus, no Brasil. O hotel não tem acesso por estrada. Os hóspedes chegam lá de barco, pelo rio. O hotel tem 240 quartos que ficam em cima das árvores. Até as piscinas (uma para adultos e outra para crianças) ficam nas árvores. Todos os quartos têm ar condicionado e acesso à internet. Durante a estadia no hotel, os hóspedes podem apanhar peixe ou passear na floresta. É melhor ter um guia para fazer passeios porque só eles conhecem os caminhos e sabem onde estão os animais. Uma noite num quarto duplo no Ariaú Amazon custa 200 euros.

WIELICZKA SPA

O Wieliczka Spa fica na Polónia, numa antiga mina de sal. Não é fácil chegar ao hotel. Os hóspedes têm de descer 135 metros debaixo da terra num elevador e depois andar um quilómetro ao longo de um corredor de sal. O Wieliczka Spa não serve refeições, apenas café e chá. A temperatura dentro da mina é de 12 °C e é igual todo o ano. O ar da mina é ótimo para pessoas com problemas de saúde. O hotel tem 36 camas em quartos individuais ou duplos. Tem também uma biblioteca e um museu que mostra a história da mina. O preço da estadia é de 25 euros por pessoa por noite.

1. *guia* mostra um lugar aos turistas	5. _____ dentro da terra
2. _____ centro	6. _____ não menos do que
3. _____ é onde pedimos livros emprestados	7. _____ muitas árvores
4. _____ pessoas que estão num hotel	8. _____ podemos nadar aqui

D. Leia os textos mais uma vez. A seguir, leia as frases abaixo. São verdadeiras ou falsas? Assinale.

1. Nos Estados Unidos só há um hotel que fica debaixo de água.   V   F

2. Algumas pessoas não podem ficar no Jules Lodge.   V   F

3. Algumas pessoas não conseguem chegar de carro ao Ariaú Amazon.   V   F

4. No Ariaú Amazon as pessoas podem apanhar peixe, passear ou nadar.   V   F

5. No Wieliczka Spa há um restaurante.   V   F

6. O Wieliczka Spa não é bom para pessoas doentes.   V   F

E. Leia a informação sobre três casais. Em que hotel devem ficar? No Jules Lodge? No Ariaú Amazon? Ou no Wieliczka Spa? Escreva o nome do hotel que lhes recomenda.

1. MANUEL E MARIA JOÃO

São empresários. Ele gosta de natureza. Ela detesta o frio. Só falam português.

Hotel que recomendo:

_____

2. EDUARDO E ALDA

Ele é professor de história. Ela trabalha num museu. Gostam de ler.

Hotel que recomendo:

_____

3. FRANCISCO E FÁTIMA

São pessoas ativas, gostam de desporto. Adoram o mar, mas detestam a praia.

Hotel que recomendo:

_____

F. E você? Destes três hotéis qual é o seu preferido? Fale sobre isso com o seu colega.

© Lidel – Edições Técnicas, Lda.

G. As frases da caixa à esquerda foram retiradas dos textos sobre os hotéis. As partes sublinhadas destas frases podem ser substituídas pelas frases da caixa à direita. Faça a correspondência.

1. <u>É preciso</u> descer sete metros.
2. <u>Não é fácil</u> chegar ao hotel.
3. <u>É possível</u> encomendar comida fora.
4. <u>É melhor</u> ter um guia.

☐ As pessoas têm de...
☐ As pessoas recomendam...
[2] As pessoas têm problemas em...
☐ As pessoas podem...

 VÁ À GRAMÁTICA NA PÁGINA 203 E FAÇA O EXERCÍCIO A.

COMO É QUE SOUBERAM DESTE HOTEL?

B60))) **H.** Lembra-se dos casais do exercício E? Um deles fez uma viagem e ficou no hotel recomendado. Depois de voltar para casa, encontraram-se com amigos para falar sobre a viagem. Ouça a conversa. Em que hotel ficaram?

I. Leia as frases que ouviu na conversa. Qual é o tempo verbal dos verbos destacados? Quais são os infinitivos destes verbos?

1. Como é que vocês **souberam** deste hotel?
2. Não **houve** problema nenhum.
3. Não **pude** sair do quarto durante três dias.

 VÁ À GRAMÁTICA NA PÁGINA 203 E FAÇA O EXERCÍCIO B.

B61))) **J.** Ouça a continuação da conversa. Porque é que os animais fogem?

K. Leia as conversas que ouviu no exercício J. Encontre e sublinhe os pronomes de complemento direto <u>com uma cor</u> e os pronomes de complemento indireto <u>com outra cor</u>.

DIA 1

A: Manuel, onde estás? Não te vejo! Não me deixes sozinha! Manuel, responde-me!

B: Como é que não me vês? Estou aqui! Atrás de ti. Com o barulho que fazes não vamos ver nenhuns animais! Sabes que mais? Vamos para o hotel. Amanhã voltamos com um guia.

DIA 2

A: Manuel, onde é que ele nos leva? Achas que ele sabe o caminho?

B: Claro. É guia, não é? Olha o papagaio! É tão bonito!

A: O quê? Não te ouço!

B: Pronto, fugiu. Ouviu-te. Estás sempre a gritar! Sabes que mais? Vamos para o hotel. Amanhã vamos apanhar piranhas. Elas não fogem.

DIA 3

A: Manuel, ajuda-me!

B: O que é que se passa?

A: Já viste os dentes que eles têm? Tira-me daqui! Dá-me a mão! Tenho medo. Ah, vou cair!

B: Cuidado! Tens de ter cuidado. Sabes que mais? Vamos para o hotel.

A: O que é que vamos fazer amanhã?

B: Não sei. Vou pensar.

L. Leia na coluna à esquerda as frases que a Maria João diz ao Manuel. A seguir, complete as frases na coluna à direita com o pronome da 3.ª pessoa (*o/a* ou *lhe*).

1. *Não te vejo!*   Ela não *o* vê.
2. *Responde-me!*   Ele não _____ responde.
3. *Não te ouço!*   Ela não _____ ouve.

4. *Ajuda-me!*   Ele não _____ ajuda.
5. *Tira-me daqui!*   Ele não _____ tira dali.
6. *Dá-me a mão!*   Ele não _____ dá a mão.

▶▶▶ VÁ À GRAMÁTICA NA PÁGINA 203 E FAÇA O EXERCÍCIO C.

M. Leia o *e-mail* que o Jorge escreveu para o hotel Ariaú Amazon. Complete-o com as palavras da caixa.

possível	senhores	cumprimentos	reserva	alterar

Exmos. _____[1],

Fiz uma _____[2] de um quarto duplo no vosso hotel para os dias 5-8 de junho (3 noites). Infelizmente, não posso ir nesta data. É _____[3] cancelar a reserva ou _____[4] para a semana seguinte?

Com os melhores _____[5]

Jorge Rodrigues

N. Escreva um *e-mail* para alterar a sua reserva num hotel. Refira para quando é a reserva e para quando quer alterar.

PRONÚNCIA

B62))) **A.** Ouça e repita as palavras com [ɔ].

hóspede	história	avós	negócio	óculos

B62))) **B.** Ouça e repita mais palavras com [ɔ].

fome	agora	hora	homem	nosso	sol

B62))) **C.** Ouça e repita as palavras com [o].

ovo	corpo	famoso	todo	ator	calor

B62))) **D.** Ouça e sublinhe todas as letras *o* pronunciadas como [ɔ].

porta	torre	doce	pode	costa	sopa	dor

B62))) **E.** Ouça as palavras e escreva o número de acordo com a ordem de audição.

pude ☐   pode ☐   pôde ☐

© Lidel – Edições Técnicas, Lda.

Verbos *vestir* e *despir*
a) Presente do Indicativo

	vestir
eu	visto
tu	vestes
você / ele / ela	veste
nós	vestimos
vocês / eles / elas	vestem

	despir
eu	dispo
tu	despes
você / ele / ela	despe
nós	despimos
vocês / eles / elas	despem

b) Pretérito Perfeito Simples do Indicativo

No P.P.S. os verbos *vestir* e *despir* são regulares (*eu vesti, tu vestiste*, etc.)

Uso de *lá* como negação

Na linguagem informal, o advérbio *lá* colocado depois do verbo *saber* substitui *não*:

Sei lá onde ele está. = *Não sei onde ele está.*

Pronomes pessoais complemento indireto

singular		plural	
sujeito	objeto	sujeito	objeto
eu	**me**	nós	**nos**
tu	**te**	vocês	**vos**
você / ele / ela o(a) senhor(a)	**lhe**	vocês / eles / elas os(as) senhores(as)	**lhes**

A. Complete com os verbos na forma correta do presente.

1. Ele nunca veste este fato. (*vestir*)
2. Porque é que não _____ a camisola? Está calor aqui. (*tu/despir*)
3. De manhã, _____ e à noite _____. (*eu/vestir-se/despir-se*)
4. _____ sempre a mesma camisa! (*tu/vestir*)
5. Não _____ estas calças porque são curtas. (*eu/vestir*)

B. Complete as frases com o pronome de complemento indireto na posição e na forma correta.

1. Ele diz que lhe apetece _____ um gelado. (*ele*)
2. Pode _____ dizer _____ onde fica o hospital? (*eu*)
3. Já _____ dei _____ a prenda? (*vocês*)
4. Queria _____ oferecer _____ algo útil. (*tu*)
5. Estas calças não _____ ficam _____ bem. (*tu*)
6. Quando é que _____ respondes _____? (*nós*)

C. Reescreva as frases substituindo as partes sublinhadas pelo pronome de complemento indireto.

1. A mãe dá prendas <u>à Ana e a mim</u>.
   A mãe dá-nos prendas.
2. Os alunos respondem <u>aos professores</u>.
   Os alunos _____.
3. Vou escrever uma carta <u>à Joana e a ti</u>.
   Vou _____.
4. Este casaco fica mal <u>ao Pedro</u>.
   Este casaco _____.
5. Que hotel recomendaste <u>ao Rui e ao Miguel</u>?
   Que hotel _____?

Verbo *doer*

Infinitivo	Presente do Indicativo		P.P.S.	
	singular	plural	singular	plural
doer	dói	doem	doeu	doeram

Há quanto tempo...? e Desde quando...?

• Usamos *Há quanto tempo...?* com o verbo no Presente ou no P.P.S.:
Há quanto tempo <u>vives</u> nesta cidade?
Há quanto tempo <u>estiveste</u> em Paris?

e respondemos com locuções adverbiais referentes ao período de tempo:
Há dois anos. Há três meses. Há uma hora.

• Usamos *Desde quando...?* com o verbo no Presente:
Desde quando <u>vives</u> aqui?

e respondemos com locuções adverbiais referentes ao momento no passado:
Desde ontem. Desde o mês passado. Desde maio. Desde 2008.

Pretérito Perfeito Simples dos verbos *dizer, vir, pôr, trazer* e *querer*

	dizer	*vir*	*pôr*
eu	disse	vim	pus
tu	disseste	vieste	puseste
você / ele / ela	disse	veio	pôs
nós	dissemos	viemos	pusemos
vocês / eles / elas	disseram	vieram	puseram

	trazer	*querer*
eu	trouxe	quis
tu	trouxeste	quiseste
você / ele / ela	trouxe	quis
nós	trouxemos	quisemos
vocês / eles / elas	trouxeram	quiseram

A. Complete com o verbo *doer* no Presente do Indicativo e o pronome na forma correta.

1. O que é que lhe dói? *(você)*
2. _____ os olhos. *(eu)*
3. Onde é que _____? *(tu)*
4. Não _____ os pés? *(você)*
5. _____ a cabeça? *(tu)*

B. Sublinhe nas respostas a opção correta.

1. Desde quando tem essas dores?
   Desde **sexta-feira/uma semana**.
2. Há quanto tempo não vais ao médico?
   Há **um ano/setembro.**
3. Desde quando é que não falas com a Ana?
   Desde **a semana passada/dois meses**.
4. Há quanto tempo foste a Marrocos?
   Há **2009/dois anos**.
5. Desde quando não tiras férias?
   Desde **março/mais de um ano**.
6. Há quanto tempo tens um cão?
   Há **sexta-feira/cinco dias**.

C. Complete com o verbo na forma correta do P.P.S.

1. Ela não pôs sal nenhum na sopa. *(pôr)*
2. Ele nunca _____ casar comigo. *(querer)*
3. Porque é que _____ tarde para casa? *(tu/vir)*
4. Não _____ ir à festa. *(nós/querer)*
5. O que é que vocês _____? *(dizer)*
6. Onde é que vocês _____ a mala? *(pôr)*
7. Porque é que ele não _____ pão? *(trazer)*

D. Sublinhe o verbo correto.

1. O Paulo **viu/veio** sozinho à festa.
2. Ontem **vimos/viemos** dois filmes.
3. **Vi/Vim** para casa depois das 8h.
4. **Viste/Vieste** televisão ontem à noite?
5. Nunca antes **vimos/viemos** a este café.

Pronomes pessoais complemento direto (3.ª pessoa)

sujeito	objeto
você / ele / o senhor	o
você / ela / a senhora	a
vocês / eles / os senhores	os
vocês / elas / as senhoras	as

- Alguns dos verbos usados com o complemento direto são: *conhecer, ver, ajudar, adorar, detestar, amar, convidar, visitar, ouvir.*

  Convida-a para casa.
  Não o conheces?

- Alguns dos verbos usados com o complemento indireto são: *doer, ficar, parecer, apetecer.*

  O que é que lhe dói?
  Esta camisa fica-lhe bem.

- Alguns dos verbos usados com o complemento direto e indireto são: *dar, recomendar, emprestar, deixar, apresentar, mostrar, trazer, levar.*

  Dei-lhe as chaves.
  Dei-a à minha mãe.

Frases interrogativas – ordem das palavras

Em português, muito frequentemente fazemos perguntas colocando a interrogativa no fim. Compare:

O que é que vais fazer?
Vais fazer o quê?

Com quem quer falar?
Quer falar com quem?

Porque é que estás assim?
Estás assim porquê?

Atenção: Neste tipo de perguntas não usamos *é que*.

A. Reescreva as frases substituindo a parte sublinhada pelo pronome.

1. Vejo <u>o meu irmão</u>.

   Vejo-o.

2. Não vejo <u>a minha mala</u>.

   _____.

3. Encontraste <u>os teus amigos</u>?

   _____?

4. Ele come <u>a sopa</u>.

   _____.

5. Ele conhece <u>estas mulheres</u>.

   _____.

6. Não conheço <u>este homem</u>.

   _____.

B. Complete as frases com *lhe, o* ou *a*.

1. Ele não consegue fazer isso sozinho. Ajuda–*o*.

2. O João diz que não _____ apetece sair de casa.

3. Mostra _____ o livro que compraste.

4. Adoro esta música. Ouço _____ todos os dias.

5. Gosto do Rui. Apresentei _____ os meus pais ontem.

6. Ela é uma má pessoa. Detesto _____.

7. O que é que _____ dói?

8. Gosto muito do Jorge. Convidei _____ para a festa dos meus anos.

C. Reescreva as frases colocando a interrogativa no fim.

1. De onde é que és?

   És de onde?

2. Qual é o teu carro?

   _____?

3. Onde é que está a tua chave?

   _____?

4. Porque é que não queres ir comigo?

   _____?

Ser + adjetivo + Infinitivo

Muitos adjetivos (*bom, difícil, fácil, proibido, possível,* etc.) podem ser usados na construção *ser* + adjetivo + Infinitivo:

É fácil aprender português.
É proibido fumar.

Pretérito Perfeito Simples dos verbos *saber, poder* e *haver*

	saber	poder
eu	soube	pude
tu	soubeste	pudeste
você / ele / ela	soube	pôde
nós	soubemos	pudemos
vocês / eles / elas	souberam	puderam

O P.P.S. do verbo *haver* é *houve*:

Ontem houve um acidente ferroviário muito grave.

Presente do Indicativo do verbo *fugir*

O verbo *fugir* conjuga-se como o verbo *subir* (*eu fujo, tu foges, ele foge, nós fugimos, eles fogem*).

Pronomes pessoais complemento direto

singular		plural	
sujeito	objeto	sujeito	objeto
eu	me	nós	nos
tu	te	vocês	vos
você / ele o senhor	o	eles os senhores	os
você / ela a senhora	a	elas as senhoras	as

Os pronomes da 1.ª e 2.ª pessoa do complemento direto são iguais aos do complemento indireto (*me, te, nos, vos*).

A. Reesecreva as frases usando a estrutura *ser* + adjetivo + Infinitivo. Use os seguintes adjetivos: *preciso, bom, possível, proibido, melhor* e *difícil*.

1. As pessoas gostam de estar na praia.

   É bom estar na praia.

2. As pessoas têm de gastar menos água.

   _____ menos água.

3. As pessoas preferem tirar férias em agosto.

   _____ férias em agosto.

4. As pessoas têm problemas em encontrar esta rua.

   _____ esta rua.

5. As pessoas podem pagar com multibanco nesta loja.

   _____ com multibanco nesta loja.

6. As pessoas não podem fumar aqui.

   _____ aqui.

B. Complete com o verbo na forma correta do P.P.S.

1. Só soubemos disso ontem. (*nós/saber*)
2. Não _____ ir à tua festa. (*eu/poder*)
3. Porque é que ele não _____ ficar mais tempo aqui? (*poder*)
4. _____ um problema na estrada. (*haver*)

C. Complete com o pronome adequado.

1. Vocês não me viram, mas eu vi–vos ontem na praia.
2. Nós não vamos à festa. A Cristina não _____ convidou.
3. O Afonsinho começou a chorar porque a mãe _____ deixou sozinho.
4. Tu não me conheces, mas eu conheço _____ bem.
5. A Ana e o Pedro não _____ visitam, mas eu visito-os com frequência.

NA FARMÁCIA

A. Faça a correspondência entre as palavras e as fotografias.

☐ receita
☐ comprimidos
☐ embalagem
☐ xarope

B63 🔊 B. A Raquel não se sente bem, por isso vai a uma farmácia. Ouça a conversa com a farmacêutica. Qual é o problema da Raquel? Quantos medicamentos compra?

B63 🔊 C. Leia o diálogo. Lembra-se das palavras que faltam? Complete e ouça para confirmar.

Farmacêutica: Boa tarde.

Raquel: Boa tarde. Queria algo para a _____ ¹ e para as dores de garganta.

Farmacêutica: Como é a tosse?

Raquel: É seca.

Farmacêutica: Este _____ ² deve ajudar. Tome 3 vezes por dia, depois das refeições. E para as dores vou dar-lhe Mebocaína Forte.

Raquel: Obrigada. E também preciso de aspirinas para a _____ ³.

Farmacêutica: Vou dar-lhe Ben-u-ron. É melhor do que aspirina.

Raquel: Como é que tomo?

Farmacêutica: Tome um _____ ⁴ de 6 em 6 horas.

Raquel: Muito obrigada.

D. Pratique este diálogo com o seu colega.

A. Corrija as frases como no exemplo.

1. O Rui está em calções.   *de*
2. Esta camisa não fica-te bem.   _____
3. Apaixonei-me com ele.   _____
4. O Hugo já cá está. Ajuda-lhe.   _____
5. Hoje vou vestir as botas.   _____
6. Desde quanto é que não comes carne?   _____
7. É bem poder dormir até às 9h.   _____
8. Como está o Rui? Não lhe vejo há anos!   _____
9. Esta cidade é horrível. Detesto-lhe.   _____
10. Não me importo a ficar em casa.   _____

B. Escreva a palavra que falta.

1. Estamos *no* meio da cidade.
2. _____ difícil chegar aqui de carro.
3. Sente-se bem? Dói _____ alguma coisa?
4. Tomo _____ menos dois cafés por dia.
5. Acho que estou _____ febre.
6. _____ quanto tempo é que não falas com o Rui?
7. Quem é ela? Não _____ conheço.
8. Estou vestido _____ uma camisa amarela.
9. Tome este comprimido de quatro _____ quatro horas.
10. Não sei o que _____ passa aqui.

C. Complete as letras que faltam nos verbos.

1. Vou t*omar* uma aspirina.
2. A Lídia p_ _ _ _ _ muito velha nesta fotografia.
3. O Jorge partiu o braço. Já é a terceira vez que isto lhe a_ _ _ _ _ _ _. Coitado!
4. Sou muito gordo. Tenho de e_ _ _ _ _ _ _ _.
5. Ontem, o Hugo a_ _ _ _ _ _ _ _ _ -me a nova namorada dele. Chama-se Júlia.
6. Fala mais baixo! Não precisas de g_ _ _ _ _.
7. V_ _ _ _ esse casaco! Fica-te muito bem!
8. Não me a_ _ _ _ _ _ sair hoje à noite.

D. Assinale a palavra que não pertence ao grupo.

1. (camisola) padaria talho quiosque
2. botas chinelos calças sapatos
3. vestido saia roupa blusa
4. febre tosse mão dor
5. nariz barriga olho boca
6 aspirina xarope gripe comprimidos

E. Complete as letras que faltam nas palavras.

1. Podes comprar pilhas para a máquina fotográfica?

2. Hoje estou de fato e g_ _ _ _ _ _.

3. Tenho de marcar uma c_ _ _ _ _ _ _ médica.

4. Tenho dores de e_ _ _ _ _ _ _. Deve ser por causa de alguma coisa que comi.

5. O Jorge teve um a_ _ _ _ _ _ _ de carro ontem.

6. Vendemos este medicamento só com r_ _ _ _ _ _ médica.

7. Acho que estou c_ _ _ _ _ _ _ _ _. Dói-me a garganta.

8. É p_ _ _ _ _ _ _ falar ao telemóvel aqui. Tem de desligar.

9. Vai a uma p_ _ _ _ _ _ _ _ e compra um lápis.

B64)) F. Ouça as frases e sublinhe a resposta correta.

1. a. O que é que tem? b. As melhoras!
2. a. Sim, muito. b. Aqui.
3. a. Cuidado! b. Coitado!
4. a. Muito bom. b. Muito bem.
5. a. Achas? Porquê? b. Acham? Porquê?

B65)) G. Ouça os textos e escolha a opção correta.

1. A senhora
   a. teve um acidente de carro.
   b. caiu.
   c. partiu a perna.

2. O hotel
   a. fica numa rua segura.
   b. não serve pequeno-almoço.
   c. é barato.

H. Assinale a palavra que tem o som diferente.

1. outro pôs hóspede
2. pode pôde avó

I. Leia a história de um amor trágico de um filme de Woody Allen. Verifique no dicionário o significado das palavras que não conhece. A seguir, leia as frases abaixo. São verdadeiras ou falsas? Assinale.

O Chris é um jovem instrutor de ténis. Vive em Londres. Um dia, conhece a Chloe, que vem de uma boa família inglesa. O Chris quer casar com ela porque ela é rica. Ela ama-o, mas ele não a ama. Ele apaixona-se por Nola, uma atriz americana, que é namorada do Tom, o irmão da Chloe. Um dia, Nola decide deixar a Inglaterra e voltar para os Estados Unidos. O Chris esquece-a e casa com a Chloe. Mas, alguns meses depois, encontra a Nola num museu. Começam a namorar. A Nola fica grávida. Quer ter o filho e casar com o Chris. Mas ele já não a ama e não quer divorciar-se da Chloe. Acaba por matar a Nola.

1. O Chris quer casar com a Chloe por dinheiro. [V] [F]

2. O Chris apaixona-se pela namorada do irmão. [V] [F]

3. A Nola quer ser mãe. [V] [F]

4. O Chris não quer divorciar-se da Chloe. [V] [F]

VISTO PARA AS UNIDADES 37-40

O PORTADOR DESTE MANUAL JÁ SABE:

- DESCREVER O MODO DE SE VESTIR
- IDENTIFICAR PARTES DO CORPO
- INFORMAR SOBRE O ESTADO DE SAÚDE
- FALAR SOBRE RELACIONAMENTOS
- DESCREVER HOTÉIS E SERVIÇOS HOTELEIROS
- ESCREVER UM *E-MAIL* FORMAL

E TEM DIREITO A PROSSEGUIR PARA AS UNIDADES 37-40

PASSAPORTE PARA PORTUGUÊS<<<<<<<<<<<<<<<<<
NÍVEIS A1/A2<<<<<<<<<<<<<<<<<<<<<<<<<<<<<<

COMUNICAÇÃO	VOCABULÁRIO	PRONÚNCIA	GRAMÁTICA
descrever estados e ações durativas ou habituais do passado	a vida no campo	acento, ditongos [oj] e [ɔj]	Pretérito Imperfeito do Indicativo

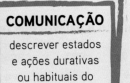

COMO ERA ESTA CIDADE ANTIGAMENTE?

A. Olhe para as fotografias de uma praça que fica no centro de Lisboa. A primeira fotografia é antiga, a segunda é atual. Que diferenças vê? Como é a praça na fotografia antiga e na atual?

1

2

B66))) **B.** Nadia Bentahar é marroquina. Há alguns anos mudou-se para Lisboa. Trabalha numa universidade como professora de português. Ouça a entrevista na qual a Nadia fala sobre a cidade que escolheu para viver. Sublinhe os temas sobre os quais a Nadia fala.

o comércio

a alimentação

os hábitos

os transportes

o turismo

os preços

o clima

C. Leia a entrevista com a Nadia e complete o texto com as palavras da caixa.

quase	diferentes	juntas	anos	todo	calor	menos	só	sentados

A: Nadia, quando é que veio para Lisboa?
B: Mudei-me para esta cidade em 1998.
A: Já são muitos _____[1]! Muitas coisas mudaram desde que veio para cá, não foi?
B: Sim, claro. Quando vim para cá havia menos turistas.
A: Quer dizer que Lisboa naquela altura não era tão popular como agora?
B: Não sei. É certo que não vinham tantos turistas a Lisboa como agora. Se calhar a cidade era _____[2] popular. Ou se calhar as pessoas não viajavam tanto.
A: O que é que mudou mais?
B: Naquele tempo, toda a gente fazia compras principalmente nas praças, nos mercados e em pequenas lojas. Hoje em dia, as pessoas fazem compras nos centros comerciais.
A: Mas ainda há lojas de bairro.
B: Há, mas menos. E são _____[3]. São mercearias indianas, brasileiras e chinesas. Antigamente, só havia portuguesas.
A: E o que mais era diferente?
B: Esta praça onde estamos _____[4] agora. Antigamente, estava sempre cheia de carros. Havia um enorme parque de estacionamento aqui. Agora a praça tem pessoas, cafés, restaurantes. Agora tem vida. Antes não tinha.

Os transportes também mudaram. Quando vim para cá, o metro tinha _____[5] duas linhas. Agora tem quatro. As pessoas que trabalham em Lisboa e vivem do outro lado do rio iam para casa de carro ou de barco. Hoje em dia, podem também atravessar a ponte de comboio. E, também, naquela altura, _____[6] ninguém em Lisboa andava de bicicleta.
A: E agora, acha que as pessoas andam de bicicleta?
B: Claro. Está a ver aquela? É minha. Claro que em Amesterdão ou Pequim há mais bicicletas, mas as coisas mudaram bastante.
A: E o tempo? Acha que mudou também?
B: Acho que sim. Antes chovia mais no inverno. E fazia mais _____[7] no verão.
A: E as pessoas? Eram iguais?
B: Claro que não. Tudo muda, as pessoas também. Acho que no passado as pessoas conversavam mais, passavam mais tempo _____[8]. E também, obviamente, vestiam-se de uma maneira diferente. E fumavam mais! Podiam fumar por _____[9] o lado - nos cafés, restaurantes, bares. Agora é proibido.
A: Felizmente! Nadia, muito obrigado pela entrevista!
B: De nada.

D. Olhe para as formas verbais destacadas no texto da entrevista. Copie-as para a respetiva coluna da tabela abaixo.

INFINITIVO	IMPERFEITO				
	eu	tu	você/ele/ela	nós	vocês/eles/elas
viajar	viajava	viajavas	viajava	viajávamos	
estar					
andar					
passar					
fazer		fazias		fazíamos	faziam
haver					
poder					
vestir-se					
ir					
ser					
vir					
ter					

E. Preencha o resto da tabela com as formas corretas.

> VÁ À **GRAMÁTICA** NA PÁGINA 222 E FAÇA O EXERCÍCIO A.

F. Leia outra vez a entrevista com a Nadia. O que é que mudou para melhor em Lisboa? O que é que mudou para pior? Fale sobre isso com o seu colega.

G. Pense sobre a cidade onde vive ou sobre uma cidade que conhece bem. Lembra-se como era há 10 ou mais anos? Sofreu as mesmas mudanças que Lisboa ou diferentes? Fale sobre isso com o seu colega.

COMO ERAS QUANDO TINHAS 17 ANOS?

B67)) H. A Verónica está a ver uma fotografia antiga da amiga, a Carla. Ouça o diálogo. Para que fotografia é que a Verónica está a olhar? Assinale.

IMPORTANTE!
Estou a brincar =
Não estou a falar a sério

B67)) I. Ouça o diálogo entre a Verónica e a Carla mais uma vez e complete as frases com os verbos que faltam.

1. Quando a Carla tinha 17 anos *usava* óculos. Agora não *usa*.
2. Quando a Carla tinha 17 anos _____ o cabelo comprido. Agora não _____.
3. Quando a Carla tinha 17 anos _____ o cabelo de preto. Agora não _____.
4. Quando a Carla tinha 17 anos _____ para a escola de botas. Agora não _____.
5. Quando a Carla tinha 17 anos, os pais dela não _____ da roupa que usava. Agora _____.
6. Quando a Carla tinha 17 anos _____ teimosa. Agora não _____.

J. Faça frases sobre si parecidas com as frases sobre a Carla. Use alguns dos verbos da caixa.

ter	usar	morar	ser	gostar	beber	comer	ler	ver	ouvir	ir	saber

1. Quando tinha _____ anos _____. Agora _____.
2. Quando tinha _____ anos _____. Agora _____.
3. Quando _____. Agora _____.
4. Quando _____. Agora _____.
5. _____. Agora _____.

▶▶ VÁ À GRAMÁTICA NA PÁGINA 222 E FAÇA O EXERCÍCIO B.

QUANDO ERA PEQUENO, VIVIA NO CAMPO

K. Olhe para a fotografia. Vive ou já alguma vez viveu no campo? Como é a vida no campo em comparação com a vida na cidade?

L. O Gábor é húngaro e mora em Budapeste. Leia o texto em que descreve como era a vida dele quando era criança. Complete o texto com os verbos da caixa na forma correta do Imperfeito.

| ser | poder | ter | haver | viver | estar | passar |

Quando era pequeno, _____[1] sempre os verões no campo, na casa da minha avó. A minha avó _____[2] numa pequena aldeia que tinha apenas uma dúzia de casas. De facto, naquela aldeia _____[3] mais vacas do que pessoas. Era um lugar muito bonito. Perto da aldeia havia um rio e uma floresta. Não havia poluição nem o barulho da cidade. Mas eu _____[4] uma criança da cidade e a beleza da paisagem não era importante para mim. Quando _____[5] na aldeia sentia a falta do meu pequeno mundo da cidade - do meu quarto, dos meus brinquedos e, sobretudo, dos meus amigos. Na aldeia não _____[6] brincar com outras crianças porque não havia nenhumas. Não podia ver televisão porque a avó _____[7] apenas rádio. Hoje em dia, aquela aldeia já não existe. A minha avó morreu. Já não posso passar o verão lá. E tenho muitas saudades daquela casa no campo...

M. Sublinhe no texto acima as palavras que não conhece. Verifique o significado no glossário ou pergunte ao seu colega.

N. Onde é que passava as férias quando era criança? Como eram as férias? Fale sobre isso com o seu colega.

PRONÚNCIA

B68))) **A. Ouça e repita as formas verbais.**

| preferia | podia | ia | lia | sabia | vivia |

B68))) **B. Ouça e repita as formas verbais.**

| preferíamos | podíamos | íamos |
| líamos | sabíamos | vivíamos |

B68))) **C. Ouça e repita as formas verbais.**

| deixávamos | marcávamos | pagávamos |
| acabávamos | ligávamos | tomávamos |

B68))) **D. Ouça e repita as palavras com [jɛ] e [oj].**

| espanhóis | herói | dói |
| coisa | foi | noite | oito |

COMUNICAÇÃO
descrever estados emocionais, relatar ações do passado

VOCABULÁRIO
estados emocionais

PRONÚNCIA
sons [r] e [R], sons [ʃ] e [ʒ]

GRAMÁTICA
rir e **sorrir**, Pretérito Imperfeito *vs.* P.P.S.

UM DIA NA VIDA DE HELENA ALVES

A. Faça a correspondência entre as palavras/expressões da caixa e as imagens.

☐ satisfeito ☐ zangado ☐ triste 6 ~~em baixo~~ ☐ alegre ☐ furioso

B. Leia o anúncio. O que é *Sol para Solteiros*? Para quem é o anúncio? O que é que oferece?

Está sozinho/a?

Está triste? Está em baixo?

Nós temos a solução!

Precisa de duas coisas: companhia e sol.

Precisa de **SOL PARA SOLTEIROS**

Já pensou em fazer férias para solteiros?

Vá fazer uma viagem às Maldivas.

Vai conhecer um país lindíssimo na companhia de pessoas interessantíssimas.

SOL PARA SOLTEIROS

Só para solteiros/as!

Para mais informações ligue:

21 463 74 98 ou 91 342 22 99

ou visite:

www.solparasolteiros.pt

C. Faça a correspondência entre os verbos e as imagens.

	tentar		aparecer		bater	2	~~pegar~~		rir		sorrir

D. Leia a apresentação da Helena Alves.

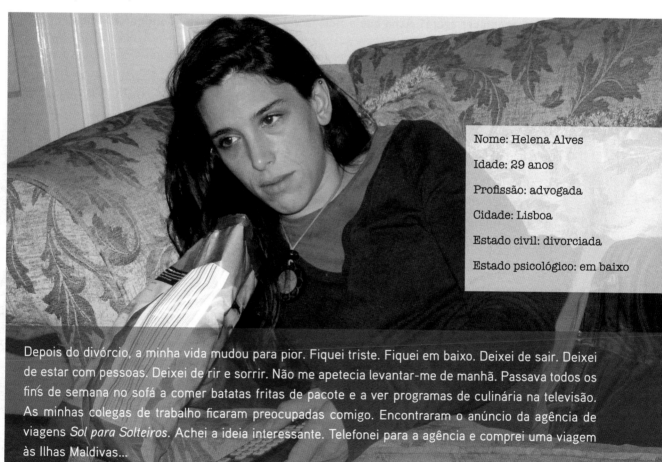

Nome: Helena Alves

Idade: 29 anos

Profissão: advogada

Cidade: Lisboa

Estado civil: divorciada

Estado psicológico: em baixo

Depois do divórcio, a minha vida mudou para pior. Fiquei triste. Fiquei em baixo. Deixei de sair. Deixei de estar com pessoas. Deixei de rir e sorrir. Não me apetecia levantar-me de manhã. Passava todos os fins de semana no sofá a comer batatas fritas de pacote e a ver programas de culinária na televisão. As minhas colegas de trabalho ficaram preocupadas comigo. Encontraram o anúncio da agência de viagens *Sol para Solteiros*. Achei a ideia interessante. Telefonei para a agência e comprei uma viagem às Ilhas Maldivas...

E. Sem olhar para o texto, lembra-se de como passou a ser a vida da Helena depois do divórcio?

© Lidel – Edições Técnicas, Lda.

12 de fevereiro de 2013 - O dia da partida para as Maldivas

1 O dia começou mal. O meu despertador não tocou. Quando acordei eram sete horas. Uma hora de atraso! Vesti-me rapidamente, peguei na mala e saí de casa. Entrei no elevador e carreguei no botão. O elevador começou a descer normalmente, mas, depois, de repente, parou entre os andares...

O que acha que vai acontecer a seguir? Continue a leitura.

2 Carreguei em todos os botões dentro do elevador, mas isso não ajudou. Tentei ligar do meu telemóvel para a assistência, mas fiquei sem bateria. Tentei abrir a porta, mas não consegui. Comecei a gritar. Ninguém ouviu. Ninguém respondeu. O prédio parecia completamente vazio...

O que é que a Helena ainda pode fazer? O que é que vai acontecer? Continue a leitura.

3 Sentei-me no chão porque estava cansada. Não sabia o que fazer. De repente, o elevador começou a descer outra vez. Quando chegou ao rés do chão, saí sem problemas. Não vi que o meu telemóvel caiu para o chão e ficou dentro do elevador. Saí do prédio e apanhei um táxi. "Para o aeroporto! Rápido!", gritei para o taxista...

O que vai acontecer agora? Acha que a Helena vai apanhar o avião? Continue a leitura.

4 "Como é que se vai para o aeroporto?", perguntou o taxista. "O quê?!", gritei. "Peço muita desculpa, mas cheguei a Lisboa há uma semana e ainda não conheço a cidade." Fiquei furiosa. "Não vou perder tempo consigo! Vou apanhar outro táxi." Saí a correr e apanhei outro táxi. Quando o táxi começou a andar fiquei mais calma. De repente, a taxista perguntou...

O que é que acha que a taxista vai perguntar? O que é que vai acontecer? Continue a leitura.

5 "E para onde é que vai viajar assim, sem malas?" "Diga?!", perguntei, porque no início não percebi a pergunta. Só naquele momento é que vi que não tinha comigo a minha mala. Ficou no outro táxi. "Que horror! Coitada de mim! O que é que eu vou fazer agora?", pensei. Comecei a chorar...

O que é que a Helena vai fazer agora? Continue a leitura.

6 Decidi ir sem a mala. "Sempre posso comprar roupa nas Maldivas. Depois, vou telefonar para a empresa de táxis e dizer que deixei a mala lá.", pensei. O táxi chegou ao aeroporto. Olhei para o relógio. Eram sete e meia. Faltava meia hora para a partida do meu avião. Saí do táxi e corri pelas escadas...

Acha que a Helena vai apanhar o avião? Continue a leitura.

7 De repente, caí. Senti uma dor muito forte na perna. Comecei a chorar. Procurei o telemóvel no bolso do casaco, mas não o encontrei. Apareceu um funcionário do aeroporto: "O que é que lhe aconteceu?", perguntou. "Perdi a minha mala! Perdi o meu telemóvel! Perdi o meu voo! Perdi as minhas férias! Perdi a minha vida!", gritei. "Vou chamar uma ambulância", disse o homem.

G. As frases abaixo foram retiradas do diário da Helena. Qual é a diferença no uso dos tempos passados – o <u>P.P.S.</u> e o <u>Imperfeito</u>?

1. Quando <u>acordei</u> <u>eram</u> sete horas.
2. <u>Sentei-me</u> no chão porque <u>estava</u> cansada.
3. <u>Vi</u> que não <u>tinha</u> comigo a mala.

▶▶▶ VÁ À GRAMÁTICA NA PÁGINA 222 E FAÇA O EXERCÍCIO C.

B69))) **H.** Ouça e leia como acabou o dia da Helena.

8 | Parti a perna. Fiquei no hospital muitas horas. À noite, voltei para casa. Logo depois, alguém bateu à porta. Abri-a e vi um homem alto e moreno. "Boa noite. O meu nome é Vítor Nunes e sou o vizinho do sétimo andar. Não nos conhecemos. Encontrei hoje este telemóvel no elevador. Por acaso, não é seu?" "É meu, sim. Muitíssimo obrigada. Não quer entrar e tomar um chá?", respondi e sorri para ele...

I. Como vai acabar a história da Helena? Fale sobre isso com o seu colega.

B70))) **J.** Ouça o desfecho da história da Helena.

▶▶▶ VÁ ÀS ATIVIDADES DE COMUNICAÇÃO NA PÁGINA 235 (A) OU 244 (B) E FAÇA O EXERCÍCIO 22.

PRONÚNCIA

B71))) **A.** Ouça e repita as palavras com os sons [R] e [r].

| morrer correr carreira sorrir rir raro |

B71))) **B.** Ouça e repita as palavras com os sons [ʃ] e [ʒ].

| choro jogo feliz gente giro viste viaja |

B71))) **C.** Ouça as palavras e escreva o número de acordo com a ordem de audição.

a. chá ☐   já ☐
b. acho ☐   ajo ☐
c. queixo ☐   queijo ☐

© Lidel – Edições Técnicas, Lda.

UNIDADE 39

SILÊNCIO QUE SE VAI CANTAR O FADO

COMUNICAÇÃO
ler uma biografia, falar sobre gostos e preferências musicais

VOCABULÁRIO
dados biográficos, música

PRONÚNCIA
pronomes, conjunto **sc**, sons [ʃ] e [s]

GRAMÁTICA
partícula **se**, formas **-no/-na/-nos/-nas** do pronome **-o/-a/-os/-as**

A CASA DA AMÁLIA

A. Já alguma vez ouviu fado? Conhece algum cantor ou cantora de fado? Sabe como se chama um cantor de fado?

B. Leia as frases abaixo e a nota biográfica sobre a cantora de fado Amália Rodrigues. As frases são verdadeiras ou falsas? Assinale.

1. Os pais de Amália não tinham muito dinheiro.   V   F
2. Amália começou a cantar tarde.   V   F
3. Amália era uma cantora muito popular.   V   F
4. Amália não viajou muito.   V   F
5. Amália teve três maridos.   V   F
6. Amália nunca foi mãe.   V   F

IMPORTANTE!
nascer ≠ morrer

Amália Rodrigues nasceu em Lisboa, em 1920, numa família muito pobre. Começou a cantar quando ainda era criança. Aos 20 anos começou a cantar na melhor casa de fado em Lisboa. Ao longo da sua carreira, Amália gravou dezenas de discos e centenas de canções. Teve milhares de fãs em todo o mundo. Deu concertos em cidades como Paris, Nova Iorque e Tóquio. Casou duas vezes. Não teve filhos. Morreu na sua casa em Lisboa, de manhã, a 6 de outubro de 1999.

C. Sublinhe no texto acima as palavras que não conhece. Verifique o significado no glossário ou pergunte ao seu colega.

B72 🔊 **D.** A Débora e o Hélder estão a visitar a Casa-Museu de Amália Rodrigues. Leia os diálogos e ponha-os por ordem. A seguir, ouça para confirmar.

1. _____   2. _____   3. _____   4. _____   5. _____

A.

Débora: A Amália morreu nesse quarto, não foi?
Guia: Sim, morreu nesta cama.
Hélder: A casa mudou muito desde que ela morreu?
Guia: Não, não mudou nada. Está igual. A mobília, a decoração, até os pratos...

B.

Guia: Estamos na Rua de São Bento, no n.º 193, na entrada da Casa-Museu de Amália Rodrigues, a maior cantora portuguesa de todos os tempos. Amália viveu nesta casa uma grande parte da vida, quase meio século. Vamos entrar e ver a casa.

C.

Hélder: Até hoje? Que coisa tão bonita!
Guia: Pois é. Mais perguntas?
Débora: Posso tirar fotos?
Guia: Sim, claro. Mas não pode usar *flash*.

D.

Débora: As flores também?
Guia: As flores? Quando Amália vivia aqui, a casa estava sempre cheia de flores. Ela recebia muitas flores. Os fãs dela traziam-nas pessoalmente ou mandavam-nas por correio, até do Japão ou da Austrália. Hoje em dia, a fadista já não está connosco, mas as pessoas continuam a mandar flores.

E.

Guia: Aqui é a sala de jantar e a sala de estar. Era aqui que se faziam os famosos jantares da Amália. Durante esses jantares, bebia-se muito vinho e, obviamente, cantava-se muito o fado. Em junho, comiam-se cerejas. Amália adorava cerejas. E este é o quarto.

E. Leia as frases 1-3 e observe como foram reformuladas. Faça o mesmo com as frases 4-6.

1. As pessoas bebiam vinho.   ▶   *Bebia-se vinho.*
2. Cantamos muito o fado.   ▶   *Canta-se muito o fado.*
3. Comíamos cerejas.   ▶   *Comiam-se cerejas.*
4. As pessoas falavam português.   ▶   _____
5. Dançamos salsa.   ▶   _____
6. Vendíamos casas.   ▶   _____

▶▶▶ VÁ À **GRAMÁTICA** NA PÁGINA 223 E FAÇA O EXERCÍCIO A.

F. Leia os pares de frases e observe a alteração na forma do pronome entre as frases a. e b.

1. a. Ela recebeu flores. Um fã dela trouxe-as pessoalmente.

   b. Ela recebeu flores. Os fãs dela trouxeram-nas pessoalmente.

2. a. Ele não tem a chave. Perdeu-a ontem.

   b. Eles não têm a chave. Perderam-na ontem.

3. a. Tire o casaco daí. Ponha-o em cima da cadeira.

   b. Tira o casaco daí. Põe-no em cima da cadeira.

▶▶▶ VÁ À **GRAMÁTICA** NA PÁGINA 223 E FAÇA O EXERCÍCIO B.

© Lidel – Edições Técnicas, Lda.

AS GRANDES CANTORAS

G. Amália Rodrigues foi a voz de Portugal e um dos símbolos do país. Leia as notas biográficas sobre cantoras de outros países. Algumas frases foram retiradas dos textos. Coloque-as no espaço certo.

A. A artista morre, de repente, com 36 anos de idade.

B. Regressou ao seu país três anos mais tarde.

C. Em 1954, casou com um famoso compositor.

Mercedes Sosa foi uma das maiores cantoras da América Latina e dona de uma grande voz. Nasceu em 1935, em San Miguel de Tucumán, no norte da Argentina. Aos 26 anos gravou o primeiro disco. Em 1979, por causa da situação política, teve de fugir da Argentina. _____[1]. Cantou em cidades como Paris, Roma e Amesterdão. Morreu em 2009, em Buenos Aires.

Fairuz é uma grande cantora árabe. Nasceu na aldeia de Jabal al Arz, no Líbano. Começou a cantar ainda na escola. _____ _____[2]. O filho deles, Ziad Rahbani, também escreve canções. Fairuz deu concertos em cerca de 50 países. Gravou cerca de 800 canções e vendeu 80 milhões de discos. Vive em Paris e em Beirute.

Muitas pessoas acham que Elis Regina foi a maior cantora da música brasileira. Nasceu em 1945, em Porto Alegre, no sul do Brasil. Começou a carreira de cantora aos 11 anos num programa de rádio para crianças. Em 1964, mudou-se de Porto Alegre para São Paulo. _____[3]. Gravou mais de 30 discos. A filha de Elis, Maria Rita, também é cantora.

H. Leia os textos outra vez e complete as frases com o nome da cantora.

1. Não há informação sobre a família de _____.

2. Não há informação sobre as viagens e concertos de _____.

3. Não há informação sobre a data de nascimento de _____.

I. No seu país, houve ou há alguma grande cantora comparável a Amália Rodrigues e às cantoras apresentadas aqui?

FOSTE A UM CONCERTO?

B73))) **J.** Leia e ordene as frases da conversa ao telefone entre a Nadia e a Susana.
Ouça para confirmar.

☐	Foste a um concerto? Qual?
☐	Adorei. Estive muito perto do palco, na terceira fila.
1	Olá, Nadia! Liguei para ti ontem, mas não atendeste!
☐	Só um? Que pena! E foi bom? Gostaste?
☐	Ao da Dulce Pontes.
9	Que inveja!
☐	Desculpa, estive num concerto e não ouvi.
☐	Só consegui arranjar um bilhete.
☐	E não me disseste nada? Sabes que eu gosto muito dela.

K. Sabe o que significam as palavras destacadas no diálogo? Verifique o significado no glossário ou pergunte ao seu colega.

L. Faça estas perguntas ao seu colega.

Tens algum(a) cantor(a)/banda preferida?

As letras das canções são importantes para ti?

Tens algum disco preferido?

Ouves canções em inglês, na tua língua ou noutras línguas?

Tens alguma canção preferida?

Vais muito a concertos?

PRONÚNCIA

B74))) **A.** Ouça e repita os verbos e os pronomes.

fecham-na	abrem-no	bebem-no
partem-na	põem-no	põe-na
dão-no	venderam-na	vendem-na

B74))) **B.** Ouça e repita a pronúncia das letras *sc* antes de *a, o e u*.

desconto buscar disco discutir desculpe

B74))) **C.** Ouça e repita a pronúncia das letras *sc* antes de *e e i*.

nasceu descer seiscentos nasci piscina

B74))) **D.** Ouça e repita as palavras com os sons [ʃ] e [s].

choro	oiça	feliz	sumo
faço	viste	massa	ténis

B74))) **E.** Ouça as palavras e escreva o número de acordo com a ordem de audição.

a.	chá	☐	Sá	☐
b.	choro	☐	soro	☐
c.	acho	☐	aço	☐

© Lidel – Edições Técnicas, Lda.

COMUNICAÇÃO
interagir num
aeroporto
e num avião,
preparar uma viagem

VOCABULÁRIO
transporte aéreo,
aeroportos,
viagens

PRONÚNCIA
pronomes,
terminação **-gem**,
entoação

GRAMÁTICA
formas
-lo/-la/-los/-las
do pronome
-o/-a/-os/-as,
omissão dos artigos

A QUE HORAS ATERRAMOS?

A. Faça a correspondência entre as cidades e os aeroportos.

1. Heathrow	a. Tóquio
2. Guarulhos	b. Nova Iorque
3. Haneda	c. Madrid
4. Arlanda	d. São Paulo
5. Portela	e. Londres
6. Barajas	f. Amesterdão
7. LaGuardia	g. Lisboa
8. Schiphol	h. Estocolmo

IMPORTANTE!
aterrar ≠
levantar voo

B. Olhe para as fotografias. Onde estão as pessoas das fotografias? O que estão a fazer?

C. Leia as frases a-c e o texto abaixo. Assinale com ✓ a resposta correta.

O autor escreveu este artigo porque...

a. ... queria contar a sua experiência de dormir num aeroporto. ☐

b. ... queria ajudar as pessoas que vão dormir num aeroporto. ☐

c. ... queria mostrar às pessoas que, às vezes, é bom dormir nos aeroportos. ☐

Dormir num aeroporto raramente está nos nossos planos. Ninguém gosta disso. É desconfortável, é cansativo e em alguns aeroportos também é proibido ou até perigoso. Mas, às vezes, simplesmente não temos outra solução. Voos atrasados, cancelados ou que partem muito cedo são, hoje em dia, muito frequentes.

Nesses momentos, é bom saber como fazer de uma noite no aeroporto uma experiência menos desagradável. O *site* www.sleepinginairports.net ajuda os passageiros que têm de dormir no aeroporto. Lá, pode encontrar toda a informação útil nessas situações, como, por exemplo, onde se encontram os assentos mais confortáveis, que zonas do aeroporto são menos barulhentas ou onde podemos encontrar cafés e restaurantes abertos 24 horas por dia.

Todos os anos, os utilizadores do www.sleepinginairports.net escolhem os melhores e piores aeroportos para dormir. Em 2013, o melhor do mundo era o aeroporto de Changi, em Singapura. O pior era o de Manila, nas Filipinas. Na Europa, o aeroporto Beauvais Tillé, em França, era o pior. O melhor era o aeroporto Schiphol.

D. Leia o artigo outra vez e responda às perguntas.

1. Porque é que as pessoas não gostam de dormir nos aeroportos?

2. Porque é que as pessoas dormem nos aeroportos?

3. Que informações são importantes para as pessoas que dormem num aeroporto?

4. Que aeroportos os utilizadores do www.sleepinginairports.net não recomendam?

E. E você? Já alguma vez passou a noite num aeroporto? Onde foi? Porquê? Como foi a experiência?

B75))) **F.** Faça a correspondência entre as frases à esquerda e à direita. A seguir, ouça para confirmar.

1. Ponha o cinto de segurança, faz favor.

2. A que horas é que vamos aterrar?

3. Posso pôr a minha mala aqui?

4. Não tem nada nos bolsos? Moedas? Chaves?

a. Daqui a meia hora.

b. Não, coloque-a por baixo do assento.

c. Não, já tirei tudo.

d. Não sei como. Pode ajudar-me?

G. Faça a correspondência entre as fotografias abaixo e os diálogos acima.

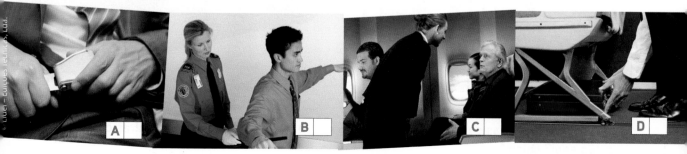

A ☐ B ☐ C ☐ D ☐

NÃO CONSIGO FECHAR A MALA!

H. O Tiago vai de férias. Leia as coisas que ele fez antes da viagem. Ordene as imagens abaixo de acordo com os acontecimentos.

> Depois de comprar o voo, fiz a reserva do hotel. Depois, fiz a reserva do carro. A seguir, fui a uma livraria e comprei o guia. Alguns dias antes da viagem, pedi ao meu amigo Luís para tomar conta do gato e regar as plantas. Um dia antes da viagem, fiz a mala, fiz o *check-in online* e imprimi o cartão de embarque. No dia da viagem, vi como estava o tempo. E estava pronto para partir!

A

B

C

D

E

F

G

H 1

I

I. E você? Quais destas coisas faz sempre antes de uma viagem de avião? Faz outras coisas que não estão aqui? Quais?

B76))) **J.** Antes da viagem, o Tiago está a fazer a mala e o Luís está a ajudá-lo. Ouça a conversa. Que problemas é que o Tiago tem com a mala?

B76))) **K. Ouça a conversa outra vez e responda às perguntas.**

1. Porque é que o Tiago não consegue fechar a mala?

2. Quantos dias vão durar as férias do Tiago?

3. Porque é que a mala está tão pesada?

L. Reescreva as frases abaixo substituindo o pronome pelo nome do objeto de acordo com a conversa entre o Tiago e o Luís.

1. Não consigo fechá-la.   Não consigo *fechar a mala.*

2. Tens de tirá-lo.   Tens de _____.

3. Vai à casa de banho e trá-la.   Vai à casa de banho e _____.

4. Não podes levá-los.   Não podes _____.

 VÁ À **GRAMÁTICA** NA PÁGINA 223 E FAÇA OS EXERCÍCIOS C E D.

M. Complete as frases com os verbos na forma correta do Presente do Indicativo ou do Infinitivo.

imprimir	levar	~~fazer~~	pesar	caber	guardar

1. Detesto *fazer* as malas.

2. Esta mala _____ muito.

3. Este casaco não _____ aqui.

4. Só podes _____ 20 quilos.

5. _____ sempre o meu passaporte na carteira.

6. Não consigo _____ o cartão de embarque.

PRONÚNCIA

B77))) **A. Ouça e repita os verbos e os pronomes.**

tirá-lo	fechá-la	vendê-lo
fazê-la	parti-lo	guardá-los

B77))) **B. Ouça e repita as palavras terminadas em** *-gem.*

viag**em** bagag**em** garag**em** mensag**em**

B77))) **C. Ouça e repita as frases interrogativas.**

Sabes disso, não sabes?

Tu, por acaso, não vais à praia?

Precisas de livros para quê?

Estás a ver?

O que é que puseste aí?

Pretérito Imperfeito regular

	falar	comer	partir
eu	falava	comia	partia
tu	falavas	comias	partias
ele	falava	comia	partia
nós	falávamos	comíamos	partíamos
eles	falavam	comiam	partiam

Usamos o Pretérito Imperfeito para ações/estados habituais ou durativos no passado. Usa-se com Pretérito Imperfeito: *antes, antigamente, naquela altura, naquele tempo, no passado* e *quando*.

Pretérito Imperfeito irregular

	ser	ter	vir	pôr
eu	era	tinha	vinha	punha
tu	eras	tinhas	vinhas	punhas
ele	era	tinha	vinha	punha
nós	éramos	tínhamos	vínhamos	púnhamos
eles	eram	tinham	vinham	punham

Presente do Indicativo dos verbos *rir* e *sorrir*

	rir	sorrir
eu	rio	sorrio
tu	ris	sorris
você / ele / ela	ri	sorri
nós	rimos	sorrimos
vocês / eles / elas	riem	sorriem

Uso do Pretérito Imperfeito e do P.P.S.

• Usamos o Imperfeito para contrastar estados ou ações durativas no passado com uma ação pontual no passado exprimida com P.P.S.:

Quando entrei em casa, estava lá a Joana.

• Usamos o Imperfeito também com as horas:

Eram quatro horas quando telefonaste.

Era meio-dia quando saí para almoçar.

A. Complete com o verbo no Imperfeito.

1. Naquela altura, as pessoas *eram* mais felizes. (*ser*)
2. Antigamente, neste restaurante não _____ estrangeiros. (*haver*)
3. Naquele tempo, _____ menos de avião. (*nós/viajar*)
4. Antes, _____ mais amigos. (*tu/ter*)
5. Antigamente, a gente _____ mais cerveja. (*beber*)
6. No passado, as pessoas _____ mais. (*cozinhar*)

B. Imperfeito ou Presente? Sublinhe a opção correta.

1. **Discuto/Discutia** muito com os meus pais quando **tenho/tinha** 15 anos.
2. Antes, **costumo/costumava** sair à noite, mas agora não **me apetece/me apetecia**.
3. Quando **vivo/vivia** em Coimbra, **almoço/almoçava** sempre nesta pastelaria.
4. Antigamente, **ia/vou** muito ao teatro. Agora, **ia/vou** mais ao cinema.
5. Quando **era/sou** novo, não **me importava/me importo** de me deitar tarde.

C. Complete as frases com o verbo na forma correta do Imperfeito ou do P.P.S.

1. *Eram* seis horas quando o telefone *tocou*. (*ser/tocar*)
2. Quando o João _____ para casa ontem a porta _____ aberta. (*voltar/estar*)
3. _____ o meu marido quando _____ 25 anos. (*eu/conhecer/ter*)
4. _____ comprar frango porque _____ com fome. (*eu/ir/estar*)
5. Quando _____ do escritório _____ uma e meia. (*nós/sair/ser*)

Partícula apassivante *se*

Usamos a partícula apassivante *se* quando o sujeito é desconhecido ou não é importante. O verbo usado com *se* está na 3.ª pessoa e concorda em número com o nome:

Vende-se casa no campo.

Vendem-se casas no campo.

Formas *-no/-na/-nos/-nas* do pronome complemento direto

O pronome do complemento direto da 3.ª pessoa *-o/-a/-os/-as* tem a forma *-no/-na/-nos/-nas* quando vem depois de um verbo que termina com um som nasal (*-m, -ão* e *-õe*):

Eles viram-na num café.

Formas *-lo/-la/-los/-las* do pronome complemento direto

O pronome do complemento direto da 3.ª pessoa *-o/-a/-os/-as* tem a forma *-lo/-la/-los/-las* quando vem depois de um verbo que termina com *-r, -s ou -z*. A consoante final do verbo desaparece enquanto as vogais finais *a* e *e* mudam para *á* e *ê*, respetivamente:

Amanhã, vou mandár-lo

Não consigo fazêr-lo.

Podes imprimir-lo?

Omissão dos artigos

Omitimos os artigos com os nomes não concretos e não contáveis, bem como com algumas estruturas e palavras como *nenhum*.

A. Transforme as frases usando a partícula *se*.

1. De manhã, as pessoas trabalham mais.
   De manhã, trabalha-se mais.
2. Em Portugal, as pessoas comem muito peixe.
   _____ .
3. Nesta loja, aceitamos cartões Visa.
   _____ .
4. Procuramos empregados.
   _____ .
5. Pomos sempre azeite na sopa.
   _____ .

B. Complete com o pronome.

1. Eles perderam a chave, mas encontraram-na na escada.
2. O Rui não conseguia fechar a mala. Os pais ajudaram _____.
3. Os meus pais já não têm a casa no Algarve. Venderam _____ no ano passado.
4. As escadas estão muito limpas. Os meus vizinhos lavaram _____ hoje.
5. Tira essas cadeiras daqui! Põe _____ ao lado da janela.

C. Complete com o verbo e o pronome.

1. Não sei onde está a chave. Podes *procurá-la*? (*procurar*)
2. Vais usar o carro ou posso _____? (*levar*)
3. Já não gosto da minha casa. Vou _____. (*vender*)
4. Detesto limpar esta banheira. Podes _____? (*limpar*)

D. Complete com o artigo onde for necessário.

1. Apetece-me _____-_____ frango ao almoço.
2. Onde está _____ frango que pus aqui ontem?
3. Não vou fazer _____ festa nenhuma.
4. Quando fazes _____ festa dos anos?
5. _____ urso é um animal perigoso.
6. Quero _____ outro café. Um não chega.
7. Ambas _____ casas são brancas.

NO *CHECK-IN*

A. Faça a correspondência entre as colunas. A seguir, faça a correspondência com as fotografias.

3	chegada		do *check-in*
	balcão		de mão
	bagagem		aérea
	lugar		à janela
	companhia		de embarque
	cartão		do avião

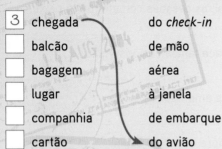

B78 🔊 **B.** A Sílvia vai regressar ao Brasil. Ouça a conversa dela no balcão do *check-in*. Qual é o problema que a Sílvia tem?

B78 🔊 **C.** Leia o diálogo. Lembra-se das palavras que faltam? Complete e ouça para confirmar.

Funcionária: O seu passaporte, faz favor.
Sílvia: Aqui está.
Funcionária: Só pode levar uma peça de _____ [1] de mão.
Sílvia: Ah é? Não sabia.
Funcionária: Tem de pôr esse saco dentro da _____ [2]. Assim, não vai haver problema.
Sílvia: Está bem. Já pus.
Funcionária: Obrigada. Quer lugar à _____ [3] ou no corredor?
Sílvia: À janela.
Funcionária: Aqui tem o _____ [4] de embarque. Porta 19. O embarque começa às 8h35. Boa viagem.
Sílvia: Muito obrigada.

D. Pratique este diálogo com o seu colega.

A. Corrija as frases como no exemplo.

1. Quer um lugar ~~de~~ janela?   à
2. Foram 8 horas quando acordei. _____
3. Onde tens a carteira? Põe-a aqui! _____
4. Este exercício é fácil. Faz-o agora. _____
5. Quando fui pequeno, vivia no campo. _____
6. Tenho uma peça de bagagem à mão. _____
7. Amália Rodrigues nascia em Lisboa. _____
8. Este livro deve ser bom. Vou-o ler. _____
9. Aqui aluga-se salas. _____

B. Escreva a palavra que falta.

1. Aqui há lixo *por* todo o lado.
2. Hoje _____ dia, as pessoas são diferentes.
3. A Ana está muito _____ baixo hoje.
4. Estamos prontos _____ a festa!
5. _____ repente, ouvimos um barulho.
6. Peguei _____ livro e li um bocado.
7. A Ana teve o primeiro filho _____ 24 anos.

C. Complete as letras que faltam nos verbos.

1. A sua mala não *cabe* debaixo do assento.
2. F _ _ _ _ _ furiosa quando vi ontem o meu namorado com outra mulher.
3. P _ _ _ muita desculpa pelo atraso. O meu despertador não tocou.
4. Acho que é melhor g_ _ _ _ _ _ todo este dinheiro num banco.
5. Não consigo levantar esta mesa. Deve p_ _ _ _ uns 50 quilos.
6. Porque é que estás a r_ _ _? O que é que eu disse?
7. O avião do Paulo vai a_ _ _ _ _ _ daqui a 15 minutos.
8. Esqueci-me de i_ _ _ _ _ _ _ o cartão de embarque.

D. Assinale a palavra que não pertence ao grupo.

1. (agradável)   perigoso   cansativo   chato
2. preocupado   zangado   alegre   triste
3. centenas   milhares   duzentos   dezenas
4. exposição   concerto   banda   disco
5. palco   aldeia   fila   bilhete

E. Complete as letras que faltam nas palavras.

1. Não vejo televisão nem ouço rádio.

2. O que é que tens no b_ _ _ _ do casaco?

3. O meu avô vive numa pequena a_ _ _ _ _.

4. O meu voo está c_ _ _ _ _ _ _ _.

5. Não tenho ninguém para tomar c_ _ _ _ do meu cão.

6. Amanhã parto para Paris, mas ainda não fiz a m_ _ _.

7. A minha c_ _ _ _ _ _ _ _ aérea preferida é a Lufthansa.

8. Gostas da l_ _ _ _ desta canção?

9. Podes regar as p_ _ _ _ _ _? Estão tão secas!

10. Quando entrei no quarto, a Ana estava s_ _ _ _ _ _ numa cadeira.

11. Temos lugares na 1ª f_ _ _.

12. Onde está o seu c_ _ _ _ _ de embarque?

13. Este a_ _ _ _ _ _ é muito pouco confortável.

14. A vida no c_ _ _ _ é mais calma do que na cidade.

B79))) F. Ouça os textos e escolha a opção correta.

1. Não sabemos
   a. porque é que o voo está cancelado.
   b. em que companhia o passageiro vai viajar.
   c. a que horas vai ser o outro voo.

2. O restaurante
   a. era mau, agora é ainda pior.
   b. era bom, agora é mau.
   c. era mau e continua igual.

B80))) G. Ouça as frases e sublinhe a resposta correta.

1. a. Que pena!   b. Que inveja!
2. a. Na Iberia.   b. Vou sozinho.
3. a. Peço desculpa.   b. Diga?!
4. a. Claro.   b. Ótimo!
5. a. Eu ajudo.   b. Não posso.

H. Leia a informação sobre o aeroporto de Lisboa e as frases abaixo. São verdadeiras ou falsas? Assinale.

O aeroporto da Portela, em Lisboa, aberto em 1942, é o mais antigo e também o maior aeroporto português. 14 milhões de passageiros usam este aeroporto anualmente. A Portela é, hoje em dia, um dos poucos aeroportos na Europa que ficam dentro das fronteiras de uma grande cidade. O centro de Lisboa fica apenas a 7 km do aeroporto. Ambos os terminais do aeroporto são modernos e funcionais. O mais pequeno serve os voos de companhias de baixo custo. Desde julho de 2012, os passageiros podem ir para o aeroporto de metro.

1. O aeroporto existe há mais de 70 anos. V F
2. O aeroporto fica fora de Lisboa. V F
3. O aeroporto tem dois terminais. V F
4. Não há companhias de baixo custo na Portela. V F
5. Antes de 2012, não era possível ir para o aeroporto de metro. V F

VISTO PARA O NÍVEL B1

O PORTADOR DESTE MANUAL JÁ SABE:

- DESCREVER ESTADOS E AÇÕES DURATIVAS OU HABITUAIS DO PASSADO
- DESCREVER ESTADOS EMOCIONAIS
- LER UMA NOTA BIOGRÁFICA
- FALAR SOBRE GOSTOS MUSICAIS
- INTERAGIR NUM AEROPORTO E NUM AVIÃO

E TEM DIREITO A PROSSEGUIR PARA O NÍVEL B1

PASSAPORTE PARA PORTUGUÊS<<<<<<<<<<<<<<<<<<
NÍVEIS A1/A2<<<<<<<<<<<<<<<<<<<<<<<<<<<<<

© Lidel – Edições Técnicas, Lda.

ATIVIDADES DE COMUNICAÇÃO ALUNO A

EXERCÍCIO 1 (UNIDADE 3)

Faça perguntas ao seu colega de modo a completar a informação nos cartões de visita, como, por exemplo:

Que línguas fala a Hanna Bäck? De onde é a Zdzisława Wąs?

CARTÃO 1

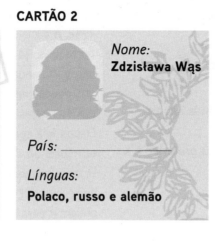

Nome:
Hanna Bäck

País: **Suécia**

Línguas:
_____

CARTÃO 2

Nome:
Zdzisława Wąs

País: _____

Línguas:
Polaco, russo e alemão

CARTÃO 3

Nome:
Tein-Fu Wang

País: **China**

Línguas:
_____

CARTÃO 4

Nome:
Felipe Vásquez

País: _____

Línguas:
Espanhol e português

CARTÃO 5

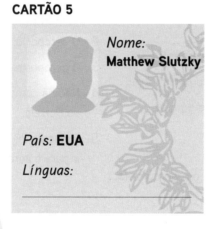

Nome:
Matthew Slutzky

País: **EUA**

Línguas:
_____

CARTÃO 6

Nome:
Milton da Silva

País: _____

Línguas:
Português e inglês

CARTÃO 7

Nome:
Laura Felice

País: **Argentina**

Línguas:
_____

CARTÃO 8

Nome:
Peter Plews

País: _____

Línguas:
Inglês e francês

CARTÃO 9

Nome:
Pedro Santos

País: **Portugal**

Línguas:
_____

EXERCÍCIO 3 (UNIDADE 9)

- Olhe para a árvore genealógica do Tiago. Complete a informação em falta fazendo perguntas ao seu colega, como, por exemplo:

Como se chama a avó do Tiago? Qual é a profissão da avó do Tiago?

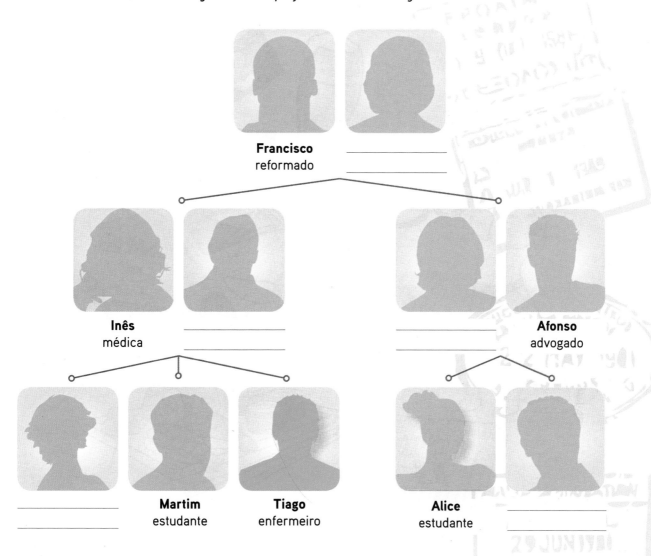

Francisco
reformado
_____
_____

Inês
médica
_____
_____

_____ **Afonso**
advogado

_____
_____ **Martim**
estudante

Tiago
enfermeiro

Alice
estudante
_____
_____

- Vá à página 237 e confirme se escreveu bem os nomes e as profissões.

EXERCÍCIO 4 (UNIDADE 10)

Descreva ao seu colega a aparência física das pessoas nas imagens. Ouça as descrições das imagens do seu colega. Encontrem cinco diferenças.

SARA

VASCO

© Lidel – Edições Técnicas, Lda.

EXERCÍCIO 5 (UNIDADE 12)

O Marco e o André são amigos. Olhe para a imagem e diga ao seu colega coisas sobre o Marco, como, por exemplo:

O Marco estuda italiano.

O seu colega vai-lhe dizer coisas sobre o André. Descubram seis diferenças entre eles.

EXERCÍCIO 6 (UNIDADE 13)

Pergunte ao seu colega que horas são nos relógios 2, 4 e 6. Escreva-as como nos relógios 1, 3 e 5.

EXERCÍCIO 8 (UNIDADE 16)

De quem são estes carros? Leia as frases. Para saber os nomes dos donos de todos os carros, tem de ouvir também as frases do seu colega. Escrevam os nomes nos carros certos.

1. O carro da Fátima está atrás de um Audi e ao lado de um Fiat.

3. O carro do Vítor está entre um Fiat e um BMW.

5. O carro do João está atrás de um carro verde e ao lado de um BMW.

7. O carro da Carolina está ao lado do carro do Hugo.

9. O carro da Ana está em frente do carro do Hugo.

© Lidel – Edições Técnicas, Lda.

EXERCÍCIO 9 (UNIDADE 17)

LISTA DE COMPRAS:

- Um quilo de laranjas
- Meio quilo de limões
- Duas latas de sardinha
- Um pacote de chá verde
- Um quilo e meio de tomate

- Olhe para os preços dos produtos à venda numa mercearia. Simule um diálogo em que você é o cliente e o seu colega é o vendedor. Peça os artigos que estão na lista de compras acima. Quanto vai gastar?

- Troquem de papéis. Agora você é o vendedor. Quanto é que o seu colega vai gastar na sua mercearia? Faça bem as contas.

EXERCÍCIO 10 (UNIDADE 18)

Complete as frases abaixo com o adjetivo na forma do comparativo. Em seguida, diga as frases ao seu colega. Ele deve tentar adivinhar se são verdadeiras ou falsas. Quantas frases acertou o seu colega?

1. O Brasil é _____ do que toda a Europa. *(grande)*   (falso)

2. A Alemanha é _____ do que França. *(pequeno)*   (verdadeiro)

3. Os homens portugueses são _____ do que os homens brasileiros. *(alto)*   (verdadeiro)[1]

4. Os homens italianos são _____ do que os homens espanhóis. *(baixo)*   (verdadeiro)[1]

5. Washington é _____ do que Madrid. *(quente)*   (verdadeiro)[2]

6. Roma é _____ do que Tóquio. *(quente)*   (falso)[2]

7. Os brasileiros são _____ do que os russos. *(pobre)*   (verdadeiro)[3]

8. Os alemães são _____ do que os americanos. *(rico)*   (falso)[3]

---

[1] refere-se à altura média (fonte: https://pt.wikipedia.org/wiki/Estatura)
[2] refere-se às temperaturas médias anuais
[3] refere-se ao PIB *per capita*, dados do FMI (2011)

EXERCÍCIO 12 (UNIDADE 20)

Olhe para a imagem. Há seis diferenças entre a sua imagem e a imagem do seu colega. Descubra essas diferenças dizendo ao seu colega o que estão a fazer as pessoas na sua imagem e ouvindo o que estão a fazer na imagem do seu colega, como, por exemplo:

Na minha imagem, a mulher de cabelo escuro comprido está a beber vinho.

EXERCÍCIO 13 (UNIDADE 21)

Faça perguntas aos seus colegas para descobrir o que vão fazer hoje. Complete os espaços abaixo com o número das pessoas e os nomes.

1. Quantas pessoas vão telefonar para alguém hoje à noite? _____ Quem? _____

2. Quantas pessoas vão trabalhar hoje? _____ Quem? _____

3. Quantas pessoas vão estar na internet hoje à noite? _____ Quem? _____

4. Quantas pessoas vão ver um filme hoje? _____ Quem? _____

© Líder – Edições Técnicas, Lda.

EXERCÍCIO 14 (UNIDADE 22)

Você tem um apartamento para alugar. O seu colega quer alugar um apartamento, por isso telefona para si para saber mais sobre a casa. Responda às perguntas dele. Se perguntar sobre algo que não está no anúncio, use a sua imaginação.

T3 PARA ALUGAR *no centro de Lisboa (Saldanha)* *Tlm.: 91 534 26 22*	Apartamento T3 com boas áreas, sala com muita luz. Com varanda. Rua calma. Primeiro andar. Cozinha semiequipada (sem máquina de lavar roupa). Próximo do Centro Comercial Monumental. Bons transportes. Área: 80 m². Casas de banho: 1. Preço: 700 €/mês.

EXERCÍCIO 15 (UNIDADE 23)

● Em conjunto com o seu colega, prepare uma festa. Antes de começar as preparações, leia as orientações.

1. Você acha que a casa do seu colega é muito boa para fazer uma festa. A sua é muito pequena e os vizinhos não gostam de barulho.

2. Você quer fazer as compras, mas o seu carro está avariado. Vai precisar de usar o carro do seu colega.

3. Você não sabe cozinhar.

4. Você quer convidar a sua prima Anabela. Ela é vegetariana e não gosta de pessoas que fumam. A Anabela quer fazer um bolo.

● Preparem a festa de acordo com as orientações. No caso de haver problemas, tentem resolvê-los. Não se esqueçam de planear o seguinte: o local, a hora, quem vão convidar, o que vai haver para comer e beber, que música vai haver.

EXERCÍCIO 16 (UNIDADE 26)

Leia o início das frases. Acabe-as de forma correta e lógica. O seu colega vai ler as suas frases e aprová-las.

1. Gosto muito deste restaurante, mas _____.

2. Não sei onde ela está porque _____.

3. Ela está doente, por isso _____.

4. Não podemos sair de casa por causa _____.

5. Amanhã não venho às aulas por causa _____.

6. Não consigo telefonar ao João, por isso _____.

7. Não vamos fazer a festa porque _____.

8. Sou engenheiro, mas _____.

EXERCÍCIO 17 (UNIDADE 27)

● O seu colega tem vários problemas. Ouça os problemas e tente dar-lhe conselhos. Use a estrutura *Acho que deves...*. Faça perguntas adicionais, se necessário.

● Agora você vai pedir conselhos ao seu colega. Os seus problemas são estes:

1. Fumo 20 cigarros por dia. Quero fumar menos mas não consigo. O que devo fazer?

2. Chego sempre atrasado ao trabalho/escola. O que devo fazer?

3. Gosto muito da namorada do meu melhor amigo. O que devo fazer?

4. Quero ter melhor pronúncia em português. O que devo fazer?

EXERCÍCIO 18 (UNIDADE 28)

● Complete o boletim meteorológico com as ilustrações ou os números em falta fazendo perguntas ao seu colega, como, por exemplo:

Vai estar sol em Helsínquia? Vai haver muito vento em Xangai? Que temperatura vai estar em Havana?

	Helsínquia	Xangai	Havana	São Francisco	Budapeste	Cidade do Cabo
céu						
vento						
temperatura	- 4 °C	20 °C		13 °C		

● Vá à página 243 e confirme se fez as ilustrações e escreveu as temperaturas corretamente.

© Lidel – Edições Técnicas, Lda.

EXERCÍCIO 19 (UNIDADE 29)

Leia as frases do *quiz* histórico e escreva o verbo na forma correta. A seguir, leia as frases e as 3 respostas possíveis ao seu colega. Ouça as respostas. A resposta certa está a vermelho. Quantas perguntas acertou o seu colega?

1. A Primeira Guerra Mundial _____ *(durar)*...   a. *4 anos*   b. 5 anos   c. 6 anos

2. Luiz Inácio Lula da Silva _____ *(ser)* presidente...   a. de Angola   b. de Portugal   c. *do Brasil*

3. Marco Polo _____ *(chegar)* até...   a. à Índia   b. *à China*   c. à Austrália

4. Portugal _____ *(entrar)* na União Europeia em...   a. 1979   b. 1981   c. *1986*

5. Elizabeth Taylor _____ *(casar)*...   a. 4 vezes   b. 6 vezes   c. *8 vezes*

6. Os EUA _____ *(comprar)* o Alasca à Rússia em...   a. 1796   b. *1867*   c. 1909

7. Vincent van Gogh _____ *(ser)*...   a. belga   b. *holandês*   c. alemão

EXERCÍCIO 21 (UNIDADE 35)

- Leia as frases abaixo. Em cada uma delas falta o verbo. Tente adivinhar que verbo é. Diga as frases com os verbos na forma correta. Se o seu colega disser "Correto", escreva o verbo. Se disser "Errado! Tenta mais uma vez", diga outro verbo. Pode tentar três vezes.

1. _____ de fechar a janela? Está muito frio aqui! *(tu/Presente)*

2. Não _____ beber cerveja, mas agora apetece-me uma imperial. *(eu/Presente)*

3. _____ as tuas fotografias da praia ao meu irmão. *(eu/P.P.S.)*

4. A nossa professora _____ ontem uma história muito interessante. *(P.P.S.)*

5. A Ana _____ as chaves de casa dentro do carro. *(P.P.S.)*

6. Não _____ este restaurante. A comida é muito má aqui. *(Presente)*

- Quantos verbos acertou?

- Agora vão trocar de papéis. O seu colega vai dizer as frases abaixo. Se acertar no verbo, diga "Correto". Se não, diga "Errado! Tenta mais uma vez".

1. A Joana emagreceu muito. Agora parece mais nova.

2. Não vi o filme até ao fim porque adormeci no sofá.

3. Este multibanco não funciona. Tem de procurar outro.

4. Comprei estas calças na semana passada. O que achas delas? Gostas?

5. Já provaste o bolo do Pedro? É o melhor bolo que alguma vez comi.

6. Este comboio é rápido, por isso não para em todas as estações.

EXERCÍCIO 22 (UNIDADE 38)

- Leia em voz alta o início das frases 1-7. O seu colega tem a segunda parte destas frases. Deixe-o completar as frases de modo a ter frases corretas e lógicas. Escrevam as partes em falta nos vossos livros.

1. Chamei a polícia porque _____

2. Comi aquele peixe porque _____

3. Divorciei-me do Luís porque _____

4. Fui para casa cedo porque _____

5. Não consegui ler o menu porque _____

6. Não percebi o que ele disse porque _____

7. Não tomei banho porque _____

a. _____ estava sem bateria.

b. _____ não tinha tantas cadeiras.

c. _____ não tinha o mapa comigo.

d. _____ o professor estava doente.

e. _____ o tempo estava péssimo.

f. _____ precisava de dinheiro.

g. _____ queria ver o jogo.

- Troquem de papéis. O seu colega lê o início das frases a-g e você escolhe o fim da frase correto. Escrevam as partes das frases em falta nos vossos livros.

© Lidel • Edições Técnicas, Lda.

ATIVIDADES DE COMUNICAÇÃO ALUNO B

EXERCÍCIO 1 (UNIDADE 3)

Faça perguntas ao seu colega de modo a completar a informação nos cartões de visita, como, por exemplo:

De onde é a Hanna Bäck? Que línguas fala a Zdzisława Wąs?

CARTÃO 1

Nome:
Hanna Bäck

País: _____

Línguas:
Sueco, alemão e inglês

CARTÃO 2

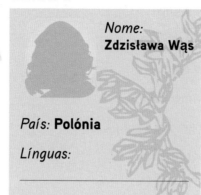

Nome:
Zdzisława Wąs

País: **Polónia**

Línguas:

CARTÃO 3

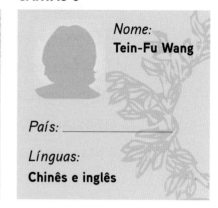

Nome:
Tein-Fu Wang

País: _____

Línguas:
Chinês e inglês

CARTÃO 4

Nome:
Felipe Vásquez

País: **México**

Línguas:
_____

CARTÃO 5

Nome:
Matthew Slutzky

País: _____

Línguas:
Inglês e espanhol

CARTÃO 6

Nome:
Milton da Silva

País: **Angola**

Línguas:
_____

CARTÃO 7

Nome:
Laura Felice

País: _____

Línguas:
Espanhol e português

CARTÃO 8

Nome:
Peter Plews

País: **Inglaterra**

Línguas:
_____

CARTÃO 9

Nome:
Pedro Santos

País: _____

Línguas:
Português e inglês

EXERCÍCIO 3 (UNIDADE 9)

● Olhe para a árvore genealógica do Tiago. Complete a informação em falta fazendo perguntas ao seu colega, como, por exemplo:

Como se chama o avô do Tiago? Qual é a profissão do avô do Tiago?

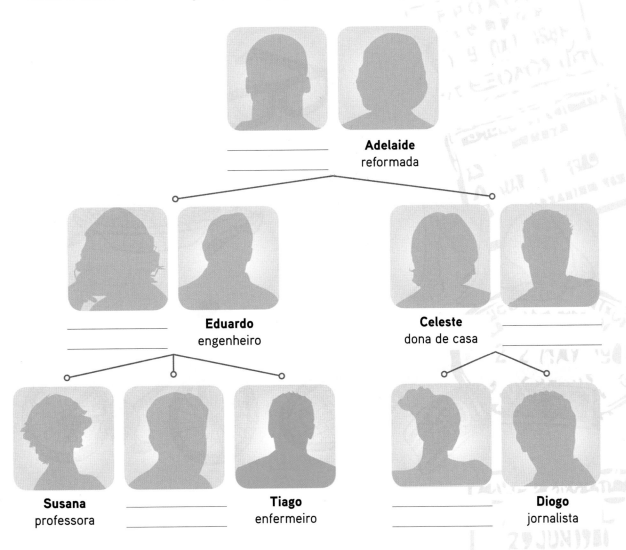

● Vá à página 227 e confirme se escreveu bem os nomes e as profissões.

EXERCÍCIO 4 (UNIDADE 10)

Descreva ao seu colega a aparência física das pessoas nas imagens. Ouça as descrições das imagens do seu colega. Encontrem cinco diferenças.

EXERCÍCIO 5 (UNIDADE 12)

O Marco e o André são amigos. Observe a imagem e diga ao seu colega coisas sobre o André, como, por exemplo:

O André estuda chinês.

O seu colega vai-lhe dizer coisas sobre o Marco. Descubram seis diferenças entre eles.

EXERCÍCIO 6 (UNIDADE 13)

Pergunte ao seu colega que horas são nos relógios 1, 3 e 5. Escreva-as como nos relógios 2, 4 e 6.

EXERCÍCIO 8 (UNIDADE 16)

De quem são estes carros? Leia as frases. Para saber os nomes dos donos de todos os carros, tem de ouvir também as frases do seu colega. Escrevam os nomes nos carros certos.

2. O carro da Joana está em frente de um carro verde e ao lado de um carro preto.

4. O carro do Luís está ao lado do carro da Joana.

6. O carro do Hugo está atrás de um BMW e em frente do carro do Luís.

8. O carro do José está ao lado do carro do Vítor.

10. O carro do Martim está ao lado do carro da Ana.

© Lidel – Edições Técnicas, Lda.

EXERCÍCIO 9 (UNIDADE 17)

LISTA DE COMPRAS:

- Uma caixa de 6 ovos
- Um frasco de azeitonas
- Uma garrafa de vinho tinto
- Uma lata de feijão
- Dois quilos de batatas

- Olhe para os preços dos produtos à venda numa mercearia. Simule um diálogo em que você é o vendedor e o seu colega é o cliente. Quanto é que o seu colega gasta na sua mercearia? Faça bem as contas.

- Troquem de papéis. Agora você é o cliente. Peça os artigos que estão na lista de compras acima. Quanto vai gastar?

EXERCÍCIO 10 (UNIDADE 18)

Complete as frases abaixo com o adjetivo na forma do comparativo. Em seguida, diga as frases ao seu colega. Ele deve tentar adivinhar se são verdadeiras ou falsas. Quantas frases acertou o seu colega?

1. Portugal é _____ do que a Suíça e a Holanda juntas. (*grande*)   (verdadeiro)

2. Espanha é _____ do que a Itália. (*pequeno*)   (falso)

3. Os suecos são _____ do que os ingleses. (*alto*)   (verdadeiro)[1]

4. Os japoneses são _____ do que os chineses. (*baixo*)   (falso)[1]

5. Nova Iorque é _____ do que Pequim. (*frio*)   (falso)[2]

6. Lisboa é _____ do que Istambul. (*quente*)   (verdadeiro)[2]

7. Os húngaros são _____ do que os portugueses. (*rico*)   (falso)[3]

8. Os japoneses são _____ do que os franceses. (*pobre*)   (falso)[3]

---

[1] refere-se à altura média (fonte: https://pt.wikipedia.org/wiki/Estatura)
[2] refere-se às temperaturas médias anuais
[3] refere-se ao PIB *per capita*, dados do FMI (2011)

EXERCÍCIO 12 (UNIDADE 20)

Olhe para a imagem. Há seis diferenças entre a sua imagem e a imagem do seu colega. Descubra estas diferenças dizendo ao seu colega o que estão a fazer as pessoas na sua imagem e ouvindo o que estão a fazer na imagem do seu colega, como, por exemplo:

Na minha imagem, a mulher de cabelo escuro comprido está a ler um livro.

EXERCÍCIO 13 (UNIDADE 21)

Faça perguntas aos seus colegas para descobrir o que vão fazer hoje. Complete os espaços abaixo com o número das pessoas e os nomes.

1. Quantas pessoas vão visitar alguém hoje à noite? _____Quem?_____

2. Quantas pessoas vão estudar português hoje à noite? _____Quem?_____

3. Quantas pessoas vão jantar fora hoje? _____Quem?_____

4. Quantas pessoas vão cozinhar hoje? _____Quem?_____

EXERCÍCIO 14 (UNIDADE 22)

Você procura uma casa para alugar e acabou de saber que o seu colega tem um apartamento para alugar. Telefone-lhe e faça perguntas sobre a casa. Use as orientações do quadro para fazer as perguntas.

Onde?	Sala/grande/com luz?
Quanto/mês?	Quartos/grandes/com luz?
Quantas assoalhadas?	Chuveiro? Banheira?
Quantas casas de banho?	Garagem?
Varanda? Terraço? Jardim?	Aquecimento central? Ar condicionado?
Mobília? Cozinha com/sem?	Como/rua?

EXERCÍCIO 15 (UNIDADE 23)

- Em conjunto com o seu colega, prepare uma festa. Antes de começar as preparações, leia as orientações.

1. Você tem uma casa grande, mas os seus avós/pais/primos estão de visita na sua casa esta semana e vai ser difícil fazer a festa com eles. Você quer fazer a festa na casa do seu colega.

2. Você sabe e pode fazer pratos de carne e sobremesas, mas acha que o seu colega deve fazer as compras.

3. Você quer levar para a festa a sua música favorita (música tradicional da Mongólia), mas sabe que muitas pessoas ou não conhecem ou não gostam deste tipo de música.

4. Você não gosta da Anabela, que é a prima do seu colega.

- Preparem a festa de acordo com as orientações. No caso de haver problemas, tentem resolvê-los. Não se esqueçam de planear o seguinte: o local, a hora, quem vão convidar, o que vai haver para comer e beber, que música vai haver.

EXERCÍCIO 16 (UNIDADE 26)

Leia o início das frases. Acabe-as de forma correta e lógica. O seu colega vai ler as suas frases e aprová-las.

1. Gosto do meu país, mas _____.

2. Ele é casado, por isso _____.

3. Não vamos servir carne porque _____.

4. Não consigo dormir por causa _____.

5. Não vou comer este bolo por causa _____.

6. Ele bebe muita água porque _____.

7. Quero aprender chinês, por isso _____.

8. Ele é um bom aluno, mas _____.

EXERCÍCIO 17 (UNIDADE 27)

- Você tem vários problemas. Diga ao seu colega que problemas tem e peça conselhos.

1. Quero ter um cão, mas a minha casa é muito pequena. O que devo fazer?	**3. Sinto-me sozinho. O que devo fazer?**
2. Não consigo dormir à noite. O que devo fazer?	**4. Quero aprender outra língua. Que língua devo escolher?**

- Agora ouça os problemas do seu colega. Dê conselhos. Use a estrutura *Acho que deves...*. Faça perguntas adicionais, se necessário.

EXERCÍCIO 18 (UNIDADE 28)

● Complete o boletim meteorológico com as ilustrações ou os números em falta fazendo perguntas ao seu colega, como, por exemplo:

Vai estar sol em Xangai? Vai haver muito vento em Havana? Que temperatura vai estar em São Francisco?

	Helsínquia	Xangai	Havana	São Francisco	Budapeste	Cidade do Cabo
céu	❄️☁️		☀️	☁️		
vento	🌴	🌴				🌴
temperatura			33 °C		- 1 °C	27 °C

● Vá à página 233 e confirme se fez as ilustrações e escreveu as temperaturas corretamente.

EXERCÍCIO 19 (UNIDADE 29)

Leia as frases do *quiz* histórico e escreva o verbo na forma correta. A seguir, leia as frases e as 3 respostas possíveis ao seu colega. Ouça as respostas. A resposta certa está a vermelho. Quantas perguntas acertou o seu colega?

1. A Segunda Guerra Mundial _____ (começar) em...   a. 1938   b. 1939   c. 1941

2. Pedro Álvares Cabral _____ (chegar) ao Brasil em...   a. 1492   b. 1496   c. 1500

3. A Batalha de Waterloo _____ (ser) em...   a. 1815   b. 1845   c. 1890

4. Marie Curie _____ (ser)...   a. francesa   b. sueca   c. polaca

5. O cantor de *rock* Sting _____ (trabalhar) como...   a. informático   b. professor   c. jornalista

6. Meryl Streep _____ (ganhar) o Óscar...   a. uma vez   b. duas vezes   c. três vezes

7. Em 1993, José Saramago _____ (mudar-se) para...   a. França   b. Itália   c. Espanha

EXERCÍCIO 21 (UNIDADE 35)

- O seu colega vai dizer as frases abaixo. Se acertar no verbo, diga "Correto". Se não, diga "Errado! Tenta mais uma vez". O seu colega pode tentar adivinhar o verbo de cada frase três vezes.

1. Importas-te de fechar a janela? Está muito frio aqui!

2. Não costumo beber cerveja, mas agora apetece-me uma imperial.

3. Mostrei as tuas fotografias da praia ao meu irmão.

4. A nossa professora contou ontem uma história muito interessante.

5. A Ana deixou as chaves de casa dentro do carro.

6. Não recomendo este restaurante. A comida é muito má aqui.

- Troquem de papéis. Agora você tenta adivinhar os verbos nas frases. Diga as frases com os verbos na forma correta. Se acertar, o seu colega vai dizer "Correto". Escreva o verbo que falta. Se estiver errado, o seu colega vai dizer "Errado! Tenta mais uma vez". Pode tentar três vezes.

1. A Joana _____ muito. Agora parece mais nova. (P.P.S.)

2. Não vi o filme até ao fim porque _____ no sofá. (P.P.S.)

3. Este multibanco não _____. Tem de procurar outro. (Presente)

4. _____ estas calças na semana passada. O que achas delas? Gostas? (P.P.S.)

5. Já _____ o bolo do Pedro? É o melhor bolo que alguma vez comi. (tu/P.P.S.)

6. Este comboio é rápido, por isso não _____ em todas as estações. (Presente)

- Quantos verbos acertou?

EXERCÍCIO 22 (UNIDADE 38)

- Olhe para as segundas partes das frases a-g. O seu colega tem a primeira parte destas frases. Deixe-o ler o início das frases em voz alta. Escolha a continuação de modo a ter frases corretas e lógicas. Escrevam as partes das frases em falta nos vossos livros.

a. _____ a água estava fria.

b. _____ não tinha óculos.

c. _____ tinha dor de cabeça.

d. _____ já não o amava.

e. _____ falava muito rápido.

f. _____ os vizinhos faziam barulho.

g. _____ estava com fome.

1. Perdi-me porque _____

2. Não telefonei porque _____

3. Não tivemos aula porque _____

4. Vendi o carro porque _____

5. Não convidei a Ana para a festa porque _____

6. Liguei a televisão porque _____

7. Fiquei em casa porque _____

● Troquem de papéis. Agora você lê em voz alta o início das frases 1-7 e o seu colega escolhe a continuação correta. Escrevam as partes das frases em falta nos vossos livros.

ATIVIDADES DE COMUNICAÇÃO TODOS OS ALUNOS

EXERCÍCIO 2 (UNIDADE 6)

Preencha a ficha com os dados do seu colega. Faça-lhe todas as perguntas necessárias para obter as respostas.

LINGLOS - Escola de Línguas	
Ficha de Inscrição	
Nome completo:	
Idade:	
Nacionalidade:	
Número de passaporte/B.I.:	
Estado Civil:	solteiro/a ☐ casado/a ☐ divorciado/a ☐
Profissão:	
Morada:	
Código Postal:	
Cidade:	
País:	
Telefone:	
Telemóvel:	
E-mail:	
Assinatura:	Data:

EXERCÍCIO 7 (UNIDADE 15)

Some os pontos.

por cada resposta *a.* - 0 pontos

por cada resposta *b.* - 1 ponto

por cada resposta *c.* - 2 pontos

por cada resposta *d.* - 3 pontos

EXERCÍCIO 11 (UNIDADE 19)

- Leia as frases abaixo e assinale se são falsas ou verdadeiras em relação a si.

- Leia as frases verdadeiras ao seu colega. Explique porque é que as outras frases são falsas, como, por exemplo:

  Não é verdade que gosto de todos na minha família. Não gosto do meu tio José Carlos.

1. Gosto de todos na minha família. V F

2. Ninguém na minha família usa óculos. V F

3. Ninguém na minha família é muito rico. V F

4. Alguém na minha família fala alemão. V F

5. Alguém na minha família é vegetariano. V F

6. Ninguém está na minha casa agora. V F

7. Na minha sala de estar não há nada em amarelo. V F

8. Não sei nada sobre um país que se chama Djibuti. V F

9. Nunca me esqueço de nada. V F

EXERCÍCIO 20 (UNIDADE 32)

Em pares, inventem e descrevam uma prenda diferente e muito especial. Façam um preço atraente, mas realista. Façam também uma ilustração da prenda. A seguir, circulem entre os colegas da turma e tentem "vender" a prenda.

TABELAS GRAMATICAIS

VERBOS IRREGULARES E PARCIALMENTE IRREGULARES NO PRESENTE DO INDICATIVO					
	eu	tu	você/ele/ela	nós	vocês/eles/elas
cair	caio	cais	cai	caímos	caem
conseguir	consigo	consegues	consegue	conseguimos	conseguem
dar	dou	dás	dá	damos	dão
descobrir	descubro	descobres	descobre	descobrimos	descobrem
despir	dispo	despes	despe	despimos	despem
divertir-se	divirto-me	divertes-te	diverte-se	divertimo-nos	divertem-se
dizer	digo	dizes	diz	dizemos	dizem
doer			dói		doem
dormir	durmo	dormes	dorme	dormimos	dormem
estar	estou	estás	está	estamos	estão
fazer	faço	fazes	faz	fazemos	fazem
fugir	fujo	foges	foge	fugimos	fogem
haver			há		há
ir	vou	vais	vai	vamos	vão
ler	leio	lês	lê	lemos	leem
ouvir	ouço/oiço	ouves	ouve	ouvimos	ouvem
passear	passeio	passeias	passeia	passeamos	passeiam
pedir	peço	pedes	pede	pedimos	pedem
perder	perco	perdes	perde	perdemos	perdem
planear	planeio	planeias	planeia	planeamos	planeiam
poder	posso	podes	pode	podemos	podem
pôr	ponho	pões	põe	pomos	põem
preferir	prefiro	preferes	prefere	preferimos	preferem
querer	quero	queres	quer	queremos	querem
rir	rio	ris	ri	rimos	riem
saber	sei	sabes	sabe	sabemos	sabem
sair	saio	sais	sai	saímos	saem
seguir	sigo	segues	segue	seguimos	seguem
sentir-se	sinto-me	sentes-te	sente-se	sentimo-nos	sentem-se
ser	sou	és	é	somos	são
servir	sirvo	serves	serve	servimos	servem
sorrir	sorrio	sorris	sorri	sorrimos	sorriem
subir	subo	sobes	sobe	subimos	sobem
ter	tenho	tens	tem	temos	têm
trazer	trago	trazes	traz	trazemos	trazem
ver	vejo	vês	vê	vemos	veem
vestir	visto	vestes	veste	vestimos	vestem
vir	venho	vens	vem	vimos	vêm

VERBOS IRREGULARES NO PRETÉRITO PERFEITO SIMPLES

	eu	tu	você/ele/ela	nós	vocês/eles/elas
cair	caí	caíste	caiu	caímos	caíram
dar	dei	deste	deu	demos	deram
dizer	disse	disseste	disse	dissemos	disseram
estar	estive	estiveste	esteve	estivemos	estiveram
fazer	fiz	fizeste	fez	fizemos	fizeram
haver			houve		houve
ir	fui	foste	foi	fomos	foram
poder	pude	pudeste	pôde	pudemos	puderam
pôr	pus	puseste	pôs	pusemos	puseram
querer	quis	quiseste	quis	quisemos	quiseram
saber	soube	soubeste	soube	soubemos	souberam
sair	saí	saíste	saiu	saímos	saíram
ser	fui	foste	foi	fomos	foram
ter	tive	tiveste	teve	tivemos	tiveram
trazer	trouxe	trouxeste	trouxe	trouxemos	trouxeram
ver	vi	viste	viu	vimos	viram
vir	vim	vieste	veio	viemos	vieram

VERBOS IRREGULARES NO PRETÉRITO IMPERFEITO

	eu	tu	você/ele/ela	nós	vocês/eles/elas
pôr	punha	punhas	punha	púnhamos	punham
ser	era	eras	era	éramos	eram
ter	tinha	tinhas	tinha	tínhamos	tinham
vir	vinha	vinhas	vinha	vínhamos	vinham

REGÊNCIAS VERBAIS

Esta lista é composta pelos verbos com complementos direto e/ou indireto e também pelos verbos usados com preposições.

As cores das palavras das frases orientam a leitura. O **vermelho** destaca o **complemento direto**, que pode ser substituído pelo **pronome**, que está entre parêntesis, e o **azul** destaca o **complemento indireto**, que pode ser substituído pelo **pronome**, que está entre parêntesis. Algumas das frases têm apenas o pronome.

As frases com os dois complementos como *Apresentei (-lhe) a Ana (-a)* à Sofia devem ser lidas sem pronominalizações (*Apresentei a Ana* à Sofia) ou com pronominalizações (*Apresentei-lhe a Ana* ou *Apresentei-a* à Sofia).

As palavras a **verde** são as **preposições** que ocorrem com o verbo.

abrir	Abri **a porta** (-a).
acabar	Acabei **de** estudar. Acabei **o livro** (-o) ontem.
acender	Acendo **as luzes** (-as) à noite.
achar	O que é que achas **de** Portugal?
acontecer	O que é que (lhe) aconteceu à Ana?
acordar	Acordei **a Ana** (-a) às 8h.
adorar	Adoro **este livro** (-o)!
ajudar	Ajudo **a Ana** (-a) a fazer o jantar todos os dias. Hoje, ajudei **a Ana** (-a) em inglês.
alterar	Alterei **a reserva** (-a) ontem.
alugar	Aluguei (-lhe) **a casa** (-a) à Ana.
amar	Amo **a Ana** (-a).
andar	Ando **de** carro todos os dias. Gosto de andar **de** fato. Ando **no** carro do João todos os dias. Ando **a** aprender chinês há 2 anos.
apagar	Apaga **as luzes** (-as)!
apaixonar-se	Apaixonei-me **por** Portugal.
apanhar	Apanhei **o avião** (-o) em Lisboa.
apetecer	Apetece-lhe um gelado?
apresentar	Apresentei (-lhe) **a Ana** (-a) à Sofia.
arrumar	Arrumo **a casa** (-a) de manhã.
aspirar	Aspiro **a casa** (-a) ao sábado.
assistir	Assisti **ao** jogo Benfica-Sporting.
atender	Atende **o telefone** (-o)!
atravessar	Atravesso **a ponte** (-a) todas as manhãs.
avisar	Avisei **a Ana** (-a) desse problema.
bater	Bati à porta, mas ninguém abriu.
beber	Bebe **a água** (-a) toda!
brindar	Só se pode brindar **com** vinho.
cair	Caí **das/pelas** escadas. O Pedro deixou o prato cair **no/para** o chão.
calçar	Calça **os sapatos** (-os).
cancelar	Cancelei **a reserva** (-a).

cantar	Ela canta **as canções** (-as) bem.
carregar	Carrega **no** botão.
casar	O Pedro casou **com** a Ana.
chamar	Chame **a ambulância** (-a) já!
chegar	Chego **a** casa cedo.
chumbar	Chumbei **no** exame.
colocar	Coloca **o prato** (-o) no forno agora.
começar	Começa **a** fazer desporto!
comer	Comi **a sopa** (-a).
comprar	Comprei **o livro** (-o). Comprei (-lhe) **o livro** (-o) à Ana.
conhecer	Conheço **a Ana** (-a) há anos!
contar	Contei (-lhe) **a minha viagem** (-a) à Ana.
contornar	Contorne **a rotunda** (-a).
convidar	Convidei **a Ana** (-a) para a festa.
cozer	Cozi **as batatas** (-as).
dar	Dei (-lhe) **o livro** (-o) à Ana.
decorar	Decorei **a sala** (-a) ontem.
deixar	Deixei **a Ana** (-a) ir ao cinema. Deixei (-lhe) **a mensagem** (-a) à Ana. Deixei **de** fumar.
depender	O preço depende **do** tamanho.
depositar	Depositei **o dinheiro** (-o) no banco.
descer	Desci **as escadas** (-as).
desligar	Desligo **o telemóvel** (-o) no cinema.
despedir-se	Não me despedi **de** ti ontem.
despir	Despe **o casaco** (-o)!
detestar	Detesto **este livro** (-o).
devolver	Devolve (-lhe) **o livro** (-o) à Ana.
discutir	Discuti **com** a Ana sobre o filme.
divorciar-se	O Pedro divorciou-se **de** mim.
dizer	Vou dizer à Ana (-lhe) que estás aqui.
doer	Dói-lhe a cabeça.
emprestar	Emprestei (-lhe) **o livro** (-o) à Ana.
encomendar	Encomendei (-lhe) **o livro** (-o) ao Pedro.
encontrar	Encontrei **a chave** (-a).
encontrar-se	Encontro-me **com** o João às 8h.
ensinar	Ensino à Ana (-lhe) chinês.
entrar	Entrei **no** quarto do João.
enviar	Enviei (-lhe) **a carta** (-a) à Ana.
escolher	Escolhi **o livro** (-o) para a Ana.
escrever	Escrevi (-lhe) **a mensagem** (-a) ao João.
esperar	Espero sempre **pela** Ana aqui.
esquecer-se	Esqueci-me **do** livro.
estacionar	Estaciono **o carro** (-o) em frente da casa.
estar	Estou **em** Portugal. Estou **com** frio. Estou **de** calções.
estragar	O gato estragou **o sofá** (-o).
exagerar	Não exageres **no** sal!
experimentar	Experimentaste **esta saia** (-a)?
explorar	Explorei **a cidade** (-a) a pé.

falar	Falo sempre com a Ana em português. Falei com a mãe sobre/de ti. Falei à mãe (-lhe) sobre/de ti.
fazer	Fizeste (-lhe) um café (-o) à Ana?
fechar	Fecha a porta (-a).
ficar	Ontem fiquei em casa. Esta saia fica (-lhe) bem à Ana.
fugir	O Jorge fugiu de casa.
fumar	Fumaste o cigarro (-o)?
gastar	Gastei todo o dinheiro (-o) ontem.
gostar	Gosto muito de ti.
gravar	Ela gravou um disco (-o) no ano passado.
gritar	Não grites com a Ana!
guardar	Guarda o dinheiro (-o)!
importar-se	Importa-se de falar mais baixo?
imprimir	Imprimiste o cartão de embarque (-o)?
ir	Vou muito a Faro. Vou trabalhar para a China em maio.
ir buscar	Vou buscar a Ana (-la) às 7h.
ir-se embora	Vou-me embora de Portugal.
juntar	Junta (-lhe) as natas (-as) à sopa!
lavar	Lava as mãos (-as) já!
lembrar-se	Não te lembras de mim?
ler	Li este livro (-o) na semana passada.
levantar	Levantei este dinheiro (-o) ontem.
levar	Levei (-lhe) aquele bolo (-o) à Ana.
ligar	Vou ligar à Ana (-lhe). Vou ligar para a escola. Liga o telemóvel (-o).
limpar	Limpa a casa (-a).
mandar	Manda (-lhe) a mensagem (-a) ao Pedro.
marcar	Marcaste a consulta (-a)?
misturar	Mistura as natas (-as) com os ovos.
morar	Moro em Évora.
mostrar	Mostra (-lhe) o livro (-o) ao João.
mudar	Mudei de roupa duas vezes.
mudar-se	Mudamo-nos para Portugal em agosto.
namorar	O Pedro namora com a Ana.
oferecer	Ofereci (-lhe) esse livro (-o) ao João.
olhar	Olha para mim!
ouvir	Ouviste essa canção (-a)?
pagar	Paguei o livro (-o) com cartão.
parecer	Esta casa parece-lhe grande?
partir	Parto para Portugal amanhã. Parti de Espanha na sexta. O João partiu a perna (-a).
passar	Passei por Évora quando fui a Espanha. O Pedro passou no exame. Passei as férias do Natal (-as) no campo.
passear	Gosto de passear por Lisboa com a Ana.
pedir	Pedi (-lhe) um café (-o) à Ana.

pegar	Pega na mala!
pensar	Já pensei sobre isso. Penso muito em ti.
perceber	Percebeste a última frase (-a)?
perder	Perdi o livro (-o) no metro.
perguntar	Pergunta à Ana (-lhe) o que se passa aí.
pesar	Pesei a mala (-a).
pintar	Pintei o cabelo (-o) no mês passado.
pôr	Puseste o livro (-o) na mala?
precisar	Preciso de vocês!
preencher	Preencha este impresso (-o).
preferir	Prefiro chá a café.
preocupar-se	Preocupo-me com a Ana.
preparar	Preparei o almoço (-o) cedo.
procurar	Procura o livro (-o) no quarto.
provar	Prova a sopa (-a)!
querer	Quero este livro (-o).
receber	Recebi a mensagem (-a) da Ana.
recomendar	Recomendei (-lhe) este hotel (-o) à Ana.
regar	Rega as plantas (-as)!
repetir	Repete essa palavra (-a)!
reservar	Reservei a mesa (-a) para as 20h.
responder	Respondeste ao João (-lhe)?
roubar	Ela roubou o dinheiro (-o).
sair de	Não saio de casa de manhã.
seguir	Siga por aquela rua até ao rio.
ser	Sou de Lisboa.
servir	Serve a sopa (-a)!
subir	Subi as escadas (-as) a correr.
tapar	Tapa a panela (-a).
telefonar	Telefona à Joana (-lhe). Telefona para a escola.
ter	Tenho este carro (-o) há dois anos. Tenho de aprender coreano.
tirar	Tirei o livro (-o) da pasta.
tocar	Toco essa música (-a) no piano.
tomar	Tomo os comprimidos (-os) à noite.
trabalhar	Trabalho para o pai da Ana.
trocar	Troquei o dinheiro (-o) ali.
usar	Uso o computador (-o) todos os dias.
vender	Vendi (-lhe) este carro (-o) ao João.
ver	Vejo a Ana (-a) todos os dias.
vestir	Veste o casaco (-o)!
vir	Venho a Lisboa com muita frequência. Venho para Portugal no próximo ano. Venho de Londres.
virar	Vira na segunda à direita.
visitar	Visito a Ana (-a) todos os dias.
voltar	Volto a Lisboa sempre que posso. Volto para Portugal no próximo ano.

TRANSCRIÇÕES DOS TEXTOS ÁUDIO

FAIXA A10
Unidade 3
Exercício B

1. Bom dia! Chamo-me Nireesha Reddy e sou indiana.
2. Olá, tudo bem? Sou o Serhiy e sou ucraniano.
3. Olá! Eu sou a Maria da Glória e ele é o Rodrigo. Somos portugueses.

FAIXA A14
Unidade 3
Exercício M

1. 675
2. 1020
3. 422
4. 962
5. 141
6. 398

FAIXA A15
Unidade 3
Pronúncia Exercício D

1. alemã
2. irmão
3. sã

FAIXA A18
Unidade 4
Exercício H

1. Como se diz *window* em português?
2. Não me lembro.
3. Não percebo.
4. O que significa *janela*?
5. Pode escrever no quadro?
6. Como se escreve *telemóvel*?
7. Pode repetir?
8. Qual é a página?
9. Não sei.

FAIXA A21
Português em Ação 1
Exercícios B e C

Comissário: Chá ou café?
Sílvia: Café, por favor. Sem açúcar.
Comissário: Aqui está.
Sílvia: Obrigada.
Comissário: Mais alguma coisa?
Sílvia: Sim, uma água. Com limão.
Comissário: Com gás?
Sílvia: Não, sem gás.
Comissário: Faz favor.
Sílvia: Muito obrigada.

FAIXA A22
Revisão 1-4
Exercício F

1. Como se chama ela?
2. Olá, como está?
3. É espanhol?
4. De que cor é o relógio do Pedro?
5. Onde está a Anabela?

FAIXA A23
Revisão 1-4
Exercício G

1. O que é isso?
2. São treze euros.
3. Está no quarto número dez.
4. Ele tem sessenta anos.
5. Vocês são espanhóis?

FAIXA A24
Revisão 1-4
Exercício H

1. A: Miguel, como se diz *bandeira* em francês?
   B: Não sei. Falo inglês e alemão muito bem, mas francês só um pouco.
2. A: De onde é o Daniel? É inglês ou americano?
   B: Não, não é inglês. E americano também não. Acho que ele é da Alemanha.
3. A: Paulo, o computador da Joana é um Toshiba?
   B: É, é.
   A: E o do Miguel também?
   B: Não. O computador do Miguel é um Asus.

FAIXA A26
Unidade 5
Exercícios D e E

Entrevistador: Desculpe, o que é que a Rita tem na sua mala?
Rita: Tenho os óculos de sol. Aqui estão. Tenho uma caneta. Aqui está. Tenho também o telemóvel e as chaves. Tenho a minha carteira. E é tudo. Ai, não, tenho também moedas. Um, dois, três euros!

Entrevistador: Desculpe, o que é que a Sara tem na sua mala?
Sara: O que é que eu tenho na minha mala? Tenho o meu telemóvel. Não, desculpe, dois. Dois telemóveis. Tenho chaves. Tenho... Mas onde está a carteira? Onde está a minha carteira? Que horror! Não tenho a carteira! E não sei onde está! Que horror! Tenho de ir, desculpe! Adeus!

Entrevistador: Desculpe, o que é que a Ana tem na sua mala?
Ana: Ah, não tenho nada. Tenho só o meu telemóvel. Os óculos de sol. Canetas. Uma, duas, três. Três canetas. Um lápis. A minha carteira. Cigarros. Uma garrafa de água. Moedas. Chaves. O passaporte. A carta de condução. E mais nada.

FAIXA A27
Unidade 5
Exercícios H e I

Ricardo: Estou?
Sara: Olá, Ricardo!
Ricardo: Olá, Sara! Está tudo bem?
Sara: Não, não está. Estou na rua e não tenho a minha carteira.
Ricardo: Como não tens? Não está na tua mala?
Sara: Não, não está. Não está aí na minha secretária?
Ricardo: Não. Aqui, na tua secretária, não está. E no teu carro?
Sara: No meu carro? Pois, se calhar está no carro...

FAIXA A28
Unidade 5
Exercício K

A: De quem é o carro branco?
B: É meu.

FAIXA A29
Unidade 5
Pronúncia Exercício E

[ʀ]: rua, rosa, carro, Roma
[r]: porta, livro, verde, estar

FAIXA A33
Unidade 6
Exercício L

Secretária: Qual é o seu primeiro e último nome?
Christos: Christos Rekatsinas.
Secretária: Como é que se escreve?
Christos: C-H-R-I-S-T-O-S R-E-K-A-T--S-I-N-A-S.
Secretária: Que idade tem?
Christos: 32 anos.
Secretária: Qual é a sua nacionalidade?
Christos: Sou grego.
Secretária: Qual é o seu estado civil?
Christos: Solteiro.
Secretária: Qual é a sua profissão?
Christos: Sou professor.
Secretária: Qual é a sua morada?
Christos: Rua do Alecrim, n.º 14, 3.º Dto.
Secretária: Em Lisboa?
Christos: Sim, em Lisboa.
Secretária: Código postal?
Christos: 1200-183.
Secretária: Qual é o seu número de telefone?
Christos: 21 351 22 87.
Secretária: E o seu telemóvel?
Christos: 91 886 53 31.
Secretária: E o seu *e-mail*?
Christos: christrek@gmail.com.

FAIXA A34
Unidade 6
Pronúncia Exercício C

[s]: professor, segunda, isso, profissão
[ʃ]: Marrocos, Espanha, nós, país
[z]: brasileiro, mesa, inglesa, casado

FAIXA A35
Unidade 7
Exercícios I e J

Miguel: Olá, Vasco! Tudo bem? Estás em Lisboa agora?
Vasco: Olá, Miguel. Não, não estou. Estou de férias fora do país. Em Segóvia.
Miguel: Segóvia? Onde é que fica? Em Espanha?
Vasco: Sim, é uma cidade em Espanha. Perto de Madrid.
Miguel: E como é?
Vasco: É bastante pequena e muito bonita. Gosto muito!
Miguel: Muito bem. Vasco, falamos em Lisboa. Boas férias!
Vasco: Obrigado, Miguel!

FAIXA A36
Unidade 7
Pronúncia Exercício D

a. 1. pão
   2. pá
   3. pau
b. 1. mau
   2. má
   3. mão

FAIXA A37
Unidade 8
Exercício F

Entrevistador: Onde é que o Paulo trabalha?
Paulo: Trabalho num restaurante no Porto. E também estudo na universidade.
Entrevistador: Ah, muito bem! Quantas horas trabalha por dia?

Paulo: Trabalho 7 horas por dia.
Entrevistador: Quantos dias por semana?
Paulo: Seis.
Entrevistador: Ganha bem?
Paulo: Sim. Ganho bastante bem.
Entrevistador: De que é que gosta no seu trabalho?
Paulo: O meu trabalho é difícil, mas muito interessante. Gosto muito do meu chefe e dos meus colegas. O nosso restaurante é muito bom.
Entrevistador: De que é que não gosta no seu trabalho?
Paulo: De que é que não gosto? O restaurante fica bastante longe da minha casa. É no centro da cidade e eu moro longe do centro.

FAIXA A38
Unidade 8
Exercício I

Apresentador: Bem-vindos ao programa *Qual é a Minha Profissão?* O concorrente de hoje é o Tiago. Boa noite, Tiago.
Tiago: Boa noite!
Apresentador: O Tiago vai tentar saber a profissão da Sara. Boa noite, Sara!
Sara: Boa noite!
Apresentador: O Tiago pode fazer 10 perguntas à Sara. A Sara responde só com sim ou não, OK? Tiago, está pronto? Sara, está pronta?
Sara: Estou, sim.
Tiago: Estou, sim.
Apresentador: Vamos começar, então.
Tiago: Sara, trabalha em casa?
Sara: Não, não trabalho.
Tiago: Trabalha num hospital?
Sara: Também não.
Tiago: Trabalha à noite?
Sara: Felizmente, não.
Tiago: Usa muito o telemóvel?
Sara: Uso muito, sim.
Tiago: Fala línguas?
Sara: Às vezes, falo, sim.
Tiago: Viaja muito?
Sara: Infelizmente, não.
Tiago: Trabalha sozinha?
Sara: Não.
Tiago: Usa o computador?
Sara: Uso, sim.
Tiago: Trabalha num escritório?
Sara: Trabalho, sim.
Apresentador: Tiago, a última pergunta!
Tiago: Ganha bem?
Sara: Não.
Apresentador: Muito bem. Acabaram as perguntas. Então, Tiago, qual é a profissão da Sara?

FAIXA A39
Unidade 8
Exercício K

Apresentador: Então, Tiago, qual é a profissão da Sara?
Tiago: Eu acho que a Sara é advogada!
Apresentador: Sara! Você é advogada?
Sara: Não, não sou. Os advogados ganham bem e eu não. Eu sou secretária.

FAIXA A40
Unidade 8
Pronúncia Exercício E

1. dona   3. ganho   5. amanhã
2. minha   4. China   6. janela

FAIXA A41
Português em Ação 2
Exercícios B e C

Funcionário: O seu passaporte, faz favor.
Sílvia: Aqui está.
Funcionário: Qual é o motivo da sua visita?
Sílvia: Estou de férias.
Funcionário: Quanto tempo fica em Portugal?
Sílvia: Só uma semana.
Funcionário: Onde? Em Lisboa?
Sílvia: Sim, fico em Lisboa, no hotel Fénix. E também uma noite no Porto.
Funcionário: É a sua primeira vez em Portugal?
Sílvia: Não, é a segunda.
Funcionário: Boa estadia!
Sílvia: Muito obrigada.

FAIXA A42
Revisão 5-8
Exercício G

1. Como é a tua casa?
2. Onde está o teu telefone?
3. Onde é que trabalhas?
4. Boa estadia em Portugal!
5. Que idade tem?

FAIXA A43
Revisão 5-8
Exercício H

1. O seu quarto é aqui.
2. É a casa do João.
3. Vocês são tradutoras?
4. É a morada do Paulo?
5. Ganham bem?

FAIXA A44
Revisão 5-8
Exercício I

1. A: Onde é que a Paula trabalha?
   B: Num escritório.
   A: É secretária?
   B: Não. O escritório é dela. Ela é advogada.
2. A: Tens dinheiro?
   B: Não, não tenho. A minha carteira está no carro. Tu também não tens?
   A: Só tenho três euros.

FAIXA A46
Unidade 9
Exercícios I e J

Patrícia: Esta é a fotografia da minha família na nossa casa em Cascais. Tens aqui a minha mãe.
Cristina: Quantos anos é que tem?
Patrícia: Quarenta e oito.
Cristina: E este rapaz, quem é? O teu irmão? É muito bonito! Muito giro! Tem namorada?
Patrícia: Tem, tem.
Cristina: Que pena!
Patrícia: Tem namorada, mas este rapaz não é o meu irmão. É o meu namorado, o Marco.
Cristina: Ai, desculpa!
Patrícia: O meu irmão é este aqui. Chama-se Fábio. E não tem namorada.
Cristina: Está bem. O Fábio também é... simpático. E esta senhora, quem é?
Patrícia: É a mãe do Marco.
Cristina: Ah! A tua sogra, então!
Patrícia: Ainda não é a minha sogra!

Ainda não sou casada!
Cristina: Gostas dela?
Patrícia: Não muito. Gosto do filho, não da mãe.
Cristina: Não gostas da tua sogra? Porquê? As sogras são muito simpáticas! E este senhor é o teu pai?
Patrícia: Não, não é. É o pai do Marco. Os meus pais são divorciados.
Cristina: E tu, não estás na fotografia?
Patrícia: Não, não estou.

FAIXA A47
Unidade 9
Pronúncia Exercício C

1. falha   3. cala   5. mala
2. fala   4. calha   6. malha

Exercício F

1. avô   3. avós
2. avó   4. avôs

FAIXA A48
Unidade 10
Exercício A

A: Patrícia, tu tens um gato?!
B: Tenho, tenho!
A: Como é? É bonito?
B: É muito bonito. Tem um olho azul e um verde.
A: Qual é que é azul? O direito ou o esquerdo?
B: Não sei bem qual é. Acho que é o direito.

FAIXA A52
Unidade 11
Exercícios D e E

Sónia: Olá, pessoal! Tudo bem? Tenho três perguntas para vocês. Estão prontos? Pergunta 1: Qual é a tua comida preferida? João?
João: Não sei. Não vou muito aos restaurantes. Acho que só vou ao McDonald's.
Sónia: Miguel?
Miguel: Adoro comida portuguesa, acho que é muito boa.
Sónia: Tiago?
Tiago: A minha! Adoro cozinhar para os meus amigos! E também gosto de comida japonesa.
Sónia: Agora, pergunta 2: Qual é o teu clube de futebol preferido? João?
João: O meu clube é o Benfica.
Sónia: Miguel?
Miguel: Eu sou sportinguista.
Sónia: Tiago?
Tiago: Não tenho clube preferido. Detesto futebol.
Sónia: Pergunta 3: Onde é que gostas de passar as férias e porquê?
João: Passo as minhas férias no Canadá porque a minha irmã mora no Canadá, em Toronto.
Sónia: Miguel?
Miguel: Gosto de passar as férias nos Açores porque gosto da natureza.
Sónia: Tiago?
Tiago: Em Barcelona! Adoro as discotecas em Barcelona. São muito boas.

FAIXA A53
Unidade 11
Exercício G

Sónia: João, és muito simpático. Tu também, Tiago. Mas eu gosto muito do Miguel. Miguel, vamos ao cinema?

FAIXA A56
Unidade 12
Pronúncia Exercício E

1. Braga
3. Viana
5. Óbidos
2. Aveiro
4. Ovar
6. Abrantes

FAIXA A57
Português em Ação 3
Exercícios B e C

Empregado: Diga, faz favor.
Sílvia: Um pastel de nata e um café com leite, por favor.
Empregado: E para a senhora?
Raquel: É um *croissant* e uma bica cheia.
Empregado: E mais?
Raquel: Uma tosta mista para levar e uma água.
Empregado: Fresca ou natural?
Raquel: Bem fresca. Com gelo, faz favor.
Empregado: A conta é junta ou separada?
Raquel: Junta. Quanto é?
Empregado: São seis euros e dez cêntimos.
Raquel: Faz favor.
Empregado: Não tem mais pequeno?
Raquel: Não, só tenho notas de 20.
Empregado: Não faz mal. O seu troco.
Raquel: Obrigada.

FAIXA A58
Revisão 9-12
Exercício G

1. Como está a avó?
2. Como é a tua irmã?
3. Quem é este rapaz?
4. Qual é a profissão dos teus pais?
5. Como se chama este restaurante?

FAIXA A59
Revisão 9-12
Exercício H

1. A: Bruno, tu gostas muito de Björk, não gostas?
   B: Sim, gosto muito dela. E tu, Filipe?
   A: Eu não. Mas a minha irmã gosta.
2. A: Ó Susana, como é o teu namorado?
   B: É bastante baixo e magro.
   A: É pequeno, então.
   B: É, mas eu também sou assim.

FAIXA A60
Unidade 13
Exercício C

1. Um jogo de futebol dura uma hora e meia.
2. Uma canção *pop* dura, em média, 4 minutos.
3. Uma chamada de telemóvel dura, em média, 1 minuto e 37 segundos.
4. Um filme no cinema dura, em média, 1 hora e 45 minutos.
5. Um voo de Lisboa para Londres dura 2 horas e 10 minutos.

FAIXA A61
Unidade 13
Exercício D

1. São quatro e um quarto.
2. São onze e vinte e cinco.
3. São vinte para as oito.
4. São dez para as onze.
5. São sete e meia.
6. É um quarto para as quatro.

FAIXA A63
Unidade 13
Exercício H

A: Susana, em que mês estamos?
B: Em julho. Porquê?
A: E quantos são hoje?
B: Hoje são 30. Porquê?
A: E que dia é hoje?
B: Quarta-feira. Porquê?
A: E que dia é amanhã?
B: Hoje é quarta, então amanhã é quinta. Dia 31 de julho! E estamos em 2014! Mais alguma pergunta, Hugo?!
A: Obrigado, já sei tudo. Daqui a dois dias começam as minhas férias!!!

FAIXA A65
Unidade 13
Exercício K

A: Fátima, qual é a sua data de nascimento?
B: 25 de maio de 1986.
A: 25 de maio? É hoje!
B: Pois é.
A: Muitos parabéns!
B: Obrigada!
A: Então, é dia de festa?
B: Não, porque não gosto de fazer festas de anos.

FAIXA A66
Unidade 13
Pronúncia Exercício F

1. Caniço
3. Aljezur
5. Alcobaça
2. Valpaços
4. Nazaré
6. Valença

FAIXA A67
Unidade 14
Exercício A

A: Ana, são sete horas!
B: Está bem, está bem. Levanto-me daqui a 10 minutos, está bem? 10 minutos.
A: Ana! Já são sete e dez!
B: Está bem! Ainda tenho tempo! Cinco minutos, está bem? Só cinco minutos.
A: Ana, são sete e meia!
B: O quê? Sete e meia? Que horror! Já estou atrasada! Já estou atrasada!

FAIXA A69
Unidade 14
Pronúncia Exercício E

a. 1. mas   2. más
b. 1. à   2. a
c. 1. da   2. dá

FAIXA A70
Unidade 15
Exercícios F e G

Rui
Entrevistador: Desculpe, posso fazer-lhe uma pergunta?
Rui: Faz favor!
Entrevistador: Acha que tem uma vida saudável?
Rui: Infelizmente, não.
Entrevistador: Porquê?
Rui: Trabalho muito e não tenho tempo para muitas coisas importantes na vida. Não tenho tempo para os amigos. Não tenho tempo para descansar. Durmo pouco. Estou sempre cansado. E também não tenho tempo para a minha mulher e para os filhos. Nunca estou em casa.
Entrevistador: Obrigado.
Rui: De nada!

Mónica
Entrevistador: Desculpe, posso fazer-lhe uma pergunta?
Mónica: Faz favor!
Entrevistador: Acha que tem uma vida saudável?
Mónica: Sim, acho que sim. Eu sou vegetariana. Não como carne e não como peixe. Bebo muita água. Não bebo álcool. Tomo sempre o pequeno-almoço. Durmo normalmente oito ou nove horas. Sim, acho que tenho uma vida saudável.
Entrevistador: Obrigado e bom domingo!
Mónica: Igualmente!

Luís
Entrevistador: Desculpe, posso fazer-lhe uma pergunta?
Luís: Faz favor!
Entrevistador: Acha que tem uma vida saudável?
Luís: Acho que sim. Gosto muito de fazer desporto. Faço exercício todos os dias. Vou ao ginásio três ou quatro vezes por semana. Gosto muito de correr. Não vou aos restaurantes *fast food*. Como normalmente em casa. Não fumo muito.
Entrevistador: Muito obrigado e bom domingo!
Luís: Igualmente!

FAIXA A71
Unidade 15
Exercício L

10 pontos ou menos
Que horror! A sua vida é muito pouco saudável. Isto está muito, muito, muito mal!
11-19 pontos
Infelizmente, a sua vida não é muito saudável.
20-28 pontos
Não está mal, mas também não está muito bem. A sua vida é bastante saudável, mas tem alguns problemas.
29-36 pontos
Parabéns! A sua vida é muito saudável!

FAIXA A72
Unidade 15
Pronúncia Exercício D

a. 1. sem   2. sei
b. 1. hei   2. em

FAIXA A74
Unidade 16
Pronúncia Exercício F

a. 1. pois   2. pões
b. 1. por   2. pôr

FAIXA A75
Português em Ação 4
Exercícios B e C

Empregado: Boa noite. Quantas pessoas são?
Raquel: Duas. Temos reserva em nome de Raquel Vaz.
Empregado: Faz favor. Aqui está a ementa.
Raquel: Obrigada. O que é que recomenda?
Empregado: O bacalhau está muito bom hoje.
Raquel: Está? Não está salgado?
Empregado: Não. Está muito saboroso.
Raquel: Então, quero bacalhau. E uma sopa.
Empregado: E para a senhora?
Sílvia: Pode ser o mesmo.
Empregado: Muito bem. E para beber?
Raquel: Vinho tinto.

Empregado: Querem sobremesa? Temos um gelado de limão muito bom.
Raquel: Não, obrigada. Pode trazer já a conta, faz favor. Podemos pagar com cartão?
Empregado: Com certeza.

FAIXA A76
Revisão 13-16
Exercício G

1. A que horas nos encontramos?
2. Quando é que fazes anos?
3. E para beber?
4. A conta, faz favor.

FAIXA A77
Revisão 13-16
Exercício H

1. A: A que horas é que a tua mãe chega a casa?
   B: Normalmente, muito tarde, por volta das 10. Mas hoje é sexta-feira. Às sextas ela chega cedo.
2. A: Quer peixe frito ou grelhado?
   B: Frito? Eu não como peixe frito. Peixe frito faz muito mal.
   A: Grelhado, então.
   B: Sim, grelhado pode ser.

FAIXA A78
Unidade 17
Exercício C

A. Nós, os ingleses, comemos muito ao pequeno-almoço. Comemos ovos fritos com *bacon*, salsichas e, às vezes, também tomate frito. Bebemos normalmente chá preto, café ou sumo de laranja.
B. Em França, as pessoas não comem muito ao pequeno-almoço. Comemos um *croissant* ou uma baguete com doce e manteiga. Bebemos café ou chocolate quente.
C. O pequeno-almoço típico coreano tem normalmente arroz, uma sopa, peixe e um prato de legumes picantes que se chamam *kimchi*. E bebemos chá.

FAIXA A81
Unidade 17
Pronúncia Exercício C

a. 1. secretaria   2. secretária
b. 1. policia   2. polícia

FAIXA A82
Unidade 18
Exercício A

Alexandre: Boa tarde! Queria saber mais sobre as férias em São Miguel.
Funcionário: Com certeza. A estadia é de uma semana.
Alexandre: Sete noites então?
Funcionário: Não, seis.
Alexandre: E onde é o alojamento?
Funcionário: No hotel Santa Rita. É um hotel muito bom, de quatro estrelas.
Alexandre: E há voos de Lisboa?
Funcionário: Claro que sim. Temos também voos do Porto.
Alexandre: Em que dias?
Funcionário: Todos os dias da semana.
Alexandre: Qual é a duração do voo?
Funcionário: São mais ou menos duas horas.
Alexandre: Duas horas? É bastante.
Funcionário: Pois é. Mas São Miguel fica a 1400 km de Lisboa.
Alexandre: E, já agora, sabe como são as temperaturas lá nos Açores?
Funcionário: A temperatura média é de 20ºC.
Alexandre: E São Miguel é uma ilha grande? Sabe qual é a área?
Funcionário: Não é muito grande. Só um momento… Ah, sim. Tem 759 km².
Alexandre: E o preço. Qual é o preço?
Funcionário: São 550 euros por pessoa. Tudo incluído.
Alexandre: 550 euros? Não é barato.

FAIXA A83
Unidade 18
Exercícios D e E

Alexandre: Então, Ana, onde vamos? A São Miguel ou à Madeira? O que é que preferes? Eu acho que prefiro a Madeira.
Ana: A Madeira tem muitos turistas e eu não gosto de lugares cheios de pessoas. São Miguel é mais calmo.
Alexandre: Sim, é verdade. São Miguel tem menos turistas do que a Madeira. Mas a Madeira é mais barata. E fica mais perto. Além disso, acho que é mais bonita. E tem praias.
Ana: Praias? Cá, perto de Lisboa, há praias tão boas como na Madeira. Ou até melhores. E eu não vou lá para estar todo o dia na praia a apanhar sol. Quero conhecer a ilha. Olha, e o hotel na Madeira é pior. Só tem três estrelas. Prefiro São Miguel à Madeira. É mais interessante.

FAIXA A84
Unidade 18
Exercício K

A: Ó Susana, qual é o rio mais longo? O Douro ou o Guadiana?
B: O Douro.
A: O Douro é também mais longo do que o Tejo, não é?
B: Não. O Douro é mais curto. O Tejo é o rio mais longo de Portugal.

FAIXA A85
Unidade 18
Exercício M

1. O rio mais longo da Europa é o Volga.
2. O mar mais quente do mundo é o Mar Vermelho.
3. A montanha mais alta do mundo é o Monte Everest.
4. A maior ilha do mundo é a Gronelândia.
5. A capital mais rica do mundo é Tóquio.
6. O país mais pequeno da Europa é o Vaticano.
7. O país com a costa mais longa do mundo é o Canadá.
8. O maior lago de África é o Lago Vitória.

FAIXA A86
Unidade 18
Pronúncia Exercício B

a. 1. óleo   2. olho
b. 1. julho   2. Júlio

FAIXA A87
Unidade 19
Exercícios B e C

Entrevistador: Olá, boa noite a todos! Hoje em dia, todos temos que gastar menos e poupar mais. Mas, muito frequentemente, não sabemos como. O nosso convidado de hoje, sabe! Boa noite, Jorge!
Jorge: Boa noite.
Entrevistador: É verdade que sabe como podemos poupar tempo e dinheiro?
Jorge: Sei. E não é nada difícil. É muito, muito fácil. Todos podemos fazer isso.
Entrevistador: Que boa notícia!
Jorge: Só temos que saber qual é o melhor dia da semana para fazer coisas.
Entrevistador: Ah é?
Jorge: É. Por exemplo, o melhor dia para ficar num hotel é o domingo.
Entrevistador: Porquê?
Jorge: Porque ao domingo os hotéis são mais baratos. Mas para comprar uma viagem de avião, o melhor dia é a quarta-feira. Quarta-feira de manhã. Ou terça-feira à noite.
Entrevistador: Muito interessante.
Jorge: É. E a segunda-feira é o melhor dia para comprar um carro.
Entrevistador: E para comprar roupa?
Jorge: A quinta-feira. Quinta-feira à noite!
Entrevistador: E livros? Para comprar livros?
Jorge: Também a quinta-feira.
Entrevistador: E para ir ao cinema?
Jorge: Acho que sabe. Todos sabem. A segunda-feira, claro.
Entrevistador: E a terça-feira? A terça-feira é o melhor dia para quê?
Jorge: A terça-feira é o melhor dia para jantar fora. Às terças os restaurantes não são mais baratos, mas tudo é bom e fresco.
Entrevistador: Porquê?
Jorge: Porque normalmente os restaurantes compram comida à segunda.
Entrevistador: E a sexta-feira? É boa para quê?
Jorge: Aqui tenho um problema. Porque a sexta-feira é um dia caro. A sexta-feira não é boa para nada.

Entrevistador: Se calhar para fazer uma festa em casa.
Jorge: Sim, mas ninguém faz uma festa sem comida e algo para beber. Temos que ir ao supermercado e comprar coisas para a festa. Mas o melhor dia para ir ao supermercado é o domingo.
Entrevistador: Que bom! Já sei como poupar tempo e dinheiro. Obrigado, Jorge! Que dia é hoje?
Jorge: Hoje é terça-feira.
Entrevistador: O que é que fazemos então?
Jorge: Vamos jantar fora, claro!

FAIXA A90
Unidade 20
Exercícios B e C

Diogo: João, quando é que partes para Madrid?
João: Na terça.
Diogo: Vais de carro?
João: De carro? Não. Eu não sei conduzir.
Diogo: Tu não conduzes? Porque é que não aprendes? Não é difícil.
João: Eu sei. Tenho de tirar a carta ainda este ano.

FAIXA A91
Unidade 20
Exercícios D, E e F

1. Avó: Estou?
   Pedro: Está? Está?
   Avó: Estás a ouvir Pedro?
   Pedro: Sim, estou.
   Avó: Não estou a ouvir bem. Tanto barulho! Onde é que vocês estão?
   Pedro: Estamos num *pub*. E estão a tocar música.
   Avó: O que é que vocês estão a fazer aí?
   Pedro: Eu estou a beber cerveja e a Rita está a cantar.
   Avó: A cantar?
   Pedro: Sim, não estás a ouvir? É ela!
   Avó: E a Marta está aí com vocês?
   Pedro: Sim, está a dançar.
   Avó: Estou a ver que estão a divertir--se muito!
   Pedro: Claro que sim.
   Avó: E o tempo? Como é que está?
   Pedro: Agora está a chover.
2. Avó: Estou?
   Mafalda: Estou sim! Olá, avó!
   Avó: Olá, Mafalda! Está tudo bem? Como é que vocês estão? As férias estão a correr bem?
   Mafalda: Sim, está tudo ótimo. Estamos no parque nacional.
   Avó: E o que é que estão a fazer aí?
   Mafalda: Estamos a andar de carro.
   Avó: Há muitos animais?
   Mafalda: Sim, avó, há tantos animais! Umas girafas estão a atravessar a estrada agora! Ai, estão a olhar para nós! São tão grandes! E tão lindas!
   Avó: Estás a tirar fotografias?
   Mafalda: A Fátima está. Eu estou a conduzir.

FAIXA A92
Unidade 20
Exercício I

1. Mãe, podes atender? Eu não posso, estou no duche.
2. Alguém pode atender o telefone? Eu não posso. Estou a fazer o jantar.

3. A: Mãe, porque é que não atendes o telemóvel? Está a tocar!
   B: Querida, a mãe está a conduzir. Não posso atender quando estou a conduzir.
4. Quem é que telefona a esta hora?! Não sabem que me deito sempre cedo e a esta hora já estou a dormir?!
5. A: Bernardo, o teu telemóvel!
   B: Não posso agora! Estou a ver um jogo! Podes ver quem é?

FAIXA A93
Unidade 20
Exercício K

(só a primeira parte)
Resposta 1
Hmm, não sei, muitas. Acho que por volta de vinte ou até trinta.
Resposta 2
Quando estou no cinema. Ou quando estou no avião. Muitas pessoas desligam à noite quando estão a dormir, mas eu não.
Resposta 3
Não, prefiro ligar mais tarde.
Resposta 4
Sim, atendo. Eu sei que é feio, mas às vezes tenho que atender.

FAIXA A95
Português em Ação 5
Exercícios B e C

Raquel: Estou?
Pedro: Olá, Raquel. É o Pedro.
Raquel: Pedro? Qual Pedro? Ah, olá. Desculpa! Estás bom? Há tanto tempo!
Pedro: Pois é. Há tanto tempo. Nunca atendes as minhas chamadas.
Raquel: Sabes, é que eu tenho muito trabalho. Olha, tenho de desligar. Tenho aqui uma chamada muito importante. Fica bem. Estou?
Lurdes: Estou? Posso falar com a Raquel?
Raquel: É a própria.
Lurdes: Aqui fala Lurdes Brito, da Ominex.
Raquel: Olá, como está? Olhe Lurdes, estou a almoçar agora. Pode voltar a ligar mais tarde?
Lurdes: Está bem. Então, volto a ligar às três.
Raquel: Muito bem. Até logo então. Com licença.

FAIXA A96
Revisão 17-20
Exercício G

1. Podes desligar a televisão?
2. Posso falar com o Pedro Alves?
3. Há frango?
4. Sabes dançar salsa?

FAIXA A97
Revisão 17-20
Exercício H

1. A: Olá, Rita. Tudo bem? Olha, estás em casa agora?
   B: Não, estou na rua com a minha avó. Porquê?
   A: Porque estou perto da tua casa e tenho aqui no carro os teus livros.
   B: Pois, eu não estou mas a minha mãe está. Podes deixar esses livros com ela.

2. A: Então, Joana, preferes ir a um restaurante italiano ou chinês?
   B: Se calhar chinês. Aqui perto não há restaurantes italianos. Todos ficam longe.
   A: E qual é o problema? Vamos de carro, não?
   B: Sim, mas os restaurantes chineses são também mais baratos.

FAIXA A98
Unidade 21
Exercício I

1. André: Ando muito de (sinal sonoro) porque vivo em Lisboa, mas trabalho em Madrid. À segunda vou para Madrid no primeiro voo da manhã. Não tenho casa lá. Fico num hotel. À sexta venho para Lisboa no último voo da noite. Faço assim todas as semanas.
2. Samuel: Gosto de fazer exercício, mas não tenho tempo para ir ao ginásio. Tenho de andar muito por toda a cidade todos os dias e, normalmente, ando de (sinal sonoro). É barato e faz bem à saúde. E nunca apanho trânsito.
3. Flávia: Trabalho em Lisboa, mas vivo em Almada, que fica do outro lado do rio Tejo. Não tenho carro. Todos os dias atravesso o rio de (sinal sonoro).
4. Rúben: Eu ando sempre de (sinal sonoro) porque não gosto de andar nos transportes e também não tenho carta de condução. É caro, mas não faz mal. A minha empresa paga.

FAIXA A99
Unidade 21
Pronúncia Exercício B

a. 1. são   2. sal
b. 1. mão   2. mal
c. 1. tal   2. tão

Exercício D

a. 1. vêm   2. vem
b. 1. tem   2. têm

FAIXA B1
Unidade 22
Exercícios C e D

Agente: Então, que tipo de casa procuram? Querem alugar ou comprar?
Maria João: Queremos comprar. Estamos a pensar numa moradia com um jardim. Num bairro tranquilo, com árvores, sem muito trânsito.
Agente: Querem uma casa no centro ou fora do centro?
Manuel: Fora do centro. Mas também não muito longe.
Agente: Com quantas assoalhadas?
Manuel: Três ou quatro. Uma sala de estar, dois ou três quartos e uma cozinha grande.
Agente: Com estacionamento para o carro?
Manuel: Precisamos de uma garagem.

FAIXA B2
Unidade 22
Exercício E

Agente: Cá estamos em frente da nossa casa. É um T3, fica a 10 minutos do centro, com uma sala de 35 metros quadrados, cozinha de 18 metros

© Lidel – Edições Técnicas, Lda.

quadrados, três quartos, garagem, duas casas de banho e um jardim.

FAIXA B3
Unidade 22
Exercícios H e I

Agente: Cá estamos em frente da nossa casa. É um T3, fica a 10 minutos do centro, com uma sala de 35 metros quadrados, cozinha de 18 metros quadrados, três quartos, garagem, duas casas de banho e um jardim.
Como podem ver, a rua é muito tranquila e não tem trânsito nenhum.
Maria João: Pois, não tem carros nenhuns. E pessoas também não. Está vazia.
Manuel: Pois, a rua é pouco segura. E está suja.
Agente: Não, nada disso. Este bairro é muito seguro. E o jardim, o que é que acham? É lindo, não é?
Manuel: Lindo? Está tudo seco. E não há flores nenhumas.
Agente: Não há flores porque estamos em janeiro. Vamos entrar?
Maria João: Vamos, sim. A casa é escura. Não tem luz nenhuma.
Agente: Não, não. Não é nada escura. Está um bocado escura agora porque estamos em janeiro e o dia acaba cedo. Mas a casa tem muitas janelas, e quase todas com vista para o jardim.
Maria João: Que divisões há no rés do chão?
Agente: A sala de estar, o escritório, uma casa de banho e a cozinha.
Maria João: E no andar de cima?
Agente: Os quartos e a outra casa de banho. Vamos ver a cozinha? Cá está ela. É grande e tem muito espaço.
Manuel: Sim, muito espaço vazio. Há aquecimento central aqui?
Agente: Não, não há. Mas há ar condicionado.
Manuel: Precisamos do aquecimento e não do ar condicionado. Esta cozinha é muito fria e húmida.
Agente: Não é bem assim. A cozinha está um bocado fria hoje porque o dia está frio. Mas, normalmente, não é fria. E os quartos são quentes. Querem subir e ver?
Manuel: Subir? Estas escadas são perigosas e muito velhas. A minha mulher pode cair. Acho que não vamos subir. Não queremos esta casa.
Agente: Não querem saber o preço? A casa não é cara. Faço um bom preço, só para os senhores.
Manuel: Quanto é que quer, então?
Maria João: Ai que horror! O que é isto!?
Agente: É... o comboio.
Manuel: Comboio?! Há comboios a passar aqui ao lado?! Esta casa é um horror. Maria João! Vamos sair daqui já!
Maria João: Pois vamos! Adeus!

FAIXA B7
Unidade 23
Exercício J

Cláudia: Ruben! Ruben! Alguém está à porta!
Ruben: Está bem, Cláudia. Estou a ouvir. Com certeza é o Bruno com a Margarida.
Bruno: Então, como é que isto está? Estão a divertir-se?

Ruben: Olá, Bruno. Quem é a tua... amiga?
Bruno: É a Margarida.
Margarida: Olá, sou a Margarida. Muito prazer!
Ruben: Muito prazer, Mar...garida. Mas... não és a Margarida que nós conhecemos!
Bruno: Claro que não é. A outra Margarida é muito chata! Eu também já não gosto dela!

FAIXA B8
Unidade 23
Exercício K

(meia hora depois)
Cláudia: Ruben! Ruben! Alguém está à porta!
Ruben: Está bem, Cláudia. Estou a ouvir. Não sei quem é. Já são dez horas e já estamos todos. Sim? Quem é?
Margarida: Olá, Ruben! Sou eu, a Margarida! Olha, tu não fazes uma sardinhada hoje à noite? Há mensagens no *facebook*. Também gosto de sardinhas!
Ruben: Ah! Só um momento! *(para o fundo)* Calem-se! Calem-se! Desliguem a música! Por favor, calem-se já!
Sim? Olha, Margarida, sim, há mensagens no *facebook*, mas, sabes... infelizmente estou doente hoje e... não há sardinhada nenhuma. E até já estou na cama. E com muito sono. Boa noite. Com licença.
Margarida: Ah é? Que pena! Gosto tanto de festas!

FAIXA B9
Unidade 23
Pronúncia Exercício A

a. 1. sã   2. sá
b. 1. faz   2. fãs
c. 1. lã   2. lá

FAIXA B10
Unidade 24
Exercício C

Apresentador: Muito boa noite a todos em mais um concurso *Quem Sabe, Ganha!* O nosso concorrente de hoje é o Gonçalo Ferreira. O Gonçalo é de Évora e vai responder a 10 perguntas para ganhar 50 mil euros. Uma resposta correta são 5 mil euros. Mas cuidado! Uma resposta errada e o jogo acaba. O Gonçalo perde todo o dinheiro, não ganha nada e volta para casa sem nada! Gonçalo, vamos começar então? Está pronto?
Gonçalo: Estou.
Apresentador: Muito bem. Pergunta número um. Champs-Élysées, em Paris, é uma avenida ou um castelo?
Gonçalo: Uma avenida.
Apresentador: Correto. Já tem 5 mil euros. Pergunta número dois. Tiananmen, em Pequim, é um palácio ou uma praça?
Gonçalo: Uma praça.
Apresentador: Correto. Já tem 10 mil euros. Pergunta número três. Rialto, em Veneza, é um museu ou uma ponte?
Gonçalo: Uma ponte.
Apresentador: Correto. Já tem 15 mil euros. Pergunta número quatro. Maracanã no Rio de Janeiro é um estádio ou um palácio?
Gonçalo: Um estádio.

Apresentador: Mais uma vez correto! Tem 20 mil euros. Pergunta número cinco. São Jorge, em Lisboa, é um palácio ou um castelo?
Gonçalo: Um castelo.
Apresentador: Correto. Tem 25 mil euros. Pergunta número seis. Hermitage, em São Petersburgo, é uma igreja ou um museu?
Gonçalo: Um museu.
Apresentador: Correto. Já tem 30 mil euros. Pergunta número sete. El Retiro, em Madrid, é um parque ou uma praça?
Gonçalo: Um parque.
Apresentador: Correto. Já tem 35 mil euros. Pergunta número oito. Sacré-Coeur, em Paris, é uma igreja ou um palácio?
Gonçalo: Uma igreja.
Apresentador: Correto! Já tem 40 mil euros. Muito bem, Gonçalo. Agora pergunta número nove. Topkapi, em Istambul, é uma mesquita ou um palácio?
Gonçalo: É...é...
Apresentador: Força, Gonçalo!
Gonçalo: Um palácio!
Apresentador: Muito bem! Está quase no fim! 45 mil euros. Agora, a última pergunta. Zócalo, na Cidade do México, é um castelo ou uma praça?
Gonçalo: Um castelo.
Apresentador: Errado! Errado! É uma praça! Gonçalo, você não ganha nada. Adeus!

FAIXA B13
Unidade 24
Pronúncia Exercício C

a. 1. sim   2. si
b. 1. vi   2. vim
c. 1. rim   2. ri

FAIXA B14
Português em Ação 6
Exercícios B e C

Funcionário: Diga.
Raquel: A que horas é o próximo comboio para o Porto?
Funcionário: Às 7h45.
Raquel: Daqui a 10 minutos! Então, são dois bilhetes em segunda classe, faz favor. Ida e volta.
Funcionário: Quando é o regresso?
Raquel: Amanhã. A que horas parte o último comboio para Lisboa?
Funcionário: Às 22h45.
Sílvia: Pode ser esse, sim.
Funcionário: São 94 euros e 40 cêntimos.
Raquel: Faz favor. Qual é a linha?
Funcionário: Parte da linha 6.
Raquel: Obrigada. Sílvia, rápido! Despacha-te! É a carruagem 4, lugares 81 e 83.

FAIXA B15
Revisão 21-24
Exercício G

1. Como é que vais ao Porto?
2. Tu não podes fazer isso!
3. Vamos entrar neste museu!
4. Este é o meu carro.
5. Queres tinto ou branco?

FAIXA B16
Revisão 21-24
Exercício H

1. A: O agente diz que esta casa é grande, mas não é nada.
   B: Pois não. Tem muitas divisões, isso sim, mas são todas muito pequenas. Não há espaço nenhum aqui.
2. A: Pedro, conheces o Museu dos Transportes?
   B: Conheço, sim. Fica perto da minha casa. Mas não acho muito interessante. Prefiro o Museu de Arte Moderna.
   A: Pois claro que preferes, tu és pintor.

FAIXA B17
Unidade 25
Exercício C

Cliente: Bom dia! Queria mandar esta carta para Espanha e esta encomenda, também para Espanha.
Funcionária: Em correio normal?
Cliente: Em correio azul, se faz favor.
Funcionária: Preencha este impresso, faz favor.
Cliente: Já está.
Funcionária: E mais?
Cliente: Tem postais de Lisboa?
Funcionária: Sim, pode ver aí.
Cliente: Vou levar estes dois.
Funcionária: Com selos?
Cliente: Sim, para Espanha. E queria também levar um envelope daqueles grandes.
Funcionária: É tudo? São 18 euros e 20 cêntimos.

FAIXA B20
Unidade 25
Exercício M

1. A: Desculpe! Sabe onde é a embaixada da Noruega?
   B: Sei. Suba esta rua e vire à esquerda. É logo na esquina.
   A: Obrigada!
2. A: Desculpe! Há aqui perto um multibanco?
   B: Há. Do outro lado da rua, ao lado dos correios.
   A: Aquele não funciona. Está avariado.
   B: Então, não sei. Desculpe.
3. A: Desculpe! A casa de banho é onde?
   B: Em cima. Tem de subir as escadas e virar à esquerda.

FAIXA B22
Unidade 26
Exercício C

1. Letícia: Cinco coisas a não perder no Rio? Primeiro, suba o Pão de Açúcar e admire uma das melhores vistas da cidade. Depois, explore a pé ou de bicicleta o Parque Nacional da Tijuca. Depois, vá a Copacabana ou Ipanema e se divirta com os cariocas nas praias mais famosas do mundo. Na praia faz calor, por isso beba muita água de coco. À noite, assista ao jogo de futebol no estádio do Maracanã.
2. João: Coisas a não perder no Porto? Primeiro, vá à estação de comboios de São Bento, mas não para apanhar um comboio. Descubra a beleza dos famosos azulejos. A seguir, faça um cruzeiro no rio Douro. Depois, vá a um restaurante e prove uma francesinha. É o prato típico desta parte de Portugal. A seguir, atravesse a ponte D. Luís a pé. No outro lado do rio, visite as caves do vinho.

FAIXA B23
Unidade 26
Pronúncia Exercício C

a. 1. sé   2. sê
b. 1. de   2. dê
c. 1. quê   2. que

FAIXA B24
Unidade 27
Exercícios C e D

1. A: O que é que estás a fazer na cama a esta hora?
   B: Não me sinto bem hoje. Devo estar doente.
   A: Doente? Doente de quê? Deves passar menos tempo em frente ao computador e mais na escola. Vai para a escola já!
   B: Agora? Já é tarde. Devem ser dez ou onze horas!
2. A: A Andreia não faz nada em casa, não achas?
   B: É verdade. Ela deve ajudar mais nas tarefas domésticas. Não aspira, não passa a ferro, não põe o lixo na rua... Somos sempre nós!
   A: Onde é que ela está agora? Com a mãe?
   B: Claro que não. Deve estar na praia com os amigos.

FAIXA B25
Unidade 27
Exercício K

Quando está em Portugal e vai a casa de alguém, não tire os sapatos. Quem tira os sapatos está a ser mal-educado. Outra coisa que não deve fazer é escrever a vermelho. É muito feio. Quando vai a casa de alguém, não chegue antes da hora marcada. Pode chegar atrasado, isso é normal. Toda a gente, às vezes, chega atrasada. Mas chegar antes? Nunca! Mais uma coisa – não brinde com água. Pode brindar com vinho, com cerveja, até com sumo, mas não com água. E mais uma coisa. Quando quer fechar a porta à frente de alguém, deve dizer não só "Adeus! Boa tarde!", mas também "Com licença".

FAIXA B26
Unidade 27
Pronúncia Exercício F

a. 1. rouba   2. roupa
b. 1. par   2. bar
c. 1. Berna   2. perna

FAIXA B27
Unidade 28
Exercícios H e I

Clara: Boa noite a todos. Hoje temos aqui connosco o psicólogo José Amaral. Vamos falar sobre as estações do ano e o nosso carácter. Muito boa noite, doutor.
José Amaral: Boa noite.
Clara: Doutor José Amaral, é verdade que a nossa estação do ano preferida diz muito sobre o nosso carácter?
José Amaral: É verdade, sim.
Clara: Então, vamos começar com o outono. Como são as pessoas que gostam do outono?
José Amaral: As pessoas que gostam do outono são muito trabalhadoras e muito inteligentes. São também bastante teimosas. O outono é muito frequentemente a estação preferida dos artistas – pintores, cantores....
Clara: E o inverno? Quem gosta do inverno, como é?
José Amaral: As pessoas que gostam do inverno são muito organizadas. São também bastante calmas. Preferem ficar em casa a sair com amigos. Às vezes são tímidas.
Clara: E a primavera?
José Amaral: A primavera é a estação do ano preferida das pessoas bem-dispostas, simpáticas e românticas.
Clara: E o verão?
José Amaral: O verão é a estação do ano preferida das pessoas sociáveis, faladoras, pessoas que têm muitos amigos. São pessoas que não se sentem bem quando estão sozinhas. Também estas pessoas são bastante impacientes.
Clara: Tudo isto é muito interessante, Doutor José Amaral. Eu gosto de todas as estações do ano. Gosto igualmente do outono, do inverno, da primavera e do verão. Como é que eu sou, então? Como é o meu carácter?
José Amaral: Isso quer dizer que a Clara é uma pessoa um bocado indecisa.
Clara: Pois, se calhar sou, às vezes. E o doutor, já agora, qual é a sua estação preferida?
José Amaral: Eu sou muito romântico.
Clara: Ah! Já sei qual é a sua estação preferida!

FAIXA B28
Unidade 28
Exercícios L e M

1. A: Como é que está o tempo?
   B: Está muito calor.
   A: E o céu? Está com nuvens?
   B: Não, o céu está limpíssimo. Está sol.
   A: Ótimo! Vamos, então, à praia. A água deve estar quentíssima. Anda!
2. A: Como está o tempo? Vou sair.
   B: Está péssimo. Está a chover. Leva o chapéu de chuva.
   A: Está muito frio?
   B: Não, não está. Mas está muito vento.
3. A: Como está o tempo hoje? Ainda há nevoeiro?
   B: Espera, vou ver. Que lindo!
   A: O quê?
   B: Está a nevar!
   A: Quero ver também! Ah, pois é. Está lindíssimo!

FAIXA B30
Português em Ação 7
Exercícios B e C

Raquel. Boa tarde. Temos uma reserva para esta noite.
Rececionista: Em que nome?
Raquel: Raquel Vaz.
Rececionista: Quarto duplo, uma noite.
Raquel: É isso.
Rececionista: Vão tomar o pequeno-almoço?
Sílvia: Está incluído no preço?

Rececionista: Não, não. São 12 euros por pessoa.
Raquel: 12 euros? Acho que vamos tomar o pequeno-almoço na rua. Obrigada.
Rececionista: Aqui tem a chave. Quarto 511. O elevador é ao fundo do corredor.

FAIXA B31
Revisão 25-28
Exercício G

1. A: Desculpe, sabe onde fica o hotel Lusitano?
   B: Lusitano? Não sei, vivo noutra parte da cidade e não conheço este bairro muito bem. Pergunte neste café, os empregados devem saber.
2. A: Estou? Olá, Joana, está tudo bem? Olha, com este tempo que está não vamos passear hoje, pois não?
   B: Pois claro que não. Prefiro ficar em casa, ver um filme e beber chá quente.
   A: Sim, boa ideia! E não te esqueças de ligar o aquecimento!

FAIXA B32
Unidade 29
Exercício J

1. A: Lembras-te em que ano casaste?
   B: Claro. Em 1998.
2. A: Em que ano é que o Pedro entrou para a universidade?
   B: Em 2004.
3. A: Em que ano compraste esta casa?
   B: Acho que foi em 2008.

FAIXA B33
Unidade 29
Exercício K

Entrei para a universidade em 1974 e terminei o curso em 1979. Encontrei o meu primeiro emprego num escritório de advogados no Porto alguns meses depois. Em 1987, comprei a primeira casa e mudei-me para Évora, onde comecei a trabalhar como secretária na câmara municipal. Um ano depois, casei com o Jorge, meu vizinho. Em 2001, comprámos uma casa no Algarve. Reformei-me em 2012.

FAIXA B34
Unidade 29
Pronúncia Exercício D

a. 1. levámos   2. levamos
b. 1. voltamos   2. voltámos

FAIXA B37
Unidade 30
Exercício I

1. A: Onde foste ontem à noite?
   B: Fui ver uma exposição de fotografia.
   A: E gostaste?
   B: Sim, foi interessante.
2. A: Onde foste no sábado?
   B: Fui ao teatro.
   A: E como foi a peça?
   B: Foi muito boa.

FAIXA B38
Unidade 30
Exercício J

A que horas saíste de casa?
Como é que foste? De carro?
Onde é que foste?
Com quem é que te encontraste?
O que é que bebeste e comeste?
Conheceste alguém interessante?
A que horas te foste embora para casa?
Como é que foste para casa?
Quanto é que gastaste?
Divertiste-te muito?

FAIXA B41
Unidade 31
Exercício E

Apresentador: Olá! Boa noite a todos! Bem-vindos ao concurso para casais *Conhecem-se Bem?*. O nosso casal de hoje é o José e a Filipa. O José e a Filipa ainda não são casados, mas já namoram há três anos. Conhecem-se bem? Vamos ver. Vamos fazer seis perguntas primeiro ao José e depois à Filipa. Vão ser as mesmas perguntas. A Filipa não vai ouvir as respostas do José, mas as respostas dela têm de ser iguais às respostas dele. Seis respostas certas e o nosso casal ganha uma viagem à Turquia! Vamos começar então! Estão prontos?
José e Filipa: Estamos.
Apresentador: José, quando é que a Filipa viu a melhor amiga dela pela última vez?
José: Hoje, no escritório. Elas trabalham juntas.
Apresentador: José, quando é que a Filipa foi ao cinema pela última vez?
José: Foi na semana passada. Fomos juntos.
Apresentador: José, quando é que a Filipa fez um bolo pela última vez?
José: Nunca. Ela não sabe fazer bolos.
Apresentador: Muito bem. Agora, perguntas sobre si. José, quando foi a última vez que o José foi ao médico?
José: Hum, não me lembro bem. Penso que foi no ano passado.
Apresentador: Quando foi a última vez que o José fez compras?
José: Foi anteontem, acho eu. Fiz compras numa bomba de gasolina.
Apresentador: E a última pergunta. Quando foi a última vez que o José foi ao estrangeiro?
José: Há quatro anos. Fui à Alemanha.
Apresentador: Muito bem. Obrigado, José. Agora é a vez da Filipa. Pergunta número um. Filipa, quando foi a última vez que você viu a sua melhor amiga?
Filipa: Hoje. A minha melhor amiga é também a minha colega de trabalho. Já agora, um grande beijinho para a Alexandra!
Apresentador: Muito bem, Filipa. A resposta do José foi igual. Pergunta número dois. Filipa, quando foi a última vez que você foi ao cinema?
Filipa: Na quinta-feira passada. Fui com o José. Vimos...
Apresentador: Obrigado, Filipa! Quinta-feira passada foi na semana passada. A resposta do José foi igual. Parabéns! Pergunta número três. Quando foi a última vez que a Filipa fez um bolo?
Filipa: Hum, nunca. Não gosto de bolos. Não sou gulosa.
Apresentador: Muito bem, a resposta do José foi igual. Bem, quase igual. Ainda faltam três perguntas! Pergunta número quatro. Quando é que o José foi ao médico pela última vez?
Filipa: Foi no ano passado, em outubro. Dia 8 de outubro, às 14 horas. Ele teve uma...

Apresentador: Obrigado, Filipa. Mais uma resposta igual. Faltam duas. Pergunta número cinco. Quando é que o José fez compras pela última vez?
Filipa: Compras? Compras? Ele não faz compras. Acho que foi há muitos meses. A última coisa que ele comprou foram cigarros e um jornal.
Apresentador: Quando é que isso foi?
Filipa: Anteontem. Numa bomba de gasolina.
Apresentador: Muito bem. Mais uma resposta correta. E a última pergunta. Quando é que o José foi ao estrangeiro pela última vez?
Filipa: Há quatro anos. Foi com a ex-namorada dele. Ela chama-se Luísa e agora é casada com...
Apresentador: Certo! Correto! Parabéns! Vocês vão à Turquia!
Filipa: Que bom! Ganhámos! Ganhámos!

FAIXA B44
Unidade 31
Pronúncia Exercício D

a. 1. feio   2. veio
b. 1. vila   2. fila
c. 1. vez   2. fez

FAIXA B48
Unidade 32
Pronúncia Exercício B

a. 1. li   2. lhe   3. lê
b. 1. lês   2. lhes

Exercício E
a. 1. temos   2. demos
b. 1. nata   2. nada

FAIXA B49
Português em Ação 8
Exercícios B e C

Raquel: Sílvia, que tal estas calças? Gostas?
Sílvia: Gosto da cor. Mas você tem de experimentar.
Funcionária: Boa tarde. Posso ajudar?
Raquel: Pode, sim. Queria experimentar estas calças mas não encontro o meu tamanho.
Funcionária: Qual é o seu tamanho?
Raquel: 28.
Funcionária: Vamos lá ver então. Aqui estão.
Raquel: Onde posso experimentar?
Funcionária: Os gabinetes de prova são ali.

Raquel: O que é que achas, Sílvia?
Sílvia: Está um pouco apertada, não acha?
Raquel: Não, nada disso. Eu gosto assim!
Sílvia: Não quer experimentar um tamanho maior? Esse não lhe fica bem.
Raquel: Eu gosto! Vou levar estas.

FAIXA B50
Revisão 29-32
Exercício F

1. Olha, porque é que não tomamos hoje o pequeno-almoço na cama?
2. O senhor gostou da exposição?
3. A sua colega falou com o chefe sobre este problema?
4. Já alguma vez fez campismo?
5. Quanto tempo estiveste nos Açores?

FAIXA B51
Revisão 29-32
Exercício H

1. A: Que prenda de anos vamos comprar para a Joana?
   B: Algo prático. Para a cozinha. Talheres, por exemplo.
   A: Talheres? Eu vi uns sapatos muito giros para ela.
   B: Sapatos? Mas porque é que tu achas que ela vai gostar dos mesmos sapatos que tu?
   A: Então, não sei. Os talheres é uma ideia estúpida.
2. A: Jorge, já alguma vez foste às montanhas no inverno?
   B: Sim, duas vezes.
   A: Fizeste esqui?
   B: Fiz, mas nunca tive tempo para aprender bem. O meu irmão é muito bom nisso. Vou com ele aos Alpes franceses em fevereiro.

FAIXA B52
Unidade 33
Exercícios G e H

Vanda: O que achas destes conjuntos, Milena?
Milena: Gosto imenso da camisa branca. E da cor dos calções.
Vanda: Mas achas que posso ir de calções?
Milena: Porque não? Tens as pernas tão bonitas. Estás girríssima.
Vanda: É verdade, ficam-me bem, mas... Não sei. Acho que isto não é roupa para um jantar. Apetece-me vestir outra coisa. O que achas da saia cinzenta?
Milena: Cinzenta? Essa saia parece-me castanha. Não é castanha?
Vanda: Sei lá. Cinzenta ou castanha, tanto faz. Diz-me o que achas.
Milena: Acho que não gosto dela. Com essa blusa preta parece roupa de escritório. Pareces mais velha. E acho que vais ter calor.
Vanda: E o vestido?
Milena: O vestido é muito giro. Simples e bonito.
Vanda: Muito romântico, não achas?
Milena: É verdade. Fica-te muito bem.
Vanda: Acho que vou levar o vestido então.

FAIXA B53
Unidade 33
Exercício N

1. A: Nuno, veste-te já! São oito horas!
   B: Mãe, não são nada. São sete e cinquenta. Faltam dez minutos.
2. A: Nuno, não vistas essas calças! Estão sujas!
   B: Onde, mãe? Não estão nada!
3. A: Nuno, tira essas calças já!
   B: Mãe, mas eu gosto tanto delas.
4. A: Nuno, não vistas essa camisa! Fica-te mal.
   B: Mãe, mas as raparigas na escola dizem que me fica bem.
5. A: Nuno, não calces esses ténis. São do teu irmão!
   B: Mãe, mas não sei onde estão os meus.
6. A: Nuno, tira esses ténis já!
   B: Mãe, mas porque é que eu nunca posso calçar o que me apetece?
7. A: Nuno, despe-te e vai para a cama!
   B: Mãe, deixa-me ficar a ver televisão mais um bocado.

FAIXA B54
Unidade 33
Pronúncia Exercício C

a. 1. cego   2. seco
b. 1. chega   2. checa
c. 1. costa   2. gosta
d. 1. cato   2. gato

FAIXA B58
Unidade 35
Exercício K

1. A: Ana, amanhã à noite fazes o quê?
   B: Nada. Estou em casa. Estás a perguntar porquê?
   A: Porque quero apresentar-te o meu namorado.
   B: Finalmente!
2. A: Rita, a tua saia é bem bonita. Compraste-a onde?
   B: Na Rua Augusta.
   A: E foi cara? Custou quanto?
   B: 40 euros, acho eu.

FAIXA B59
Unidade 35
Pronúncia Exercício B

1. vejo   3. leia-a   5. toma
2. alugo-o   4. compras

FAIXA B60
Unidade 36
Exercício H

Amigo: Como é que vocês souberam deste hotel?
Manuel: Um amigo nosso falou-nos dele e mostrou-nos fotografias.
Amigo: Ficaram lá quanto tempo?
Maria João: Ficámos lá uma semana.
Amigo: E gostaram?
Manuel: Gostámos muito do hotel, sim.
Amigo: Fizeram passeios na floresta? Viram muitos animais?
Maria João: Não, não vimos nada. Não houve animais nenhuns. Só piranhas no rio.
Manuel: Não, não. Houve muitos animais. Só que eles fugiram todos.
Amigo: Fugiram?
Manuel: Sim, fugiram.
Amigo: Mas além disso, correu tudo bem?
Manuel: Sim. Não houve problema nenhum.
Maria João: Como é que não houve? No quarto dia da nossa estadia lá tive um problema de estômago.
Manuel: Sim, mas foi uma coisa pequena.
Maria João: Pequena?! Não foi assim tão pequena! Não pude sair do quarto durante três dias!
Amigo: Mas passou?
Maria João: Sim, passou no dia do nosso regresso para Portugal.

FAIXA B61
Unidade 36
Exercício J

Manuel: Querem ver os vídeos que fizemos lá no Brasil durante os nossos passeios na floresta?
Amigo: Claro que sim.
Manuel: Este é o vídeo que fizemos no primeiro dia.....
Maria João: Manuel, onde estás? Não te vejo! Não me deixes sozinha! Manuel, responde-me!

Manuel: Como é que não me vês? Estou aqui! Atrás de ti. Com o barulho que fazes não vamos ver nenhuns animais! Sabes que mais? Vamos para o hotel. Amanhã voltamos com um guia.

Manuel: Este é o vídeo que fizemos no segundo dia.....
Maria João: Manuel, onde é que ele nos leva? Achas que ele sabe o caminho?
Manuel: Claro. É guia, não é? Olha o papagaio! É tão bonito!
Maria João: O quê? Não te ouço!
Manuel: Pronto, fugiu. Ouviu-te. Estás sempre a gritar! Sabes que mais? Vamos para o hotel. Amanhã vamos apanhar piranhas. Elas não fogem.

Manuel: E este é o vídeo que fizemos no terceiro dia.....
Maria João: Manuel, ajuda-me!
Manuel: O que é que se passa?
Maria João: Já viste os dentes que eles têm? Tira-me daqui! Dá-me a mão! Tenho medo. Ah, vou cair!
Manuel: Cuidado! Tens de ter cuidado. Sabes que mais? Vamos para o hotel.
Maria João: O que é que vamos fazer amanhã?
Manuel: Não sei. Vou pensar.

FAIXA B62
Unidade 36
Pronúncia Exercício E

1. pode   2. pôde   3. pude

FAIXA B63
Português em Ação 9
Exercícios B e C

Farmacêutica: Boa tarde.
Raquel: Boa tarde. Queria algo para a tosse e para as dores de garganta.
Farmacêutica: Como é a tosse?
Raquel: É seca.
Farmacêutica: Este xarope deve ajudar. Tome 3 vezes por dia, depois das refeições. E para as dores vou dar-lhe Mebocaína Forte.
Raquel: Obrigada. E também preciso de aspirinas para a febre.
Farmacêutica: Vou dar-lhe Ben-u-ron. É melhor do que aspirina.
Raquel: Como é que tomo?
Farmacêutica: Tome um comprimido de 6 em 6 horas.
Raquel: Muito obrigada.

FAIXA B64
Revisão 33-36
Exercício F

1. Sabes que o Jorge está no hospital?
2. Sr. Costa, onde é que lhe dói?
3. Acho que estou com gripe.
4. Ainda não disseste nada sobre a minha saia. Como é que me fica?
5. A Vanda já não me ama.

FAIXA B65
Revisão 33-36
Exercício G

1. A: O que é que lhe aconteceu?
   B: Nem sei. Foi tudo tão rápido.
   A: Consegue levantar-se? Eu ajudo-a. Devagar.
   B: Obrigada, obrigada.
   A: O passeio aqui é um bocado perigoso. É preciso ter muito cuidado.

© Lidel – Edições Técnicas, Lda.

E os sapatos que a senhora usa não ajudam nada.
B: Pois. Felizmente não parti nada, acho eu.
2. A: Gostaste do hotel em que ficaste?
B: Detestei. Foi horrível. Sujo, pequeno, numa rua pouco segura. As únicas coisas boas foram o pequeno-almoço e o preço.

FAIXA B67
Unidade 37
Exercícios H e I

Verónica: Quem é que está nesta foto?
Carla: Como quem? Eu!
Verónica: Tu?! Estás a brincar!
Carla: Não estou nada. Estou a falar a sério, sou eu. Era um bocado diferente naquela altura.
Verónica: Um bocado? Quantos anos tinhas?
Carla: Uns dezassete, acho eu.
Verónica: Não sabia que usavas óculos.
Carla: Naquela altura usava.
Verónica: E que cabelo era esse?
Carla: Tinha o cabelo comprido. E pintava-o de preto.
Verónica: E essas botas! Enormes!
Carla: Sim, eram muito pesadas e desconfortáveis. Mas ia assim todos os dias à escola.
Verónica: Os teus pais gostavam disso?
Carla: Claro que não. Mas eu era teimosa.

FAIXA B70
Unidade 38
Exercício J

Obviamente, não fui às Maldivas. A agência não me devolveu o dinheiro. A empresa de táxis não encontrou a minha mala. E o Vítor? O Vítor é hoje o meu marido. Temos uma filha. E somos muito felizes. Posso então dizer que 12 de fevereiro de 2013 foi o pior e o melhor dia da minha vida...

FAIXA B71
Unidade 38
Pronúncia Exercício C

a. 1. já   2. chá
b. 1. ajo   2. acho
c. 1. queijo   2. queixo

FAIXA B74
Unidade 39
Pronúncia Exercício E

a. 1. Sá   2. chá
b. 1. soro   2. choro
c. 1. aço   2. acho

FAIXA B76
Unidade 40
Exercícios J e K

Luís: O que é que estás a fazer com essa mala?
Tiago: Não consigo fechá-la. Não queres ajudar-me?
Luís: O que é que puseste aí? Vais estar fora só uma semana.
Tiago: Não pus nada. Levo pouca coisa.
Luís: Ah é? Vamos ver. Abre a mala! Mas... o que é isto?
Tiago: É o meu casaco.
Luís: Casaco?! Casaco de inverno?! Mas tu, por acaso, não vais à praia?

Tiago: À praia e ao deserto. No deserto pode estar muito frio à noite.
Luís: Tu és maluco. Tens de tirá-lo. Isto simplesmente não cabe.
Tiago: Está bem. Deixa. Eu faço isso. Eu tiro. Já está.
Luís: Estás a ver? Agora fecha sem problemas. Tens uma balança?
Tiago: Tenho.
Luís: Então trá-la. Vamos ver quanto pesa. Só podes levar 20 quilos. Sabes disso, não sabes?
Tiago: Cá está a balança.
Luís: Dá cá. Pois. Bem me parecia. Tem 26 quilos. Porque é que está tão pesada?
Tiago: Não sei. Só pus aqui roupa, alguns livros...
Luís: Livros? Precisas de livros para quê?
Tiago: É para ter algo para ler na praia.
Luís: Não podes levá-los. Não sabes que os livros pesam muito? O cartão de embarque, já o imprimiste?
Tiago: Sim, já o imprimi e guardei-o na mala.

FAIXA B78
Português em Ação 10
Exercícios B e C

Funcionária: O seu passaporte, faz favor.
Sílvia: Aqui está.
Funcionária: Só pode levar uma peça de bagagem de mão.
Sílvia: Ah é? Não sabia.
Funcionária: Tem de pôr esse saco dentro da mala. Assim, não vai haver problema.
Sílvia: Está bem. Já pus.
Funcionária: Obrigada. Quer lugar à janela ou no corredor?
Sílvia: À janela.
Funcionária: Aqui tem o cartão de embarque. Porta 19. O embarque começa às 8h35. Boa viagem.
Sílvia: Muito obrigada.

FAIXA B79
Revisão 37-40
Exercício F

1. A: O seu voo foi cancelado.
B: Como? Porquê? O que é que eu faço agora?
A: É por causa de um problema com o avião. Vai viajar noutra companhia.
B: O voo é à mesma hora?
A: Não, é mais tarde. Às 14h00.
2. A: Este restaurante já não é o que era.
B: Pois não. Os empregados eram tão simpáticos. E agora... Já viste como eles falam com as pessoas? Nem olham para ti. São tão mal-educados.
A: É verdade. E a comida que servem. Nem o meu gato queria comer isto.

FAIXA B80
Revisão 37-40
Exercício G

1. Este ano vou ter umas férias fantásticas. Um mês no Brasil e na Argentina.
2. Vais a Istambul em que companhia?
3. O seu voo está atrasado duas horas e meia.
4. Podes tomar conta da minha casa por uns dias?
5. Não consigo abrir esta janela.

SOLUÇÕES DAS UNIDADES DE REVISÃO

UNIDADES 1-4

A.
3. são é
4. se te/chamas chama
5. está é
6. na em
7. somos estamos
8. ... é um livro.
9. ... está a Teresa?
10. Eles Elas/alemãs alemães

B.
2. à
3. a
4. são
5. onde
6. nos
7. no
8. uma
9. da
10. de

C.
2. Quem
3. Que
4. O que
5. Onde

D. *(há outras possibilidades)*
1. ... que cor é aquilo?
2. ... é Paris?
3. ... é isto?
4. ... te chamas?

E.
2. mesa
3. alemã
4. Lisboa
5. livro
6. língua

F.
1. b   2. b   3. a   4. a   5. a

G.
1. a   2. b   3. b   4. a   5. a

H.
1. b   2. c   3. b

I.
1. mesa   2. porta   3. zero

J.
1. V   2. F   3. F   4. F

UNIDADES 5-8

A.
3. dois duas
4. é está
5. Como é que...
6. A tua O teu
7. em no
8. Quantas Quantos
9. isto disto
10. a uma

B.
2. Às/Muitas
3. que
4. por
5. muito/bastante
6. de
7. à
8. numa
9. em
10. da

C.
2. Quantas
3. Em que
4. Como
5. Porque
6. O que
7. Como
8. Que
9. De que
10. Quanto

D.
2. nossa
3. quatro
4. restaurante
5. aqui
6. ganho

E.
2. longe
3. pouco
4. má
5. último
6. pobre

F.
2. d   3. a   4. e   5. b

G.
1. b   2. b   3. b   4. a   5. b

H.
1. b   2. a   3. b   4. b   5. b

I.
1. c   2. b

J.
1. doze   2. empresa   3. perto

K.
1. F   2. F   3. V   4. F

UNIDADES 9-12

A.
3. ... hotel, não trabalha?
4. é está
5. cá aqui
6. Aquilo Aquele
7. a ao
8. ... doente, pois não?
9. Qual Quais
10. ... tem um irmão/irmão irmãos

B.
2. a
3. –
4. –
5. –
6. –
7. as
8. –
9. –
10. um

C.
2. Quais
3. De que
4. Qual
5. Onde
6. Quantas
7. Qual
8. Quanto
9. O que
10. Porque

D.
2. ali
3. cansado
4. cerveja
5. amarela
6. escola

E.
2. e   3. a   4. b   5. d

F.
2. primos
3. giro
4. verdes
5. comida
6. animais
7. bicicleta

G.
1. a   2. a   3. b   4. b   5. a

H.
1. b   2. b

I.
1. relógio   2. caro   3. cão

J.
1. V   2. F   3. F   4. V   5. V

UNIDADES 13-16

A.
3. baixo debaixo
4. à a
5. É um quarto...
6. as às
7. Acordo-me Acordo
8. É São
9. se te/deitas deita
10. deito-me me deito

B.
2. Ao
3. para
4. a
5. a
6. em
7. por
8. da
9. das, às
10. em

C.
1. Em que
2. Quantos
3. Quanto tempo
4. Qual é a
5. Quando
6. Em que dias

D.
2. ainda
3. cansado
4. ementa
5. algum
6. frango

E.
2. durmo
3. sabem
4. põe
5. esqueço
6. posso

F.
2. acabar
3. tarde
4. deitar-se
5. esquecer-se
6. vazio

G.
1. b   2. b   3. a   4. a

H.
1. c   2. b

I.
1. troco   2. revista   3. põe

J.
1. Da Noruega.
2. É seco e muito salgado.
3. Dois ou três dias.

UNIDADES 17-20

A.
3. a uma
4. sei conheço
5. a para
6. ...é a maior...
7. estão há
8. Precisamos de falar...
9. Estou a conduzir...
10. mais grande maior

B.
2. a
3. um
4. a
5. ao
6. que/de
7. para
8. A
9. a
10. no

C.
2. sabe
3. ouvir
4. tira
5. conduzir
6. apagar
7. ligar

D.
2. cereais
3. montanha
4. calmo
5. algo
6. laranja

E.
2. dose
3. estrelas
4. capital
5. barulho
6. sandes
7. cinto
8. agência
9. ilha
10. preço
11. comboio

F.
2. c   3. f   4. a   5. d   6. b

G.
1. b   2. a   3. b   4. b

H.
1. b   2. b

I.
1. ninguém   2. doce   3. costa

© Lidel – Edições Técnicas, Lda.

J.
1. V 2. F 3. V 4. V 5. V

UNIDADES 21-24

A.
3. ~~tu~~ ti
4. ...mudar de casa...
5. ~~preocupas~~ preocupes
6. ~~de ela~~ dela
7. ~~vamos~~ vai
8. ~~no~~ de
9. ~~com nós~~ connosco
10. ~~veem~~ vêm

B.
2. para   7. sobre
3. por   8. no
4. de   9. de
5. no   10. de
6. de

C.
2. alugar   6. saímos
3. ajudas   7. vender
4. convidar 8. despachar
5. discutir

D.
2. chuveiro 5. banheira
3. garagem   6. paragem
4. manteiga

E.
2. trânsito   6. assoalhadas
3. terraço   7. copo
4. roupa   8. edifício
5. imobiliária 9. tranquila

F.
2. desconfortável 5. perigoso
3. lento   6. sujo
4. húmido

G.
1. b   2. a   3. a   4. a   5. b

H.
1. b   2. c

I.
1. entrada   2. jardim   3. vem

J.
1. No bairro de Alcântara.
2. A história dos transportes de Lisboa.
3. Duas.
4. De elétrico.
5. Autocarros e elétricos.

UNIDADES 25-28

A.
3. à na
4. a em
5. a à
6. é está
7. ...está a nevar.
8. ~~no~~ a
9. é está

B.
2. isso   6. até
3. por   7. a
4. por   8. na, à
5. pela

C.
2. devem   6. sente
3. servem   7. depositar
4. aspiras 8. preencher
5. nevar   9. consigo

D.
2. trânsito 6. visitar
3. lixo   7. esquina
4. céu   8. magro
5. abril

E.
2. conta   8. pó
3. cruzeiro 9. fatia
4. nuvens   10. esquadra
5. sociável 11. embaixada
6. caves   12. multibanco
7. molho

F.
2. levantar   7. falador
3. este   8. rápido
4. preguiçoso 9. verão
5. dar/mandar/enviar
6. sul

G.
1. c   2. b

H.
1. elétrico   2. mesa

I.
1. V   2. F   3. V   4. F

UNIDADES 29-32

A.
3. ~~por~~ de
4. Deixei de beber...
5. Mudei-me para...
6. ~~Lhe traz~~ Traz-lhe
7. ~~mostrei-lhe~~ lhe mostrei
8. ...sempre as mesmas...
9. Estamos um pouco...

B.
2. no   6. A
3. da   7. alguma
4. pela 8. a
5. a   9. de

C.
2. reformou 6. emprestes
3. partiu   7. deixar
4. fica   8. embrulhar
5. andas   9. devolver

D.
2. prático   5. bronzeado
3. tamanho   6. receber
4. revista

E.
2. exame 6. prova
3. peça   7. gasolina
4. dono   8. exposição
5. curso

F.
1. b   2. b   3. a   4. a   5. b

G.
2. passar   6. largo
3. adormecer 7. divorciar-se
4. pergunta   8. diferente
5. inútil   9. começar

H.
1. c   2. b

I.
1. V   2. V   3. F   4. V

UNIDADES 33-36

A.
2. ~~fica-te~~ te fica
3. ~~com~~ por
4. ~~Ajuda-lhe~~ Ajuda-o
5. ~~vestir~~ calçar
6. ~~quanto~~ quando
7. ~~bem~~ bom
8. ~~lhe~~ o
9. ~~Detesto-lhe~~ Detesto-a
10. ~~a~~ de

B.
2. É/Foi   7. a
3. -lhe   8. com
4. pelo   9. em
5. com   10. se
6. Há

C.
2. parece   6. gritar
3. acontece   7. Veste
4. emagrecer 8. apetece
5. apresentou

D.
2. calças 5. barriga
3. roupa   6. gripe
4. mão

E.
2. gravata   6. receita
3. consulta 7. constipado/a
4. estômago 8. proibido
5. acidente 9. papelaria

F.
1. a   2. b   3. b   4. b   5. a

G.
1. b   2. c

H.
1. hóspede   2. pôde

I.
1. V   2. F   3. V   4. V

UNIDADES 37-40

A.
2. ~~Foram~~ Eram
3. ~~Põe-a~~ Põe-na
4. ~~Faz-o~~ Fá-lo
5. ~~fui~~ era
6. à de
7. ~~nascia~~ nasceu
8. ~~o ler~~ lê-lo
9. ~~aluga-se~~ alugam-se

B.
2. em   5. De
3. em   6. no/num
4. para 7. aos

C.
2. Fiquei 6. rir
3. Peço   7. aterrar
4. guardar 8. imprimir
5. pesar

D.
2. alegre   4. exposição
3. duzentos 5. aldeia

E.
2. bolso   9. plantas
3. aldeia   10. sentada
4. cancelado 11. fila
5. conta   12. cartão
6. mala   13. assento
7. companhia 14. campo
8. letra

F.
1. b   2. b

G.
1. b   2. a   3. b   4. a   5. a

H.
1. V   2. F   3. V   4. F   5. V

LISTA DE FAIXAS ÁUDIO

A:

B:

Agradecimentos:

Os autores agradecem a ajuda e a colaboração de Tiago Veras, Teresa B. Oliveira, Nadia Bentahar, Laura Felice, Débora Gonçalves, Rafael Sartre-Andrade, Luís N. Filipe, Maria Carlos Aldeia, Belarmino Teixeira, Milena Sousa, Anna Plucińska, Joana Saalfeld, Maria da Glória Bettencourt, Renata Németh, Emyr Davies, Ye Zhiliang, Marita Härmälä, Meilute Ramoniene, Eli Moe, Tadeusz Dec, Piotr Golak e Tornike Kaladze.